U0077263

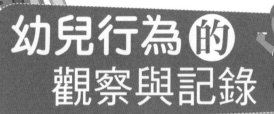

幼兒行為的觀察與記錄

Dorothy H. Cohen　Virginia Stern　著
Nancy Balaban　Nancy Gropper

廖鳳瑞　譯

OBSERVING and RECORDING the BEHAVIOR of YOUNG CHILDREN

SIXTH EDITION

Dorothy H. Cohen

Virginia Stern

Nancy Balaban

Nancy Gropper

Copyright © 2016 by Teachers College, Columbia University

All rights reserved. No part of this publication may be reproduced or transmitted in any form or by any means, electronic or mechanical, including photocopy, or any information storage and retrieval system, without permission from the publisher.

"First published by Teachers College Press, Teachers College, Columbia University, New York, New York USA. All Rights Reserved."

Complex Chinese Edition Copyright © 2019 by Psychological Publishing Co., Ltd.

CONTENTS

作者簡介 / v

譯者簡介 / vii

原文第六版序 / viii

譯者序 / x

Chapter 1 如何開始 / 001

為何要記錄？ / 001

做紀錄 / 007

語言作為記錄的工具 / 010

環境的重要性 / 013

Chapter 2 記錄幼兒在例行性活動中的行為 / 015

整理相關的資訊 / 015

例行性活動對幼兒的意義 / 020

記錄用餐行為 / 021

記錄上廁所的行為 / 025

記錄午睡行為 / 028

記錄轉銜時間的行為 / 030

例行性活動的行為模式 / 031

Chapter 3 記錄幼兒的材料使用 / 037

材料對幼兒的意義 / 037

要觀察什麼 / 043

材料使用的紀錄（示例） / 045

幼兒如何做、做什麼 / 047

呈現細節的紀錄（示例） / 050

詮釋：紀錄的最後一個面向 / 054

材料使用的行為模式 / 054

Chapter 4 記錄幼兒和其他人的活動 / 059

幼兒如何學習成為社會的一份子？ / 059

我們真的看見發生了什麼嗎？ / 063

要觀察什麼 / 065

幼兒對於其他幼兒的反應模式 / 072

團體成員 / 074

Chapter 5 記錄幼兒在扮演遊戲的行為 / 079

象徵的能力 / 081

扮演遊戲的記錄架構 / 087

聚焦在扮演的角色 / 091

扮演遊戲的社會層面 / 098

扮演遊戲的行為模式 / 107

Chapter 6 記錄幼兒和大人的關係 / 109

教保人員的自我觀察 / 109

記錄幼兒和大人的互動 / 110

蒐集幼兒所處社會文化的資訊 / 116

記錄幼兒在教師主導之團體活動中的行為 / 117

幼兒和大人關係的行為模式 / 120

Chapter 7　認知運作的線索：發展取向 / 123

幼兒如何學習？ / 123

幼兒時期思考的發展 / 125

如何知道幼兒的思考方法 / 129

Chapter 8　認知運作的線索：個人取向 / 143

幼兒的氣質 / 143

文化及社會經驗的影響 / 145

如何知道幼兒在想什麼和在學習什麼？ / 146

教保人員要如何探索幼兒知道什麼？ / 152

Chapter 9　觀察幼兒發展思考的能力 / 157

歸納、形成普遍性的結論 / 157

區辨的能力 / 158

察覺相似和相異的能力 / 159

類比的能力 / 160

察覺因果的能力 / 160

時間概念 / 161

分類的能力 / 163

察覺型式 / 164

理解空間關係 / 165

Chapter 10 記錄幼兒萌發的語言及讀寫 / **169**

語言和文化 / 169

記錄幼兒的語言使用 / 171

觀察話語 / 183

觀察讀寫的萌發 / 189

Chapter 11 記錄令人不安的行為 / **193**

蒐集資訊的價值 / 193

不尋常行為的實例 / 194

Chapter 12 觀察與記錄嬰兒及學步兒的行為 / **199**

解讀所觀察到行為的意義 / 199

紀錄的價值 / 201

時間的影響 / 201

要觀察什麼 / 202

Chapter 13 模式：總結及詮釋 / **235**

模式 / 235

總結的特色 / 238

詮釋 / 244

總結 / 245

參考文獻 / **249**

作者簡介

Dorothy H. Cohen

博士過世前是 Bank Street College 研究所的資深教授。她於 New York University 獲得博士學位，曾在 Bank Street College 和 Teachers College 進行研究。本書初版時，她任教於 Patterson State Teachers College 和 Long Island University。她是世界著名的演說家，發表很多文章，出版了 *The Learning Child*，並和 Marguerita Rudolph 博士共同出版 *Kindergarten: A Year of Learning*（後來更名為 *Kindergarten and Early Schooling*）。

Virginia Stern

博士過世前一直在 Bank Street College 研究部門擔任研究員。雖然參與過很多不同的研究計畫，但最特別的是一項有關兩歲幼兒的研究，她對扮演遊戲也特別有興趣。她於 Antioch College 獲得大學學位，於 Bank Street College 取得碩士學位。除了在幼教領域教書和寫作外，她還是一位成功的雕塑家和古典鋼琴老師。

Nancy Balaban

退休前擔任 Bank Street Graduate School of Education 的嬰兒、家庭發展及早療學系教授兼主任。大學畢業於 Wellesley College，在 Bank Street College 獲得碩士學位，在 New York University 獲得博士學位。她的幼教背景深厚，包括：幼教老師、幼教師培者、演說家和作家。她是 *Everyday Goodbyes: Starting School and Early Care* 及 *A Guide to the Separation Process* 的作者，也發表了期刊論文和專書章節。

Nancy Gropper

　　退休前擔任 Bank Street Graduate School of Education 的學術副院長、幼兒及兒童教育系系主任及該系實習輔導組主任。她大學畢業於 University of Delaware，碩士及博士學位於 Teachers College 完成。她曾任教於 Brooklyn College 及 State University of New York，擔任小學教育系主任。她原來是位幼教老師，在教育課程評鑑方面的經驗豐富，也是 *Supporting Boys' Learning: Strategies for Teacher Practice, Pre-K-Grade 3* 一書的共同作者。

譯者簡介

廖鳳瑞

現任：嬰幼兒教育與家庭發展協會理事長

經歷：國立臺灣師範大學人類發展與家庭學系副教授

國立臺灣師範大學附設實驗幼稚園園長

美國哥倫比亞大學師範學院幼兒與家庭研究中心研究員

美國教育測驗中心（ETS）博士後研究員

學歷：美國密西根大學幼兒教育博士

美國伊利諾大學幼兒及小學教育碩士

國立臺灣大學外文系學士

專長：幼兒教育評鑑、幼兒評量、檔案評量、幼兒教育行政與政策、幼兒
與家庭研究

著作：幼兒園教保活動課程大綱幼兒學習評量手冊

開放的足跡：師大附幼萌發式課程的實踐歷程

譯著：幼兒表現評量：作品取樣系統

幼兒發展學習的評量與輔導

幼兒觀察評量與輔導

作品取樣系統：教室裡的真實性評價

教師專業檔案

原文第六版序

1958 年寫這本書的第一版時（編按：本書為原文第六版），在幼兒行動當下觀察與記錄幼兒的行為，只侷限於很少數曾受過傳統兒童研究訓練的幼兒教保人員，該傳統始於 19 世紀，當時有些心理學家透過觀察及記錄兒童的活動（通常是自己的子女）來研究兒童。這些技巧在第一次世界大戰之後即被發展取向課程的倡導者應用在教育場所內研究兒童。雖然幼兒教保人員接受以觀察為本而記錄的基本原則，但是記錄並未普及，因為大部分師培機構並未教授觀察記錄的技巧。《幼兒行為的觀察與記錄》第一版是首次將這些技巧轉換為教保人員語言的努力。

在第一、二、三版出版的幾年間，對於零至八歲幼兒的興趣激增，肯定了增加嬰兒和學步兒章節的需要。研究持續提供有關幼兒如何思考及學習，他們的語言如何發展，他們的家庭、文化和環境如何影響及形塑他們等的新資訊；同時，對於民族誌及自然觀察的興趣也再度興起（是因為幼兒太固執及堅持拒絕被一般使用的標準化測驗所捕捉嗎？）

幼兒教育領域因受到融合教育（在普通教育場所內教育身心障礙兒童）法令通過的刺激開始有了創新，第四版回應此創新而增加了新內容，同時也加入了對於影響家庭生活的社會態度及角色的新知，但並未更改前幾版的基本取向或前提。第四版還加入了文化的影響、Vygotsky 的影響及環境的重要性。

在第五版，我們聚焦於幼兒教室內的多元性，Bank Street College 研究生為我們提供了很多幼兒行為的軼事紀錄。

在第六版，我們重申記錄幼兒行為的重要性，尤其是在目前強調績效及測驗的氛圍下。而且，因為有關特殊需求幼兒的文獻已經太多，我們決定轉而聚焦在一些常讓教保人員不安的行為。

在第六版，我們共同嘗試保留原始作者的精神，包括：啟動寫這本書

的 Dorothy Cohen 及和她一起寫本書第一、二版的 Virginia Stern。

　　特別感謝 Marie Ellen Larcada 和 Sarah Biondello 給予的鼓勵及支持，也感謝 Susan Liddicoat 對於編輯本書的協助。

Nancy Balaban 與 Nancy Gropper

本書內容主要是介紹如何以流水帳記錄法來記錄嬰幼兒的行為，翻譯這本書對於長期從事幼兒教育觀察與評量的我而言是一個很特別的經驗。

這幾年來，我和我的團隊戮力於推廣「透過評量看見孩子」的概念。我們在全臺灣介紹幼兒園幼兒學習評量系統，教導教保服務人員要有系統的、有焦點的看見班上每一位幼兒在每一項重要能力上的狀況，藉此了解他們的需求，進而提供他們需要的課程、教學或輔導。這幾年推廣的經驗讓我們體認到要能「看見」，教保服務人員最基本必須做到有計畫的觀察與記錄；但觀察與記錄需要時間（事前的思考、當下的觀察與記錄、事後的整理）；因此，如何協助教保服務人員在每日充實忙碌的行程中「擠出」時間來觀察記錄就成了我們推廣中最大的挑戰。為了讓幼兒學習評量在現場可行、實用，我們決定教導並鼓勵教保服務人員以有焦點的簡短記錄（短記）或檢核表來協助自己觀察及記錄，而捨棄了流水帳記錄法。

因著這樣的經驗，在翻譯這本書的過程中，我的內心時常交戰。剛開始翻譯書內描述幼兒行為的流水帳記錄時，我不禁碎碎念：「寫這麼細幹嘛呢？」「這樣寫的 point 是什麼呢？」但，慢慢地，隨著翻譯的行為實例越來越多，我開始覺悟到，當我一字一字敲出流水帳記錄的文字時，我是用一個一個的細節在放大焦點嬰幼兒的行為，這樣的放大讓我「看見」了嬰幼兒看似微不足道的行為所意欲傳達的微妙意涵。我終於理解到為什麼流水帳記錄能歷久不衰──因為透過要求觀察者鉅細靡遺的記錄嬰幼兒行動的細節，它引導觀察者用放大鏡來觀看，而這樣鉅細靡遺的紀錄也能允許後來的紀錄使用者「仔細研究」嬰幼兒行為的意涵；而這樣的觀看、記錄及看見，對於還在發展語言能力的嬰幼兒而言是很重要的。

面對這樣的領悟，我開始重新檢視簡短記錄、檢核表和流水帳記錄對現場教保服務人員的意義，也重新肯定流水帳紀錄的功能──我認為它很

適合作為教保服務人員培養課程的基礎課程，透過鉅細靡遺的觀看與記錄，深入研究不同年齡的幼兒的發展特性；這樣的觀察與記錄如能搭配「嬰幼兒發展」科目的學習，應能產生刻骨銘心的理解。

除了前述的心得外，我覺得這本書還有另一個讓我欣賞的優點：它不僅介紹不同發展領域的觀察（第四至十章；認知、語言、社會互動），還介紹了如何在例行性活動中觀察幼兒（如：進食、如廁、午睡、轉銜時間）、如何觀察幼兒使用材料，也增加了以往書籍少見但很困擾教保服務人員的令人不安的行為、嬰兒及學步兒的觀察。我覺得這些內容相當實際且實用。

除此之外，本書也提供了觀察記錄的一些小撇步，包括聚焦、使用精準的詞彙（動詞、副詞、形容詞）描繪動作來確實反映行為、現場短記、資料彙整、找出行為模式或問題等，相信對學習做觀察記錄（不論是哪一種）都有很大的幫助。

廖鳳瑞

2019.5 於臺北

Chapter 1

如何開始

　　我們每一個人都知道成功觸及一位幼兒的那種滿足和喜悅感——當我們在對的時刻用對的方法瞭解到幼兒的感受和想法後，幼兒回饋給我們喜悅微笑和信任時，我們心中所湧起的那份暖意。我們每一個人也都知道那種用盡各種計謀卻徒勞無功的挫折，那種對某些幼兒完全沒轍而產生的挫敗感和惱怒感。所有的教保人員都想更瞭解幼兒，很多人嘗試記錄幼兒的行為，希望能對於幼兒為何做某些事有深一點的理解。但是，即使是做了詳實的記錄通常也透露不多，我們又會回到用自己的直覺作為判斷的基準。

●● 為何要記錄？

　　本書呈現一些能協助幼兒教保人員的記錄技巧，讓他們能理解幼兒的行為，且能強化日常的課程設計以回應幼兒的興趣和能力。觀察和記錄幼兒的行為是滋潤和整合兩項教保人員角色要素（**執行與反思**）的泉源，運用這些技巧，教保人員學習讓自己成為獲得幼兒需求、興趣、獨特性及多樣性等資訊的強力資源，也學習和同事及家長分享這些資訊。本書並不討論如何詮釋行為，但會建議一些解釋行為的方向；本書描述的是如何蒐集資料及如何將資料做最好的運用，並討論觀察（而非診斷）的原則。如果我們說，理解幼兒就像解開祕密，那麼記錄就是蒐集解開祕密的線索；就像資深警探一樣，我們必須能識別重要的線索、必須要學習特殊的技巧。

　　教保人員如果請幼兒解釋他們的行為，通常得不到太多資訊；也無法

使用較大年齡層兒童使用的人格測驗或問卷。目前，我們最好的技巧似乎就是仔細蒐集現場紀錄作為證據。對我們而言，這表示要記錄的細節不只是行動，還要能顯示幼兒對於自己所做所為的感受、如何做及做什麼的細節，以及他和別人與材料互動的質和量，當然還要包括他說了什麼。

前述的完整紀錄可以用筆記錄在紙上或記錄在電子平板上，可以用個人速記來捕捉最多的細節。很明顯的，要教保人員記錄觀察到的所有細節是不可能的，但是，如果教保人員在那個時刻知道要看什麼，就能在電子設備上或紙條上飛快的寫。雖然數位相機、錄音機和錄影也可能有用，但是它們無法取代教師精鍊的眼睛的價值。

每一位教保人員都能做一些紀錄，幾個月下來，即使是一些偶爾的散記累積起來也相當可觀。更重要的是，知道什麼是重要的，一般而言，讓人比較能察覺幼兒行為的細節，即使我們不總是能記錄下來。

教保人員也是科學家

當我們建議教保人員透過仔細的觀察和記錄幼兒的行為來研究幼兒時，我們借用了科學研究中達到絕對客觀和冷靜的研究方法。對教保人員而言，觀察每日相處、每日一起活動的幼兒，要絕對客觀是不可能的，而且客觀本身也有其相對性。我們不希望教保人員因想要達到非常客觀而停止照顧幼兒或不回應幼兒。對幼兒而言，有一位溫暖關心但不做紀錄的教保人員遠比一位一絲不苟、冷酷的觀察者更為重要。但是，雖然我們並不追求那種沒有感情的絕對客觀，我們還是要讓教保人員察覺自己個人的、主觀的感受，教師的個人主觀很容易扭曲記錄，其觀察到的幼兒圖像可能根本不是幼兒的真實樣貌。

假設我們用這樣的心態來觀看克里斯多福，他今年五歲，住在第三街上，每天來上學。對甲老師而言，他是一位可愛的搗蛋鬼，健壯、充滿歡樂；對乙老師而言，他是一位邋遢的小孩，野蠻、缺乏紀律；對丙老師而言，他幾乎不存在；對丁老師而言，他是一位讓人疼愛的小孩。哪一個克

里斯多福才是真的呢？誰知道克里斯多福又是怎麼看自己的呢？

很顯然的，人看事情都帶著偏見，不然，每個人所看到的克里斯多福應該一樣。如果想要我們的紀錄有些精準度，我們需要檢視這些偏見或個人的主觀。

「兒童應該是什麼樣子」的概念

在我們小時候接受大人的指示時，大人通常都是以斬釘截鐵的態度告訴我們，哪些行為可容忍、哪些行為會被處罰。在自己家、在鄰近社區裡，有些傳統、意見、標準和價值是我們幼年時的良心指引；例如：乾淨整潔是好的，骯髒是不好的；有禮貌會獲得獎勵，粗魯會遭致懲罰。但是，不是所有的家庭都一樣，有些家庭將嚴肅和節儉作為家規，有些家庭則認為應該歡樂和放鬆；有些家庭認為目標應該放在成為學者，有些家庭則認為應該放在致富上。

在我們小時候，重要成人的教導是很深刻的。事實上，這些教導是如此深刻，當自己成為大人教導孩子時，會覺得當初父母對於兒童應該如何表現才得體的教導，比起研究有關兒童應如何行為的建議，要來的更令人有安全感、更具正當性。這是為什麼甲老師會看到克里斯多福的幽默，乙老師會看見克里斯多福的邋遢，而丙老師很難相信世界上會有克里斯多福這樣的生物存在，因為對她來說，小男孩不可能如小女孩那樣溫柔善良，丁老師則能完全接受，因為他自己就曾經是這樣的小男孩。

我們同時也從我們特定的文化、鄰居和社區所擁護的價值觀及媒體傳遞的流行概念中，形塑我們對於兒童應該怎樣行動的看法。如果我們想要確實看到幼兒，我們就必須用沒有偏見的視角去看。**偏見**（bias）指的是因對一個人身分的判斷而引致對其不公平的對待（Derman-Sparks & Edwards, 2010）。偏見有很多來源，可能源自於個人在特定家庭與社區的成長經驗，也可能來自於與自己不同的人的相處經驗、媒體傳播中隱含的訊息，或是社會裡未被質疑的信條。

　　教保人員通常對於和自己不同性別、種族、族群或文化的幼兒有偏見。例如：有些教保人員看到某些男孩（尤其是黑人男孩）活動力很高，便會產生負面或恐懼的反應（Barbarin & Crawford, 2006）；另外有些教保人員對於坐輪椅、有視覺障礙、聽覺障礙或其他障礙（如：唐氏症、腦性麻痺、自閉症、脊椎彎曲）的幼兒有負向的反應；有些教保人員會把對同性戀的不認可反射在幼兒或同性戀父母上。教保人員可能會覺得某些行為由男孩做可接受，但女孩做就不可接受；如果教保人員說某位好奇好問的男孩「好聰明」，而說某位好奇好問的女孩「長舌」，那就是偏見在作祟了。

　　有偏見的態度會讓教保人員對於幼兒的能力及學習潛能做出錯誤的決定，如同下面所示：

　　　　有一位教導七歲兒童的教師，她很不喜歡提姆每天好幾次跟著她，叫：「老師，老師」，尤其不能忍受提姆挖鼻孔，然後把鼻屎搓成小球。

　　　　有一天，這位教師帶了沙子和幾個不同大小孔的網子讓幼兒探索。她記錄一組幼兒（包括提姆）使用沙子的情形，作為「兒童發展」課程的作業，紀錄中包含了提姆說的話：「嘿，當網的洞比較大時，沙子出來的比較快！」當她在「兒童發展」課堂上分享這份紀錄時，她完全忽略了提姆的話，一直到班上好幾位同學提醒她提姆的發現，她才注意到。這位教師對於提姆的偏見阻礙了她看見提姆的成就。

　　個人所屬的文化也會干擾我們的客觀性。熟悉的文化習俗，甚至是我們如何用字遣詞，都有可能阻礙我們瞭解或欣賞他人行為所傳遞的意義。例如：亞裔美籍作家在書寫有關紐約布魯克林區的黑人杯葛韓國雜貨店時，很訝異的聽到一位當地黑人居民說：「韓國人是一個非常無禮的民族，他們不懂得微笑致意。」

如果這位居民知道「對陌生人笑」不屬於韓國人的文化，她的反應會不會不一樣？……他們（韓國人）把討好、殷勤當成不誠懇，韓式表情就是沒有表情。韓國人對此有個形容，叫做「mu-pyo-jung」，意思是「面無表情」。（Kang, 1990）

有些教保人員會告訴幼兒：「當我跟你說話時，要看著我！」因為他不瞭解在某些文化裡，眼睛向下看是表示尊敬。我們需要一些跳脫我們自己文化的方法，好讓我們能接受，熟悉的行為可能涵蓋不同的意義。教保人員可自問：「我為什麼這樣做或這樣回應？孩子到底是什麼意思？」如果可能，可跟幼兒同文化的其他人分享自己的觀察，好澄清幼兒行為的意涵。

我們以夸脫來測量牛奶，以磅來測量馬鈴薯，這樣的測量會比用自己的品質標準和靈感來得精準。兒童未來成為大人時，會承襲大人的行為方式，但當他們是幼兒時，他們受到不太一樣的法則所規範——特屬於該生命階段的法則。我們知道毛毛蟲是蛾生命週期中的某一階段，在那個階段，它不會飛；小牛不會產出牛奶，雖然未來牠們會。但是太多人期待幼兒盡可能表現得和成人一樣，而且越快越好！事實上，如果我們對於童年的本質能有清楚的概念，我們也許能更成功的引導兒童邁向成熟。

也許是因為幼兒會說話，讓我們對幼兒產生了不實際的想法。幼兒很早就會這項人類的特別能力，很容易讓人以為幼兒話語所蘊含的思考是和成人一樣的。因此，倚賴幼兒的話語作為瞭解他們的主要媒介，我們就關閉了我們與他們之間有意義的溝通管道。

有多少回在我們生氣或憤怒時，用強硬或用甜美的口吻對幼兒說：「你為什麼要這樣做！」然後，幼兒在憤怒、傷心、挑戰或無助的情況下，回應：「我不知道。」事實是，幼兒真的不知道，也無法告訴我們他為什麼做出這件事情。問題是，當大人也不知道時，就會讓大人和幼兒都感到困惑。

幼兒揭露自己的方法

幼兒的行為當然其來有自，原因有很多。對同一種行為而言，有時候很難決定哪一個是最可能的原因。雖然每個行為都有其原因，但我們也必須很無奈的承認，某些特定行為的原因往往是個謎。這也是為什麼身為教保人員，我們必須蒐集好的線索來引導我們去瞭解；只有透過看見幼兒，尤其是**他們怎麼看自己**，我們才能獲得線索。但這做起來並不像說的那麼容易。

幼兒仍然大量倚靠生理和情緒的基礎而運作，不只他們的身體能順利彎成像捲餅一樣，他們的身體動作、動作能力和感受也會開始大量出現。幼兒用手來思考（他們用**碰觸**來發現），用腳來交際（用腳大力踏出聲或用力踢出聲是代表「同伴」的行動）；或者，他們可能用**腳來思考**（如果我踩在蟲身上，會怎樣？）以及用**手來交際**（如果我碰她的眼睛，會怎樣？）如果我們想記錄幼兒的成長和學習，我們必須聽他們用嘴說，同時也記錄他們怎麼運用身體，而且我們必須沒有偏見的聽——不受老祖先的偏見所干擾。

即使幼兒開始說話是一件奇妙的事情，但他們要能完整的說話還有很長一段距離。雖然幼兒很快就學會很有技巧的用話語表達他們**想要什麼**（即使不是所有幼兒都如此），但是幼兒的話語並不是最好表達情感或想法的工具。例如，幼兒會用說的：「我覺得悲傷」，還是會垂著頭、哭，或瞪著天空（肢體表達）？如果我們要等待幼兒成長、成熟到精確的覺察自己的情緒，然後告訴我們他的情緒，我們得等上很長一段時間！我們因此必須學習去找出其他代表幼兒想法和情感的行為線索。

幼兒用眼睛、聲音品質、身體姿勢、手勢、態度、微笑、跳上跳下、無精打采來和我們溝通。他們透過做事的方式和做的事來告訴我們他們頭腦裡在想什麼。當我們能看見幼兒行為的意義，**看見幼兒的內心**，我們就能理解他們。記錄幼兒各種不同的溝通方式能協助我們看見真正的他們。

●●● 做紀錄

記錄幼兒行為的方法有很多，適用於不同目的、不同情況。有些紀錄是**印象派的**，在某些時候是可接受的。當一位幼兒新入園，教保人員免不了會用自己的標準來衡量他、用自己的方式回應他。如果她寫下她的印象，她便有了紀錄，可以在日後對於該幼兒有不同看法時拿出來看看當初自己的印象有多準確？後來有更多認識後，那些印象中有哪些是獲得支持的？

有些教保人員每天寫班級**日誌**或**日記**（在一天結束時或午休時間），他們在時間及精力允許下，盡可能寫下那天特別有印象的事。這是一個很棒的記錄班級活動、領袖人物移轉、班級成員的想法和興趣、班級成就的作法，提供課程規劃無可衡量的幫助。有些教保人員也做同樣的事，但比較不規律，只有偶爾為之，類似散彈性檢核。還有一些圖表可協助教保人員記憶哪個孩子已有一陣子沒畫畫、哪個孩子應該輪到木工區、哪些孩子負擔了班上主要的社會責任。當然還有其他照片、素描、錄影和錄音的紀錄。教保人員也可以記錄某一種行為出現的次數，例如：艾咪打人的次數；威脅要打人但沒真的打的次數；或者歐琳在最近三週每天上午十點半時和誰玩、玩什麼的紀錄；或譚美的自創拼音增加了哪些新字。這些都是很好、有用的技巧，但是任何記錄技巧的使用都取決於我們的目的。

我們的目的是什麼？

教保人員專業責任中很重要的一部分是「教室研究者」的角色，當教保人員加強觀察及記錄技巧時就開始了這個角色。我們在此建議一種記錄技巧，可以提供相當完整而實在的圖像來呈現某一個活生生的幼兒，以其獨特的方式回應生活、與人及材料互動、在自己的成熟及發展階段運作。當我們慣於為整個班級做規劃時，很難聚焦在個別幼兒；然而，個別班級有其個別的互動規則固然很值得研究，但對於班級內個別幼兒的研究更能

讓我們覺察人類成長與發展的重要知識。細緻的研究幼兒的技巧可以讓我們對一位幼兒有更深的瞭解，也能對所有幼兒有更廣的認識。

雖然目前在幼教場域有使用標準化評量的趨勢，很多幼教機構對於八歲以下幼兒使用正式評量提出意見，因為這些測驗常常強迫教保人員使用不合宜的教法、不是有效評量幼兒學習的工具。在美國幼兒教育協會（NAEYC）發表的一份刊物中，McAfee、Leong 與 Bodrova（2004）提出了一個較寬廣的評量取向：

> 目前，我們很容易聽到「評量」這個名詞，在為各種不同目的所用的評估幼兒的方法中幾乎都可聽到。有的人鬆散的使用這個名詞，廣泛的指稱凡是與決定「幼兒的發展或學習位置」有關的方法都稱之，可能是詞彙測驗、簡短的觀察、身體動作技能檢核表、閱讀診斷測驗，或身高體重測量。但是評量……具有更特定的意義：評量是一個過程，是從多種形式的證據匯集資訊，然後組織及詮釋那些資料的過程。（p. 3）

然而，記錄並不是萬靈丹。它只是一個讓忙碌的教保人員能在一段時間捕捉住一位扭動不已、滑溜、面帶微笑、尖叫、神奇但令人困惑的幼兒的方法，而這段時間足以讓他仔細檢視幼兒。這個程序（在行為發生時做記錄），我們稱之為**現場流水帳紀錄**（on-the-spot running record）。

在行為發生時記錄

記錄並沒有既定的規矩，讓人鬆一口氣。雖然記錄的技巧源自於研究，但它常被用來作為更深入認識幼兒及評鑑教保人員的方法。隨著記錄的廣泛使用，記錄技巧也有些修正和改變。本書大部分都是建議性質，至於實際要怎麼做就交由讀者自己決定了。

既然教保人員的主要責任是「一個班級的老師」，教保人員的記錄時間就必須抓得很緊，因為幼兒的需求第一，有時可能需要停止記錄去拯救

某位幼兒。隨身帶著便條紙、紙卡、小記事本或平板會很有幫助，這樣就永遠不會因為做了某種選擇而錯過。態度盡量悠閒、不侵犯；距離要夠近，可聽見話語，但是不能太近干擾到幼兒的遊戲或影響幼兒閱讀、書寫時的專心。現場的短記可以簡略、充滿縮寫，之後再整理、補足。寫下日期、時間、幼兒的化名，行為發生地點；為了保護隱私，都使用化名，因為名字的縮寫或名字的某個字都可能洩漏幼兒的身分。如果幼兒來問：「你在做什麼？」不要讓他們知道你的祕密，免得他們會因此而過度意識自己的行為；可以使用平淡、含糊的回應，如：「這是老師的工作」或「這是老師必須做的作業」。如果是觀察六、七、八歲兒童，觀察必須要更謹慎，因為這個年紀的兒童可能會覺得「被窺探」；也許教保人員可以當下用心觀察，事後在兒童看不到時再記錄。

盡可能在很多不同的時間記錄幼兒的行為，不一定要在同一天。例如：來園及回家、上廁所、韻律／晨操、漱洗、說故事、自由遊戲、使用創造性材料等時間；對於小學兒童，則可包括數學、寫作、團討時間。觀察時間涵蓋室內和室外、單獨一人及和別人一起。不同情境下的記錄可以獲得全面性的行為，例如：與其他兒童和成人的關係、對幼兒園／學校的適應、對例行活動的感受、在教室中的地位等。

這些每日的記錄往往看起來沒什麼用，很容易讓人不想做。但是，一段時間後，把類似特質的細節組織起來，會出現行為模式，我們會開始看見幼兒真正在做什麼。因此，要有耐心，讓事情延伸、繼續發展；畢竟記錄行為是在記錄成長，而因為幼兒大部分時間是在兩個發展階段間轉銜，我們要能看出川流於其中的脈絡，就需要期間有很多靜止點的訊息來串連。

注意事項

千萬不要公開擺放幼兒的紀錄，尤其是如果紀錄內有數位影像。要像醫師對待病人的病歷資料一樣，即使是最不重要的訊息，醫師也會保密。

因此，除非有專業理由，否則我們對於幼兒的紀錄也必須遵守此規則，例如：在講述幼兒的童言童語或有趣的故事時，**不顯露影像或不透漏任何可能會洩漏特定幼兒及家庭身分的訊息。**

●● 語言作為記錄的工具

用來記錄的語言本身就具有難度，尤其是對不習慣書寫的人而言，很容易因為挑戰太大，做不好就完全放棄。由於如果不使用一些描述性的詞彙，行為的重要細節便無法被適切的記錄下來，記錄技巧的這個面向因此值得探究。一開始，讓我們先回憶一些可用來描述行動的動詞、副詞、形容詞及片語。

動詞

走，有些人可以想出十個以上的相似詞：

> 緩行、漫步、遛達、重踏的走、踩腳、行軍式的走、趾高氣揚的走、漫遊。

有些人對於這個挑戰完全退卻。但是，區辨兩位幼兒的行動或肢體動作很可能完全要靠正確的使用走的相似詞。

這麼說好了，火雞的走和貓的走，兩者相同嗎？一歲嬰兒的走和八十歲老人的走，兩者的動作顯然不同。璜走，安娜貝爾也走，我們必須記錄兩者走路的質。為了找到最能捕捉行動特質的語詞，我們可能會說：火雞高昂闊步，貓咪無聲行走；嬰兒搖搖擺擺，老人步履蹣跚；璜大步的走，安娜貝爾行軍式的走。走這個詞告訴我們某個人做了什麼，而不是他怎麼做的。沒有兩個人在走過教室、走近另一位幼兒或走近教保人員的方式完全一樣。身為教保人員，我們根據幼兒行為的質做回應，我們對走路很瘋狂的孩子會做出反應，因為我們覺察到麻煩即將來臨，而對於一臉喜悅的

幼兒的旋轉步伐，我們感覺到自己的肌肉也跟著歡愉的擺動。

以下是一些記錄常用動詞的相似詞，還有很多其他的動詞也值得教保人員熟悉。

> 跑：驚嚇亂竄、疾走、猛衝、向前衝、急速飛奔、加速前進、像
> 子彈般飛過、衝出、飛、單腳跳
>
> 說：低聲說話、吼叫、大聲叫、尖叫、咆哮、口齒不清、抱怨、
> 要求、告訴、喃喃自語
>
> 哭：哀號、嚎啕大哭、嗚咽、吵鬧、大聲哭叫、啜泣、哀悼、慟
> 哭／哀嘆、淚流滿面

副詞

當有一些動詞無法精確描述時，副詞是為這些動詞增添特質的方法之一。在我們使用副詞來定義行為的心態和感受時，副詞的用法帶有詮釋意味，但不是用來判斷幼兒。副詞可用來描述一項行動，例如我們會說：「他很堅定的掙扎著」或「她茫然的看著老師」，且描述的方法並不是在說幼兒固執或愚蠢。這種對於某一動詞的描述性詞彙告訴我們幼兒在那個特定的時刻做了什麼。因此，回到前面談到的「**走**」，我們可以說**興高采烈的走、洋洋得意的走、沉重的走**，或者一般的動詞「**說**」，可以透過添加副詞，精緻化其意義，如：**興奮的、愉悅的、壞心眼的、憎恨的、高高興興的、興高采烈的、笑嘻嘻的**。

同時，檢視紀錄內描述性詞彙間的一致性，可以防止我們僅從單一手勢、微笑、姿態或動作做出錯誤推論。例如：如果在記錄一個行動時，記錄者用「哭訴」來描述某位幼兒的聲音、用「咧著嘴笑」來描述他的嘴巴，或是記錄他「興高采烈的走」和用淚眼看老師，很明顯的，這位記錄者並沒有真正的在觀察。

如同我們於前文所述，教保人員不可能絕對客觀，因為自己就是紀錄

情境的一份子。但是,在嘗試捕捉幼兒**如何搭建、唱、跳、哭、打架、畫畫、說話**,或任何行為的特質時,可以使用描述性語言來呈現幼兒**做了什麼、如何做**,而不加入對幼兒的不必要或偏差詮釋。

形容詞

我們也需要形容詞。例如:每一個微笑都是高興的笑嗎?有可能是歡愉的、充滿淚水的、全心全意的、抿著嘴的、露著牙齒的、有力的、溫暖的、猶豫不決的、僵硬的,或勉強的?勉強微笑的幼兒和含淚而笑的幼兒或羞怯的笑的幼兒,他們的感受一樣嗎?以下呈現一些形容不同層次**快樂**的形容詞:

> 喜洋洋的、開懷的、歡愉的、令人喜悅的、興奮的、快活的、活潑的、欣喜的、開心的、滿足的

以下是可用來描述**哀傷**的形容詞:

> 哀痛的、惆悵的、氣餒的、沮喪的、心情沉重的、垂頭喪氣的、悶悶不樂的、失意的、洩氣的、心灰意冷的

使用副詞和形容詞時要謹慎,雖然缺少這些詞彙會使紀錄僵化或缺乏幼兒的特質,但副詞和形容詞的使用很容易主觀,一定要確定使用的副詞或形容詞確實符合幼兒行為的特質。

片語

另外一種描述性工具是一些敘說行動的小片語。雖然這些小片語有其功能,但一定要避免過度使用,句子如果充滿太多片語會變得很累贅。以下是一些可以用來描述**走**的片語[1]:

---

[1] 原文是美式片語。

拖著腳的	仰著頭的
磨著地板的	沒看路的
擺動手臂的	一臉茫然的
彎腰駝背的	目不轉睛的
手放口袋裡的	喀噠喀噠的

前文所描述有關記錄的詞彙，好像替教保人員增加更多困難。本來就已經沒有充裕的好時機做記錄，工作的進度令人沮喪，體能的耐力更增添了困難度。雖然使用精確的描述性語詞可能是另一個困難，但我們必須承認在記錄上好好的使用語言是我們必須解決的問題。我們也許不習慣在日常話語中使用華美的、描述性的語詞（即使我們閱讀時可能很欣賞此類語詞），但不論如何，真正傳遞行動圖像的紀錄大部分都是使用想像性語言。如果教保人員覺得很難，可以試著在字典裡查一些常用的行動詞彙及情感氣氛的同義詞或查閱同義詞字典；教保人員將會很訝異自己其實知道很多描述性語詞，並且可以開始積極的使用，只是一定要確定使用的描述性詞彙確實反映行動的特質。

●● 環境的重要性

除了行為的記錄外，我們對於幼兒的研究必須包括有關**觀察情境**（situation）的周全描述。幼兒並非存在於真空中，我們必須在一個活生生的環境中，盡可能周全的觀看他們在該**情境脈絡**（context）的行動。這表示我們必須注意幼兒的物理環境和社會環境的重要層面。幼兒在不同環境中的表現不同並不令人驚訝，想想某一天幼兒在教室裡舒服自在的樣子，然後再想想他另一天在購物中心和爸爸媽媽一起排長龍等待的樣子，他可能是完全不同的兩個人！或者，某一位在教室裡一直被稱作「小丑」的小孩，在學期中轉學到另一個學校後，成了新班級裡的領導者。因此，

我們必須注意環境對幼兒行為的作用。

描述環境時，以下三方面的環境資訊能讓人更充分的瞭解幼兒：

● 學校、幼兒園或保母家所在的區域。

● 學校、幼兒園或保母家所在的建築物。

● 教室：仔細描述物理環境的安排、作息、學習環境的規劃與安排、
課程目標。

物理空間對於幼兒、教保人員和課程的品質都有很強的影響。一項著
名的物理環境研究顯示（Kritchevsky, Prescott, & Walling, 1969），教室空
間的品質和師生互動有很顯著的關係。在高品質環境中，教保人員比較敏
感、鼓勵，在低品質環境中，教保人員比較不與幼兒互動，也比較嚴厲，
師生的互動情形繼而影響幼兒的行為。除了空間本身的影響外，我們必須
覺察幼兒本身的文化對於空間感受的影響。我們一般會認為幼兒擠在一個
小空間很容易引起打鬥，但是前述研究發現一群兩歲半到五歲的幼兒在一
個擁擠的空間裡（就像家裡一樣），毫無衝突的進行遊戲。

在幼兒行為的觀察記錄裡加上環境描述，可協助我們從一個較大的情
境脈絡裡去看幼兒。讀者可在第 13 章找到有關環境描述的例子。

Chapter 2

記錄幼兒在例行性活動中的行為

從哪裡開始記錄呢？讓我們從幼兒生活中花最多時間的事情開始——例行性活動。例行性活動通常指的是在幼兒園裡的收拾、上廁所、吃點心、吃午餐、午睡和排隊。這些活動不是幼兒園裡的創造性活動，但屬於幼兒園裡的必要活動，每日重複進行，很多幼兒園的活動也都圍繞著這些例行性活動運作。

●● 整理相關的資訊

讓我們來看一位幼兒即將進行某項例行性活動，如穿衣服準備到戶外活動，雖然這件事看起來很簡單、很明確，讓我們帶著下面的觀察問題進行觀察。

引發活動的刺激？

- 這位幼兒為什麼要穿衣服？
  - ➤ 老師叫她穿嗎？
  - ➤ 老師向全班宣布要穿衣服嗎？
  - ➤ 幼兒注意到別人在穿衣服而跟著穿嗎？
  - ➤ 幼兒是突然有穿衣服的衝動就開始穿？

總而言之，我們想知道是什麼引發幼兒開始穿衣服，我們可稱此為**刺**

激（stimulus）。刺激可能來自於幼兒內在或外在，可能很明顯（教師叫幼兒穿衣服），也可能不明顯（無法解釋的衝動或突發的念頭）。

活動的場所？

- 這位幼兒在穿衣服時，周遭的狀況如何？
  - ➤ 影響此活動的物理環境安排如何：如穿衣服的地方接近或遠離幼兒工作櫃、有沒有可坐下的椅子、幼兒是否擠在一個小空間？
  - ➤ 附近有哪些重要的人、他們正在做些什麼：如對幼兒重要的成人、幼兒的朋友或「敵人」、關心幼兒的訪客？

這些環繞著活動的情境，就是行為發生的**場所**（setting），因為很明顯的，沒有行為是在真空裡發生的。

幼兒的反應？

- 如果活動是教保人員引發的，幼兒如何回應？
  - ➤ 接受教保人員的指示嗎：很樂意的、開心的、厭煩的、順從的、安靜的？
  - ➤ 拒絕教保人員的指示嗎：公開直接拒絕、間接拒絕？
- 如果活動好像是幼兒自發的，他如何執行：熱切的、悄悄的、迅速的、平靜的、夢幻似的？
- 幼兒對於自己的衣物是否有特別的依附：緊緊抓著外套、輕柔的撫摸手套、猜疑的看著正在查看自己帽子的幼兒？
- 幼兒對該活動有多認真？展現多少興趣？
- 幼兒自理的技巧如何：技巧很好、不靈活、笨拙、很熟練？
- 幼兒的能力能勝任該工作嗎？
- 幼兒是否有特殊的能力、合於他的年齡：能戴上帽子但無法扣緊、能扣鈕釦、能拉夾克的拉鍊？

看起來好像每一個問題都需要一個答案，就像問卷一樣，但並非如此，這些問題只是觀察時的提示點。對某一位幼兒而言，某一個問題可能比另一個重要許多，有些問題可能需要較多的描述，有些可能不要；全都要看被觀察的幼兒如何進行那項工作。

教保人員只有兩隻手，在協助一大群幼兒穿衣服準備出去戶外活動時，很顯然的手不夠用，更難騰出手來記錄。但當時機允許時，可以做一些簡短的行為描述，內容涵蓋前述幾個重點。例如：

> 老師宣布「穿衣服，準備到戶外」後，四歲的易安大叫：「酷！」直線走到他的置物櫃，用力的戴上帽子，撈起他的外套和雪褲，拖到老師坐的地方，請老師幫忙。他說：「這是我的褲子，幫我穿上！」老師把褲子攤平。易安像椒鹽脆餅一樣的旋轉坐到地上，把外套丟在地上，閃電般快速的將一隻腳塞進雪褲，接著塞另一隻腳，然後扭動著身體站起來。他一邊扭動身體，一邊把背帶拉過肩膀，然後伸手去拿起外套。他沉思的看著外套一分鐘，把外套交給老師，轉過身背對老師，等老師把外套打開拿好。他穿外套時沒留意領子捲起來了，因為急著想出去，拉鍊拉得笨笨拙拙的。

在例行性活動時，還有其他反應需要註記，因為這些反應延伸了行動的意涵：

- 幼兒看起來想自己獨立做嗎？
  - ➤ 你怎麼知道？
- 幼兒在團體情境中的行為如何？
  - ➤ 他能在小組活動中繼續行動嗎？
  - ➤ 他會退縮嗎？
  - ➤ 他會變得怪怪的或有破壞性嗎？

● 有什麼可能的外在因素影響了幼兒的行為（這是前文提及的**場所**所
　具有的動態面向）？

　➤ 教保人員坐在某個定點，期望孩子來找她嗎？

　➤ 幼兒被期待坐在座位上等待教保人員的協助嗎？

　➤ 幼兒被期待自己完成嗎？

● 幼兒獲得多少的個人注意？

　➤ 和幼兒想要的一樣多？

　➤ 和教保人員認為幼兒需要的一樣多？

　要涵蓋這麼多細節是因為幼兒做的每件事都是對於**某事某物**的反應，
不論是自己內心的感受或是**外在**的情境、人。如果只描述行動，如：「孩
子在教室裡跑」，而沒有註記整個情境，會讓我們無法清楚行動的意義。
律動時在教室裡跑是一回事，午餐時在教室裡跑是另一回事，穿衣服、收
拾時在教室裡跑又不一樣。幼兒的反應是對整個情境而發，包括情境裡的
人、事情、物理環境、要求等，男孩或女孩也是整個人在做反應，涵蓋
他／她的思考、感受和動作。

　觀察六歲半的海茵進到一年級教室，提供我們一些瞭解她對於自己的
態度的線索：

　　海茵、一群同學和老師一起進教室。當其他人走向掛外套的
　地方時，她刻意走到圍討地點的中間，脫掉外套的帽子，走到點
　名表前面，翻開自己的名卡。她跳著回到掛帽子的地方，找到自
　己的帽勾，拉開背包，有條不紊的拿出午餐盒，擺到帽勾上的
　櫃子裡。從背包裡拿出一張紙，讀一讀後，摺起來放在通知單盒
　裡，她很專注的做這項工作。現在她回到她的帽勾那邊，仔細的
　掛好背包，脫掉外套掛上去。教室裡的其他活動——其他孩子進
　教室、掛外套——完全沒有分散她的專注力。海茵走回教室中
　間，專注的讀貼在黑板上的上午事項及作息。她環視教室，然後

安靜的走到自己的桌子，坐下來，開始玩小鐵釘幾何圖板。

再看看另一個很不一樣的進教室反應：

> 四歲的麗莎和爸爸一起走到自己的置物櫃，爸爸幫麗莎解開
> 外套的釦子，她沒有要幫忙的意思，身體有些無力，眼睛慢慢瞄
> 過教室。當外套脫掉後，她走進教室裡，仍然四處看。爸爸很快
> 就離開，沒有說再見。

觀察到行為之後呢？

當衣服穿好後，我們記下幼兒接著做什麼，就完成整件事──從第一
個刺激到最後結束的歷程，結束整個行動。有時候幼兒在我們觀察的事件
之後接著做的事會透露很多訊息。例如：

> 當麗莎的爸爸離開時，老師給麗莎幾隻粉筆去作畫，但是麗
> 莎堅決的說：「我想玩黏土。」她走到黏土櫃，拿出一些黏土，
> 放在桌子上。接著，她找到一個可以看見教室門口的位置坐下，
> 開始很不專心的搓黏土，眼睛盯著門口看，沒有看黏土。

觀察例行性活動時，我們會問：

- 幼兒是否接受後續的團體程序（如：坐在椅子上、坐地上、在門口
  等）嗎？
- 幼兒沒有等同學或教師就跑開了嗎？
- 幼兒搶著在門口占第一位嗎？
- 幼兒有秀給其他幼兒看她做了什麼嗎？
- 幼兒哭嗎？唱歌嗎？自己高興的笑嗎？

對一個簡單的程序（如：穿脫衣服）而言，前述問題看起來好像很
多，但是當我們開始檢視幼兒投入同一個例行性活動的感受時，這些問題

的答案裡有很多重要的線索。

●● 例行性活動對幼兒的意義

　　你是否曾好奇，為什麼有些幼兒可以耐心的等待你來幫他們扣鈕子或繫安全帶，而有些幼兒就會大聲尖叫？為什麼有些幼兒對穿脫衣服的程序不知所措，而有些幼兒卻會利用穿脫衣服的機會在教室裡到處亂跑？為什麼有些幼兒在找不到手套時就哭，而有些幼兒卻對這些服飾配件完全不在意？

　　當然我們知道每個幼兒都不一樣，但是，一般而言，**所有的**幼兒都跟成人不一樣，尤其是在例行性活動方面。對成人而言，例行性活動是達到目的的方法——洗好手，吃早餐；工作前要收拾，好有個乾淨的地方工作；迅速穿衣，好出門上班。但是幼兒對於時間和作息只是懵懵懂懂而已，他們也不以其引導行動。對幼兒來說，例行性活動本身既不是目的，也不是用來阻礙從事重要生活事件的事情。例如：洗手並不一定和午餐有任何關係，可能是一個探索和品嚐水的特性的機會，或者也可能是探索肥皂、擦手紙！洗手本身就是一項工作，有它自己的誘惑，但它也可能是飢餓時的一個惱人的障礙。同樣的，收拾也許很討人厭，因為它阻止了幼兒再盪一次鞦韆的機會；但相反的，它也可能是一個比較舒適的方法，讓幼兒在教師溫暖的許可下，感受到和同伴親密的方法。也就是說，引發成人行動動機的責任感，在幼兒階段還不存在，因此很難成為教保人員可依賴的幫手。

　　「快樂原則」（the pleasure principle）對幼兒是非常重要的原則，因此「我想要……」是和教保人員所能想到的理由一樣好用，而「我不喜歡……」的力量更是強大。對幼兒來說，例行性活動本身具有意義，但不是「成人的意義」；其次，個別幼兒可能依據自己的經驗對其加入特殊的意義。即使如此，幼兒想要學習和大人一樣，而未來他們也會學到。

　　幼兒從他們生活中的大人學習在餐桌、在水槽或在任何地方做事的方法。對有些大人而言，效率本身很重要，因此設立一些成人的標準作為幼兒的模範，但往往有些焦躁和性急。有些大人覺得與其等幼兒慢慢做，自己做還比較簡單、比較容易；還有些大人喜歡替幼兒做事情，因為覺得既對幼兒好又讓自己開心。在有些家庭裡，大人沒有很多時間給幼兒，因此幼兒必須自己做這些事情。耳濡目染的，幼兒不知不覺學會例行性活動的機制，同時建立了態度——不僅是對於如何執行例行性活動的態度，以及對於*自己*作為一個能在世界運作的人的態度。不管願不願意，幼兒對於自己的成就及潛能的概念是從幼年時期身邊大人的態度建立起來的，而不是透過和其他同年齡或經驗的兒童做比較。

　　在幼兒上幼兒園之際，這些概念或態度就已建立，只要我們仔細觀察他們在例行性活動的行為就可看出很多端倪。除了瞭解幼兒如何處理生活事務外，我們也還可看見他們對於依賴大人的感受，或獨立處理事情對他們的意義，我們也許也會看見幼兒對於大人的信任或懷疑。這些態度都可在稱之為「例行性活動」的特定任務中顯現出來。幼兒因為家庭空間不足、處於暴力環境、生活安排不確定、飢餓、不當的家長期望、健康不良、虐待或疏忽、家人生病或死亡而有的痛苦，也會在例行性活動中出現明顯的徵兆。不同的例行性活動各有其運作所需的獨特習性及行為反應，因此必須分別檢視。

●● 記錄用餐行為

　　觀察用餐情境時，我們別忘了在幼兒學習處理食物的歷程中所經歷的親子之間的親密性；潛意識裡，我們可能相信小兒科醫師所說，飲食問題是由焦慮或壓力造成的。幼兒對於自己的一些態度，連同行動的流暢度，會在用餐情境時出現。例如：如果幼兒能協調肢體動作來回應自己的身體需求，那當然是幼兒有自信及社交能力的跡象；相反的，如果幼兒無法忍

受等待食物、拿超出自己能吃的食物量,或不能享受和別人一起用餐,就可能是痛苦的跡象。

觀察的細節

- 行為發生的場所?
  - ➤ 幼兒在哪裡吃:教室、餐廳或其他地方?
  - ➤ 誰打菜、服務:教保人員或幼兒?
  - ➤ 幼兒能選擇食物嗎?
  - ➤ 環境是安靜、放鬆、吵雜、忙碌,還是混亂?
  - ➤ 食物足夠嗎?太多嗎?幼兒能再多拿嗎?
- 幼兒對於用餐情境的反應如何?
  - ➤ 接受、熱切期待、拒絕,或挑三揀四?
  - ➤ 幼兒對於用餐的態度是嚴肅還是隨意的?
  - ➤ 幼兒走到餐桌的態度如何:害怕的、熱情的、積極衝動的,還是畏怯的?
- 幼兒吃多少食物:很少、兩人份、很多肉、不吃蔬菜、永遠不夠、比起別人吃得多?
- 幼兒用餐時的禮儀舉止如何?
  - ➤ 怎麼拿餐具?是否用手拿食物吃?
  - ➤ 會玩食物、丟食物、把食物含在嘴裡嗎?
  - ➤ 是否有系統、有條理的吃自己的食物?
  - ➤ 是否吃得到處都是,還是小心翼翼的?
  - ➤ 是否會擔心自己沒有拿到足夠的食物?會不會囤積食物?
  - ➤ 在餐桌上,是自在、無精打采還是緊張?能否待上整個用餐時間?
- 幼兒跟別人交談嗎?交談的頻率?
  - ➤ 跟誰交談?

➤ 除了交談外，還如何和別的幼兒接觸？

➤ 對幼兒而言，社交是否比食物更有意義？

➤ 是否可同時勝任社交和用餐？

➤ 是否只跟教保人員、特定的朋友說話，而不和其他人說話？

● 幼兒對食物有興趣嗎？

➤ 有特別喜歡和特別不喜歡的食物嗎？

➤ 對於食物，會談論什麼嗎？

➤ 用餐的速度（快或慢）如何？

● 大人的角色？

➤ 訂下了什麼規則？

➤ 提供給個別幼兒什麼樣的注意？多少？

● 事件的順序如何？

➤ 幼兒在事件中做了什麼、說了什麼？

➤ 大人在事件中做了什麼、說了什麼？

● 幼兒如何離開餐桌：熱切的說話、緊咬雙唇、身體僵硬、哭著、輕輕的推回椅子、摔倒椅子？

● 離開餐桌後，幼兒做些什麼：在教室內到處跑、站著說話、等教保人員、拿書看或拿玩具玩、上廁所、幫忙清洗碗盤、到鍋裡看還有沒有食物？

要如何選擇記錄什麼？

因為幼兒不太可能在用餐時完全沒有餐桌禮儀問題，我們可能會觀察到不能接受的行為，而擔心如果就這樣記錄下來是否表示我們同意這種行為。在記錄技巧中，我們同意與否完全不具任何地位，雖然它可能影響我們對幼兒的回應（對幼兒說什麼或做什麼）。為了引導幼兒逐步邁向成熟，我們必須從他們現在所站之處開始，這表示，首先我們必須精確的、不帶道德偏見或判斷的記下他們的行為。因為幼兒的行為令人不愉快或因

為我們正在示範更好的技巧,而否認幼兒有這些行為的事實,是不適當的
侷限了身為教保人員的責任。身為人,就會主觀的選擇所看所記,因此,
我們必須費力的在我們的專業上加入一些科學的方法。幼兒做的任何事都
是他的一部分,都應該被記錄下來,至於我們要如何處理他的行為,則是
另一件事。

用餐紀錄(示例)

以下是三歲的米娜和六歲的西蒙的紀錄,顯示用餐情境所牽涉的內容
遠比簡單的攝取食物多得多。我們看見米娜能勝任一些事情及遵守教室裡
的規矩,也看見對西蒙而言,午餐是一個奇妙的探索之旅:

米娜坐在餐桌前,等著果汁和餅乾,餐巾紙在她前面。當果
汁壺傳到她時,她用一手拿起壺把,一手放在壺底撐著,很小心
的把果汁倒到杯子裡,舌頭舔著上唇。放下果汁壺,她伸手去拿
剛傳來的籃子裡的餅乾,籃子撞到杯子,果汁灑了出來。她擔心
的看著老師。

老師建議米娜去拿海綿菜瓜布。米娜走到水槽(海綿菜瓜布
放在那裡),伸手拿起紙巾捲,費力地扯。老師問她需不需要幫
忙,不過,米娜最後終於扯下一張紙巾。整個過程,她嘴裡都咬
著一塊餅乾。她開始擦果汁,但反而把果汁抹得滿桌,紙巾濕
了,她說:「我需要一張新的紙巾。」老師給她一張紙巾,她開
始撕碎舊的那一張,捏成一球,放在櫃子上。老師請她丟到垃圾
桶,她立刻拿去丟了。

西蒙用一隻手端著午餐盤走向餐桌,看起來不太穩,如果有
人撞到他,隨時都可能翻倒。走到一半時,他用兩隻手支撐盤
子。盤子裡裝了四塊雞塊、一小堆青菜、三塊起司塊、一盒牛
奶。

他沒有馬上坐下來，好像在找什麼東西或什麼人。彼得過來，他們互相微笑，坐在一起。

彼得從口袋裡拿出一塊錢紙鈔，說：「你看，我姑姑給我什麼！」彼得和西蒙檢視紙鈔背面，西蒙指著上面的金字塔，說：「看這個寶藏！」然後他指著紙鈔序號左方的小數字，問坐在旁邊的老師：「這是什麼意思？」

●● 記錄上廁所的行為

上廁所的例行性活動，和用餐一樣，涵蓋一些特殊的重要層面，如幼兒對自己身體的態度，以及幼兒如何看待身體運作和控制（是視為值得驕傲的成就還是連結嬰兒期的媒介）。通常，害怕上廁所、對身體運作缺乏控制或過度控制，或對於性有不尋常的興趣或知識，可能是痛苦的徵兆。

觀察的細節

- 什麼原因上廁所：幼兒自己的需求、模仿朋友、班級程序、教師要求、尿褲子了？
- 幼兒的反應是什麼（接受還是排斥）：很明顯需要上廁所但卻拒絕使用幼兒園的廁所、不想和班上小朋友一起去、很開心的去、心不在焉的、匆忙的、隨意的？
- 有緊張或害怕的表現嗎：身體僵硬、緊握陰莖、抽噎的哭？
- 幼兒對上廁所感興趣嗎？
- 幼兒對於上廁所的程序是嚴肅看待還是漫不經心？
- 幼兒技巧如何？有足夠的協調性和技巧嗎？
  - ➤ 能勝任嗎？動作笨拙嗎？動作流暢嗎？跌跌撞撞的嗎？很慢？很快？
- 幼兒的態度如何？

➤ 隨便嗎？過度小心嗎？暴露狂？

➤ 有察覺到性別差異嗎？對性別方面的差異或相似是否顯示出興趣？

➤ 與其他幼兒有進行任何互動嗎，如有，是什麼樣的互動？

➤ 是否有使用某種語言或表現出某種行動，顯示出具有異常的性知識？

當然，上廁所行為必須對照著當時的班級程序及教保人員角色來看。就如同其他事件一樣，我們從事件的開端一直記錄到結束，如果可能，將幼兒所說的話精確的記錄下來（或者註記幼兒沒說話）。下面的示例或許可以讓大家比較清楚。

上廁所的紀錄（示例）

以下是有關四歲幼兒上廁所的紀錄，顯示出不同的幼兒對於身體運作有很不同的態度：

> 蓋碧（四歲半）和潔思一起玩蹺蹺板，跳下來，說：「我快要尿出來了。」她跑進教室，潔思尾隨著她，兩個人都脫下褲子，坐上馬桶，唱著：「斯可、斯酷、斯可、斯酷。」蓋碧沖了馬桶，穿上內褲和外褲。「我想我要洗手。」她脫下夾克。「看，我有兩件襯衫，是不是很好笑？妳也要洗手嗎，潔思？」她很快的洗了手。「現在我要去照鏡子。」

四歲的阿奇就不這麼悠閒：

> 阿奇在遊戲場，站在木箱子上，拿著拐杖上下揮著。看到老師，他說：「我要進教室。」老師說：「好。你要上廁所嗎？」「嗯。」他急忙的爬下來，說：「我不要你看。」當他們走進教室時，老師答應著說：「我會把門關上，你要把馬桶座拉起來

嗎？」阿奇皺著眉，說：「不要，我還不知道我要怎麼做。我要你把門全部關上。」

　　老師關上門，等著。阿奇大聲說了兩次「我還沒好。」過了幾分鐘，他叫：「我好了。」把門甩開，大步走出來。老師問：「你要洗手嗎？」阿奇的眉毛挑起來，詫異的說：「不要，因為洗手就要準備吃點心和果汁，時間還沒到。」他跳躍著到遊戲場，在水缸玩水，雙手瘋狂的潑水，然後舉起雙手，指頭張開，說：「看我的手，乾淨溜溜！」

讓我們看另一位三歲男孩的行為，這份紀錄展現教保人員敏感的覺察到一位幼兒對於別人身體的好奇：

　　說完故事後，老師提醒幼兒在吃點心前，如果需要的話，就去上廁所。米蓋慢慢的站起來，作夢般的，好奇的看著別人大聲叫「我已經上過了」、「我還沒上」。他沒說話，忽然走到廁所，那時已有三位女孩在廁所裡，露易莎和蓓拉坐在馬桶上，溫蒂站在旁邊等待。米蓋把溫蒂擠到洗手台和牆壁間的小角落，很專心的看著露易莎，她正把自己擦乾淨，扭著身體從馬桶上下來，說：「溫蒂，我好了。」她邊說邊穿內褲。米蓋那時從角落裡出來，跪在露易莎前面，沒說一句話，用一隻手把露易莎的外褲和內褲拉住，用另一隻手把她的襯衫拉上去。米蓋看著露易莎，臉上帶著一種天真好奇的表情，用一隻手指頭小心的戳露易莎的肚臍。露易莎和米蓋兩個人一樣專心，都沒說話。其他幼兒現在都在看他。老師跟露易莎說：「露易莎，你最好趕快出來，很多人在等。」米蓋和露易莎都看著老師，然後露易莎穿上褲子，米蓋走出去洗手。他沒上廁所。

●● 記錄午睡行為

幼兒對午睡這個例行性活動也有其特殊的反應。在幼兒展現出信任大人及接受團體行為模式的同時,他們也開始對身體的緊張有所反應,開始發展放鬆的能力,此能力對新入園或新送托的幼兒尤其重要。對於剛從庇護所轉來的幼兒,或住處沒有規律睡覺時間、睡覺情境很恐怖或無法預測的幼兒而言,午睡的壓力可能特別大;對於因為父母離婚而在兩邊住、最近經歷過住院、父母或親戚生病或死亡,或剛搬家的幼兒而言,午睡也是很挑戰的一件事。

不過,即使在適應了幼兒園後,有些幼兒在午睡時間獲得最成功的社交經驗,有些幼兒倒頭就睡,但有些幼兒仍需要安慰和支持。或許可以從以下的項目來瞭解午睡對幼兒的意義。

觀察的細節

- 幼兒為什麼午睡(引發午睡的刺激來源)?
  - ➤ 是自己想睡了,還是有規定的時間?
  - ➤ 是教保人員覺得他累了?
  - ➤ 是午餐後自然就接著午睡?
  - ➤ 幼兒似乎瞭解別人期待自己午睡?
- 幼兒的反應?
  - ➤ 接受:無奈的,還是很愉快的?
  - ➤ 抵抗:慢吞吞的、午睡時說話、沒反應、頻繁的要求去上廁所、頻繁的要喝水?
  - ➤ 拒絕:哭、跑來跑去、跑出教室?
- 幼兒需要大人特別的注意嗎,例如:拍拍、坐在旁邊?
- 是否有緊張的徵兆?
  - ➤ 身體緊張:動的次數、無精打采?

- ➤ 安撫策略：吸手指頭、自慰、拉耳朵？
- ➤ 和另一位幼兒有過度的性動作？
- ➤ 特別的物品：娃娃、動物、毯子、枕頭？
- ➤ 一再找藉口離開床鋪？
- 幼兒的身體對於休息的需求？
  - ➤ 是否有疲勞的跡象：打哈欠、紅眼睛、焦躁易怒、時常跌倒？
  - ➤ 睡得著嗎？睡多久？睡覺時很平和還是很煩躁？
  - ➤ 需要玩東西嗎：娃娃、書？
  - ➤ 如果不睡，看起來放鬆嗎？
- 午睡時，幼兒在團體裡的反應？
  - ➤ 是否干擾或破壞：大叫、大聲唱歌、跑來跑去、爬到床下、拉窗簾、干擾其他幼兒？
  - ➤ 是否有社交活動：跟隔床說話、做手勢？
  - ➤ 是否察覺其他幼兒的需求：輕聲說話、輕輕的走路？
- 午睡如何結束的？
  - ➤ 起床時是怎麼樣的：微笑的、說著話、輕聲輕語的、哭著、疲累的、生氣蓬勃的？
  - ➤ 起床時做些什麼：靜靜的躺著、呼叫老師、衝去廁所、開始遊戲？

午睡的紀錄（示例）

午睡的狀況可能像下面所描述的：

　　一群四歲幼兒靜靜的躺在小床上，老師靠近坐著。伊利有點難入睡，一直翻來翻去，偶爾玩玩自己的手和腳。在他的頭旁邊有一隻泰迪熊，他不時拿起來丟到空中，試著用一隻手接，但接不到。他嘟噥一聲，急促的鑽進毯子，沒多久又鑽出，側身躺

著，一隻手指放在嘴巴裡，看起來很累。突然，他又藏進毯子裡，用幾乎聽不到的聲音對自己輕聲的說話。一位老師有時會穿過教室到衣物間，伊利抬起頭一直看，一直到老師拿了皮包離開為止。然後他躺回小床，重複他一開始的動作——玩手和腳，也玩小床邊邊的裝飾。他朦朧的看著教室內的椅子和床，同時玩著手、腳或毯子邊緣。突然他開始大聲拍手，老師警告他，說現在是午睡時間大家都在睡覺。他盯著老師看了一會，然後躺回床上，一直到午睡結束都沒說一句話。

●● 記錄轉銜時間的行為

轉銜時間對很多幼兒而言是一天中比較難過的時間，它需要幼兒依據活動和作息重新組織自己。因為幼兒並不擅於看見一整天的時間架構，一旦他們從事一項特殊的活動時，他們對於時間的安排便和教保人員的安排有很大的不同；對幼兒而言，他們很難中止搭蓋建築物、玩水或玩顏料。有時候，轉銜時間可能成為破壞情緒的刺激，導致幼兒發飆，沒有大人協助就無法專心做事。幼兒如何處理轉銜時間這件事可以提供我們有關他們的氣質、成熟度、時間觀念及自我管理等能力的線索，也可能顯露出痛苦的跡象。

觀察的細節

- 轉銜時間如何開始：突然的、細緻的、巧妙的，或在警告後幾分鐘內？
- 轉銜時間的架構是怎麼樣的：每天一致，還是每天改變？
  - ➤ 幼兒有指定的工作嗎？
  - ➤ 教保人員有告訴幼兒要做什麼嗎？
- 轉銜開始時，幼兒會怎麼做？

➤ 他做的時候是熱切的、試探性的、困惑的、排斥的、無法控制
　　的、哭喪著臉的、反駁的、隨便的？

● 幼兒能完成教保人員要求的工作嗎？

轉銜時間的紀錄（示例）

以下紀錄顯示一位七歲幼兒對於轉銜時間感到很自在：

當老師宣布大家排隊去吃午餐時，娜瑞莎已經做完一些作
業。她推開椅子，不用手就把腳套進涼鞋。她偷偷的從桌子裡拿
出一小包糖果，塞到口袋深處，然後站起來向門漫步走去，兩
眼睜得大大的，隨意的掃描著教室。當她走過老師的桌子時，老
師剛好開始責罵另一位幼兒。娜瑞莎停住，看著他們的互動，她
臉色平和，沒有表情。大概一分鐘後，她轉身，滑向教室的門，
雙手自由擺動；她眼睛沒有看著前方，而是看著教室內的其他活
動。當她到達門口，找到了一個位置排隊。站著的時候，她頻繁
的擺動她的屁股，移動站的重心。她開始懶懶的玩起前面女孩的
馬尾，持續了幾分鐘，一直到隊伍開始移動到午餐室。

●● 例行性活動的行為模式

幼兒是一個個體，但是不同的情境可能引發幼兒不同的反應。當我們
試著找出幼兒對於不同例行性活動的反應模式時，可能發現幼兒對所有例
行性活動的反應是一樣的，或是發現幼兒對不同的例行性活動有正向或負
向的不同反應。例如：一位幼兒可能對所有幼兒園的例行性活動都很開心
的配合，或者無言的退縮；又或者一般來說她很乖，但碰到上廁所、吃飯
或午睡就完全不一樣了。不論如何，幼兒的反應都是獨特的，紀錄就是告
訴我們他們對於幼兒園情境的獨特反應，透過一點一點的蒐集、累積資

料，行為模式開始出現，我們就開始看見真實的幼兒。而這些持續或變化的行為模式可以再以更上層的類別來歸納。教保人員可運用以下重點來理解幼兒在例行性活動行為的模式：

1. 在例行性活動開始時、過程中、結束時的一般態度：
   ➤ 很容易的接受、服從、直接或間接的排斥、透露出緊張或害怕的徵兆。
   ➤ 感興趣的程度。

2. 在例行性活動中的依賴或獨立：
   ➤ 必須別人提醒或告知，或依自己的責任感主動行動。
   ➤ 接受，或拒絕協助。

3. 對例行性活動的情緒反應：
   ➤ 興奮的、淘氣的、放鬆的、有自信的。

4. 協調性和能力、速度及時間長度。

5. 幼兒行為對於團體運作的影響。

6. 例行性活動中的社交經驗。

7. 幼兒對於大人參與的反應：
   ➤ 對大人設定的程序反應。
   ➤ 對大人給予的個別注意反應。

8. 生理的反應：
   ➤ 吃了多少食物（食物的量）。
   ➤ 小便的次數。
   ➤ 放鬆的能力。
   ➤ 需要的休息。
   ➤ 睡眠時間的長度。

9. 在例行性活動中顯露出對於自己的性別和性別差異的知覺和興趣。

10. 上廁所、穿脫衣服時是羞怯拘謹的，或喜歡暴露的。

11. 對衣物的依附情形。

12. 用餐時間時,挑食、留食物、不吃東西、無法進食固態食物。

13. 持續要求老師的注意。

14. 尿床、大便在褲子裡(相對於年齡和次數)。

　　幼兒在每日例行性活動的行為紀錄可以揭露幼兒在生活中任何特定時間的行為。很多現場的觀察累積一段時間後,會顯露出幼兒對於類似的情境有哪些持續而重複的反應。行為的模式可能固定不變,甚至僵化,也可能是持續變化,甚至不可預測。一段長時期(六個月到一年)後,隨著成熟度和經驗的增加,幼兒對於例行性活動有了不同的處理,觀察紀錄可能會顯現出巨大的模式變化。長期現場記錄之所以重要,是因為累積的紀錄可用來支持或反駁我們對於幼兒所做的推論;這是為什麼即使我們知道在教保人員的生活裡做記錄並不容易,我們仍要試著經常做記錄的最根本原因。

　　以下是一位幼兒午睡時間的行為模式:

　　　　看見窗簾拉下來,東尼的臉皺了起來,雖然從來不至於到流淚,但一直等到老師坐到他旁邊時,他才很明顯的放鬆下來。他從沒要求要任何東西來安撫他,像是玩具或餅乾,也從沒說什麼,但是當老師靜靜的坐在他的床旁邊,他會在五分鐘內睡著。

　　以下這份紀錄是顯示在學年末時,一位幼兒在穿衣外出時間行為的**模式改變**:

　　　　學期剛開始時,譚雅一穿好外出服就衝到門口,她張開雙手雙腿,僵直的堵住門口,對任何想要挑戰她的人都像是個可怕的敵手。好幾次,她和拉菲爾、約翰吵架,他們兩個是班上唯一敢挑戰她老是「第一」的權力。等她和瑪雅、凱特的友情建立,她開始催促她們快一點,跟她一起占第一位。不過瑪雅和凱特因太

喜歡聊天而沒辦法快,她這麼做一點也沒用。她會焦急的看著門口,戳戳她們,最後自己衝向她覬覦的位置。但是有一天譚雅留下來等待瑪雅和凱特,勝利的向她們說:「我們不在乎我們是不是第一,對不對?」這是譚雅美好的一天!

行為模式不一定能立即顯現出來,我們需要刻意的挖掘。例如:回顧學期初的資料,從中挑出與我們想要檢核的事項有關的資料,有助於確認模式,而列出學期初重要的個別事件也有助於顯現早期的模式。例如:教保人員可能注意到白立兒下列的午睡行為:

9/30　　　白立兒午睡起來時哭。

10/26　　白立兒起來時黏著老師。

11/10　　老師沒坐在白立兒旁邊,白立兒無法入睡。

前述事件中行為的一致性滿明顯的,這個時期,白立兒在幼兒園的午睡似乎顯示出不確定感。但是隨著時間,這個模式會持續或改變呢?

例行性活動行為模式的統整

以下是從一位教保人員長期的例行性活動紀錄整理出來的行為模式範例,該模式代表兩位四歲幼兒參與例行性活動的整體圖像,我們在第 13 章會討論如何將此模式納入學年報告。

剛進入幼兒園時,李奧強烈的排斥所有例行性活動,慢慢的能一個一個接受。他在幼兒園從來沒有發生上廁所的事故,他要求絕對的隱私,因此經常延遲上廁所,直到回家才上。一直到 12 月,他才可以沒有掙扎的自己去上廁所。上星期,他來跟我說;「你知道嗎?我已經上過兩次廁所了。」他知道何時要洗手,且很有方法的洗手。他吃點心時沒有特別的表情,吃完後把杯子和餐巾紙放入垃圾桶。他躺到小床後就安靜的睡覺。他自己

穿脫衣服，只有在需要時才尋求協助，他知道衣服要掛在哪裡，且很細心的正確掛好。

　　艾波妮現在可完全自己穿脫衣服，不再要求協助。她可以自己上廁所，也不需要我們在旁邊。她仍然把午睡時間當作社交時間，但大部分時間不會大聲嬉笑；如果玩得太過頭，她通常會暫時停止，坐在小床上看本書或看看四周發生的事。

　　我們從書面紀錄所找出來的模式告訴我們什麼對幼兒而言是很重要的事，成人因為早已精熟這些利社會的生活自理能力，且能輕易而不需思考的表現出來，就很容易忽略這些事情對於幼兒在社會環境中逐漸建立自我概念是很重要的。

Chapter **3**

記錄幼兒的材料使用

　　本章呈現幼兒生活中的另一項經驗——運用材料。遊戲材料和例行性活動一樣，是幼兒在幼兒園生活的一部分，但是它們對於幼兒人格發展的功能和例行性活動有些許不同。如果我們將遊戲材料視為讓幼兒有事可做、讓幼兒忙碌的媒介，或用工作的角度的來評鑑其運用，我們很可能就忽略了遊戲材料所扮演的特殊角色。

●● 材料對幼兒的意義

　　遊戲材料很重要的一個角色是支持幼兒的認知發展，特別是在象徵的發展。所謂**象徵**（symbolization），指的是人類使用某物來代表另一物的能力。下面的簡短紀錄顯示這個角色剛開始的樣貌，在此事件中，小的擀麵棍是生日蠟燭的「非口語象徵物」，黏土上插小擀麵棍代表生日蛋糕（是生日蛋糕的象徵物）：

　　　　三歲的蘇珊和潔蜜拉坐在一起玩黏土，兩個人都把小擀麵棍插在黏土上。潔蜜拉開始唱「祝你生日快樂……」，兩個人站起來，坐下去，大聲的咯咯笑著。蘇珊拿一團黏土放在冰淇淋小木棒的尾端，潔蜜拉看著她，食指放在嘴巴裡。蘇珊把小木棒遞給潔蜜拉，潔蜜拉假裝把小木棒上的黏土舔掉。兩個人又開始大笑，兩腳在桌子下不停的踢著。

　　大部分的人傾向狹義的解釋象徵性活動，將其視為書寫和閱讀他

人書寫訊息的能力。雖然閱讀和書寫是象徵能力，但是它們只包含了象徵能力的一半，是比較常用的**口語**（verbal）那一部分。至於**非口語**（nonverbal）部分的象徵能力用在藝術上——繪畫、雕刻、舞蹈、默劇、音樂、戲劇（結合了口語和非口語）。非口語象徵是一種很重要的溝通方式（雖然不是最普遍的），因為很多經驗、感受及想法根本沒辦法以口語表達，或者是很難用口語表達。

只有少數人會成為藝術家，但是非口語的象徵性活動是兒童期學習過程中必要的一部分。**在活動中使用顏料、積木或水的經驗，是兒童後來運用更抽象形式象徵（如：文字、數字）的基礎，因為幼兒使用語言主要的目的是為了社交，而不太像是我們以為的是為了認知概念的發展。**七歲前（可有一年的個別差異），兒童的理解很明顯的受到感官知覺的限制，他們的語言反映了這個現象：四、五歲時，他們能在具體層次，拿自己來做簡單的比較，他們會說：「我畫得比你好」、「你的亂糟糟」、「那輛卡車比我們原來舊的那輛大」。他們很難客觀或進行分析，因為他們很自我中心，和他們經驗不相關的概念幾乎不可能理解。因此之故，他們能以口語表達或揭露的也受到限制，但這並不表示幼兒不能談論有關真實、重要、實在的經驗，而是說他們的想法，連帶他們說的話，會與物體的具體層面緊緊扣連。

不過，幼兒確實開始察覺抽象概念，即使他們還不能完全用口語掌握或解釋他們半成形、朦朧的想法。他們會從遊戲中自己使用材料後所產生的關係和變化獲得一些直覺的抽象概念。下面的紀錄明顯顯示，兩位五歲幼兒如何用個人、具體的方式面對時間、出生和領養的抽象概念：克里絲婷娜用黏土來想像一個食肉動物世界，而被領養的伊莎貝兒用黏土來想像發生在生母身上的事情：

　　克里絲婷娜把黏土搓成一長條，用食指把中間挖空成為管子。她把管子移到桌子另一邊，對其他幼兒說：「這是小孩子的

隧道，可以爬到另一邊。這是有食人魚的河。」其他幼兒問什麼是食人魚時，她用權威性的聲音說：「是會吃人的魚。」幼兒們開始討論食人魚，然後開始討論很久以前存在的劍齒虎。伊莎貝兒說了一個故事，關於她稱為第一個媽媽的人生活在劍齒虎時代，被吃掉了。當老師問她「第一個媽媽」是什麼意思，她說：「就是生下我但被吃掉的媽媽。」克里絲婷娜補充說；「第一個媽媽就是生下寶寶然後死掉或受傷的人，但不常發生。我沒有第一個媽媽，我媽媽在我家裡。」

幼兒用這樣的方式使用材料來複製他們的經驗，不受目前尚不夠成熟的口語能力所阻礙，而逐漸細緻化他們的象徵層次。但這並非貶低語言的角色，只是承認幼兒學習的事實——他們透過感官學習，並透過語言來協助他們定義和延伸他們的學習，以此增強他們的學習。一直要等到接近兒童中期尾端時，他們才能以話語為主來學習概念（Piaget, 1962a）。因此緣故，在兒童被要求處理較抽象形式的象徵（如：字母、文字、數字）前，他們需要精熟非口語形式的象徵性活動。

看看五歲的琳兒在沙箱遊戲中對於沙子的特性和地心引力的學習；過程中不論是她或老師都沒有任何語言，她自己一個人玩，沒有加入其他幼兒的談話：

琳兒用一個大漏斗倒沙，從上方觀察沙的流動，嘴巴幾乎靠在漏斗口上，然後舉起漏斗，看沙子從底部流出來。然後她裝滿一桶子的沙，搖動桶子，看乾沙的動作。她用力的用兩手壓桶子裡的沙，把沙倒在其他幼兒使用的沙網上，然後往後退一步，說：「ok，我做好嬰兒食物了。」

其他幼兒繼續將沙倒入沙網，宣布說那是一個火山機器。琳兒用鏈子把沙倒入機器，說（沒有特別對象）：「我們要蓋世界上最大的火山。」她先把桶子裡的沙倒入機器，接著倒漏斗裡的

沙。艾爾多拿走漏斗，把機器從沙堆中移開。琳兒沒有反對，但是拿起一個瓶子，用勺子挖沙裝入瓶子，然後把沙從瓶子倒入沙堆。她用小罐子裝沙後倒入瓶子，每次罐子的沙高度不同。她向前向後弧狀的甩瓶子倒沙，觀察沙跑出來的模式。

　　老師宣布收拾時間到了。琳兒開始用厚紙板梳子把沙弄平，其他幼兒離開後，琳兒再用手大動作的把沙弄平，然後離開去加入同學。

　　幼兒在運用材料來學習的同時，也運用材料來表達及處理各種情感。他們的身體能夠釋放或多或少的壓力、能表達溫柔或憤怒；他們的指甲能刮，肌肉能重重拍打，指頭能細心且沉著的（或笨拙且痛苦的）操作。

　　材料（一般的遊戲材料）是幼兒內在自我與外在世界的橋梁，它們是幼兒的工具──用來捕捉外在世界的印象，轉化成他們可理解的形式，再把自己的感受以具體形式表達出來。材料（水、黏土、積木、沙、顏料、麵團、木頭、紙、蠟筆、鉛筆）可幫助幼兒：

- 將情感轉化為行動：
  - ➤ 用力敲打黏土來轉化生氣或高張的情緒。
  - ➤ 建造「世界最高的建築」來轉化想長大、想強壯的慾望。
  - ➤ 用粉紅色、黃色、淡綠色來表達春天陽光的感覺。
- 將想法或概念用具體的形式呈現：
  - ➤ 積木蓋的房子，要像真的房子必須可以關起來。
  - ➤ 積木蓋的路要為平面，讓車子和動物可以走。
  - ➤ 橋要高，而且要橫跨空中。
- 將心裡對事物的印象呈現在作品上：
  - ➤ 黏土餅乾必須是圓圓扁扁的。
  - ➤ 蠟筆畫的大人有長長的腿和大笑臉。

即使他們用來表達樹、牛或爸爸的材料都一樣——都是一大塊紅色顏料，幼兒仍覺得自己做得很棒！透過使用材料，幼兒將內在的印象及感受外化，發展肌肉和技巧，增長推理邏輯能力；他們從澄清自己對世界物品、現象和人的理解中獲得內在力量。

幼兒對材料的態度就像他們對生命的態度一樣——直接或羞怯、攻擊或退縮、害怕猶豫或勇敢自信。所有的幼兒都同樣的熱愛泡泡澡嗎？都挑戰蓋積木高樓嗎？都把圖畫紙的每一個地方塗滿嗎？我們不是都知道那個很會玩黏土和顏料的小個兒嗎？或者那個開心的小孩，他從來不願意中止遊戲、收拾玩具，總是把黏土桌弄得無敵髒亂後去廁所，再用水和肥皂製造另一團髒亂，然後收拾時間時就不見人影？還有其他那些幼兒，把自己限制在少數我們提供的材料上，就像在食物豐足時選擇飢餓？或者那些什麼也不玩的幼兒？幼兒對於運用材料有一種一貫的風格和態度，透露著幼兒對材料的反應。

幼兒會拿任何材料、任何形狀或形體，然後吹一口氣，變出自己要的。材料越有可塑性〔或「非結構性」（unstructured）〕，越能讓幼兒用來反映他們的感受和想法。第一次接觸時，材料對幼兒而言，是自己以外的東西，因此產生好奇；幼兒把材料當成世界上的一件物品來探索、實驗，來瞭解材料：它有什麼特性和可能性？它能黏、延展、斷裂、掉下、壓碎、塗嗎？最後材料會變成表達和反映的工具，而且是依幼兒自己的意圖使用。

如果幼兒已經能清楚的拆解有關物品和人的細部結構，也具有從事精細工作的身體協調性，他們就會使用材料來清晰的表徵這份理解；如果幼兒對於某些細節感到困惑，那些困惑也可在使用材料的過程中獲得解決。在下面的紀錄中，兩位一年級的兒童（勞倫佐、黛絲）用積木和口語來表徵他們的想法，勞倫佐還幫助黛絲處理她的問題：

　　黛絲在地板上擺兩條長積木，她很有系統的在地基上面加上

小積木做城牆。她從容的繞著逐漸增高的建築，很小心不撞倒任何搭建物。勞倫佐加入她，說：「我來蓋大房子！」黛絲說好，歡呼：「我們要蓋房子！」他們開始一起蓋。黛絲拿了兩塊積木做了個開口，說：「我要做窗戶。」然後把兩塊拱型積木放在屋頂上。勞倫佐假裝很惱怒的大叫：「那不能放在上面。」兩個人大笑。黛絲把兩個單位積木放在屋頂上，說：「這是大門。」勞倫佐說：「好。但他們（指著屋內的木頭家庭人物）要怎麼出來？他們需要樓梯，你做樓梯，我來做其他所有的東西。這會是一個很棒的房子！」

黛絲做完樓梯後，宣布：「我要做個電扶梯。」勞倫佐問：「妳要怎麼做？」黛絲：「嗯，像這樣。」她弄倒做好的樓梯，開始做一個像隧道的結構，向屋子的方向延伸過去。勞倫佐驚叫：「這真的是最笨的想法了！這不會連到屋子的。」黛絲問：「不會嗎？」然後她推倒她的「電扶梯」，說：「我們來做樓梯吧！喔，我有一個更好的想法，下面可以當房子（屋子有兩層）。」勞倫佐回說：「我知道下面可以當房子。」黛絲回到她原來放樓梯的地方，對著屋子放了一個斜坡，說：「看，你可以就這樣走下來。」勞倫佐同意：「耶，這個好。」黛絲拿來裝有全班姓名牌的盒子，兩個人把自己的名牌很明顯的擺在屋子的角落，退後一步，觀看他們的屋子，臉上帶著滿意和驕傲的神情。

很有趣的，當情緒感受大於知性的好奇或創意時，幼兒可能會不適當的使用材料，例如，當幼兒拿黏土做成泥巴，或把洋娃娃拿來戳或用力丟，或是故意弄倒積木建築。在這種時候，幼兒可能需要一些可以讓他們抒發個人需求的材料，例如：出氣袋。

有些具有特定用法和功能的材料，例如：洋娃娃和腳踏車，屬於**結構性**（structured）材料。幼兒可能基於某些沒有說出來的意圖使用這些材

料，把情緒投射在材料上（娃娃很頑皮叛逆，或是不舒服在哭）；也可能使用這些材料來實現他們的想法、慾望或幻想（腳踏車是輛飛機，娃娃是交通警察，骨牌是車票）。半結構性材料，如積木（不像顏料或黏土般容易變化，也不像玩具汽車那麼成型），可提供建構的滿足感和三度空間的堅固性。

除了材料的特性外，幼兒使用材料時還有神奇的想像力。如果他們需要一輛飛機或汽車，一根棍子可以變成飛機或汽車；如果他們需要一個人，他們會嘗試使用材料，直到出現人的樣式為止。簡單的說，幼兒以他們需要的方式及他們想要的方式在運用材料，不過，每位幼兒使用的態度和風格都是獨特的。

●● 要觀察什麼

幼兒如何接觸和使用材料能透露出其他方法所不能看見的思考和情感。記錄幼兒使用材料的情境和刺激物可提供幼兒行動的脈絡。

情境

- 誰是最靠近的重要他人和活動？
- 是否有多種不同的材料？幼兒是否可取用材料及設備？
- 大人監督的程度和種類如何？

刺激物

- 幼兒為何使用材料：是教保人員建議、班上的活動、模仿其他幼兒、自發的、其他幼兒建議的？

對顏料的反應
- 幼兒使用什麼顏色？

- 混和顏色嗎：在罐子裡、在杯墊上或在紙上？

- 顏色在紙上是分開的嗎？

- 把一個顏色塗在另一個顏色上嗎？

- 能控制讓顏料不滴下來嗎？

- 有試著控制讓顏料不滴下來嗎？是故意讓顏料滴下來嗎？

- 只畫在一個小地方或一個小角落，還是散開來畫？把整張紙都塗滿顏料嗎？

- 有畫出什麼形狀嗎：垂直的線、曲線、圓形、塗滿的圓、字母、點點、數字、一大塊顏色、代表某物的形狀？

- 塗顏色有超出圖樣的邊緣嗎？

- 用哪一種筆法：刮、畫點狀線、滑動？

- 是否匆匆的過來畫一、兩張就離開？

- 花很多時間畫一張畫嗎？

- 有為畫作命名嗎：很仔細的還是很籠統的說明？

對黏土的反應

- 怎麼玩黏土：用力捶、滾、扯、壓、戳、弄糊、做球或蛇、甩、打、拍、揉、刮？

- 有使用輔助工具嗎：壓舌棒、冰棒棍、牙籤、剪刀、珠子？

- 有表徵的表現嗎：命名、產品的尺寸、細節的正確性？

- 在可用的空間中如何運用材料：是在自己的工作空間裡使用材料，還是會跑出板子外、散在桌子四處？

對積木的反應

- 選擇了什麼樣的積木：尺寸、種類、配件（洋娃娃、小積木、小汽車、木頭人型）？

- 建構了什麼形狀：向上蓋、十字交錯、沿著地板、堆疊、圍起來、可辨認的結構物？

- 如何運用空間：侷限在某處或分散在不同地方、靠近櫃子、察覺到障礙物？
- 在解決問題時的彈性如何？有嘗試不同的方法嗎？重複原來無效的方法嗎？一再重複曾經成功的方法嗎？
- 活動時有說話嗎？
- 有為建物命名嗎？有用在扮演嗎？是否主要是對搭建的過程感興趣？
- 建構的主題是重複的嗎？主題可改變而且不同嗎？
- 搭建進行時，是否伴隨有想像性遊戲？搭建完成之後呢，是否有想像性遊戲呢？

使用材料的時間長短

花在材料上的時間可以反映幼兒的專注力、興趣、分心傾向、沒興趣、無自信、對持續嘗試的容忍度、對挑戰的容忍度、對新事物的反應、年齡。

●● **材料使用的紀錄（示例）**

下面兩份紀錄裡的兩位幼兒各自從材料的使用中獲得不同的東西。第一份紀錄描述的是七歲的薩克用黏土來表達及解決他的情緒問題，這是他在其他情境裡可能無法表露的；第二份紀錄是五歲克羅芙在一個社會性情境裡有目的的使用材料來工作。在每一份紀錄中，我們都可看到教保人員和幼兒的關係：

二年級狄亞茲老師的班級裡，孩子兩三人一組在揉搓、打、壓黏土，除了薩克一個人在自己的桌子玩。當狄亞茲老師停在一張桌子那邊回答孩子的問題時，薩克對著她叫：「老師！」狄亞

茲老師回答：「等一下，薩克！」薩克皺起眉頭，看起來很困擾，開始很用力的捶他做的黏土球。他停了幾分鐘，往狄亞茲老師方向望，又開始叫：「老師，請妳到這裡來！」他繼續用拳頭捶打黏土，開始狂怒的活動——他瘋狂的滾動和壓擠黏土，同時冷冷的盯著黏土用細柔但惡毒的聲音說：「你最好被我做成狗。」他又開始捶打黏土，然後用一種低沉而命令的口氣說：「如果你不被我做成狗，小心我把你割開。」他站起來，把黏土放在手裡，開始輕柔的塑出一個形狀，然後坐下來，平靜的在桌上滾動黏土。幾分鐘後，狄亞茲老師走過來，薩克露出一個大微笑，舉起手上的形狀，說：「看我做的狗，你喜歡它嗎？」狄亞茲老師微笑讚許，薩克看起來沒事了。

大班老師刻意在語文區擺上新材料——打洞機、彩色膠帶、毛線、字卡（上有熟悉的字，如：帽、貓）。克羅芙在一張白紙底端平均的打了八個洞，打洞機就在旁邊。她接著用右手拿剪刀，剪下一小塊紅色膠帶，但膠帶黏在一起了。坐在旁邊的拉瑞說：「我要打洞機。」克羅芙用左手把打洞機遞給她，右手仍然握著剪刀。接著她把注意力轉到黏住的膠帶上，試著用兩手分開膠帶，然後她把這塊膠帶黏在一張小紙上，貼到白紙上。後來當另一位幼兒說：「克羅芙，我現在需要一些膠帶。」她很樂意的把整卷彩色膠帶給他。克羅芙後來拿回膠帶，剪下更多膠帶，黏在另一張小紙上再貼到白紙上。當她完成時，拉瑞用帶點生氣的聲音說：「妳差點割到我的手指頭，你知道嗎？」克羅芙用一種不在乎的語氣說：「不知道！」

●● 幼兒如何做、做什麼

到目前為止，我們對於幼兒使用**什麼**材料已有頗多討論，但我們也必須注意這個經驗對幼兒的意義。我們必須記下幼兒是**如何做**的，除了實際的行動外，我們還必須有意識且刻意的記錄顯示情緒感受的徵兆。當我們記錄**肢體活動**，如「她向前傾去拿積木」、「他拿起畫筆」或「她抓住吸水海綿」，我們是完全客觀的在記錄行動，並沒有記錄這些動作的生命脈搏或我們自己對於這些行動的回應。幼兒可能是**激烈的**或**遲疑的**去拿積木，可能是**匆促的**或**從容的**拿起畫筆；前述副詞所描述的行動，意義完全不同，每一個描述性副詞顯示出一種獨特的肢體行動的特性。

我們和人一起生活、一起工作，我們也對別人的各種感受自發的產生回應（也沒去想自己怎麼會知道他的感受）。當幼兒對自己很滿意、當他們不快樂、緊張、完全放鬆時，我們自然意識得到他們的感受。事實上，我們腦海裡放了別人所發出的各種線索所組織成的綜合圖像，然後我們會根據自己的經驗和聯想來詮釋。但我們通常在獲得全部線索前就太快下結論，因此，把行為細節細緻的記錄下來就很有幫助，這樣的話，即使我們的紀錄帶有些詮釋，也可在紀錄裡找到支持這些詮釋的證據。

我們前面曾討論過紀錄的語言，以主觀詮釋來**標籤**幼兒（如：「他很有敵意」、「她很固執」、「他很焦慮」、「她很貪心」），和詮釋整體行為的一小部分（如：「他給老師一個**有敵意的表情**」、「她**固執的回答**」、「他**露出焦慮的微笑**」、「她**貪心的伸手去拿餅乾**」）兩者有差異。兩者的差異不只是語意不同，「標籤」定義了幼兒，也因此把他們困在那一個整體評價裡；而詮釋整體行為的一小部分（如某個手勢、微笑、某種姿勢、某種語調），讓我們能在更多不同情境裡蒐集更多情感表達的資料——一個人可以在某情境下表現出敵意，但他本身並不是一個具敵意的人；一個人也可能在某個信念上很固執，但一般而言她並不固執；一個不焦慮的人可能對某個特別事件感到焦慮；一個人甚至可以對某一、二樣

東西很貪心，但整體來說卻不貪心。

對材料的反應

描述幼兒**如何**做的紀錄能隨時間而累積線索，讓我們瞭解幼兒的動機和情感，這些情感線索指的是那些伴隨著每個肢體動作的不由自主、非受人控制、未受指導的動作和手勢，是它們界定了肢體動作的特性，而每個幼兒的每個動作都有獨特的情感線索。由於沒有哪個幼兒在玩材料或進行任何形式的遊戲時不伴隨著一些行為，因此當我們關注幼兒的行動，關注他們做什麼和對誰做這些行動時，我們也要注意其他事情：

- 幼兒發出的聲音和所用的語言：
  - ➤ 如果發出聲音，是什麼樣的聲音：**大聲、小聲、銀鈴聲、控制良好的、高音調**等，是形容聲音的物理品質；**雀躍的、顫抖的、哀怨的、堅定的、遲疑的、開心的、冷漠的、自在的、害怕的、沾沾自喜的**等，是形容聲音的情感調性。
  - ➤ 說了什麼：盡可能直接引述幼兒的話語。
  - ➤ 會吟誦、唱、使用無意義的音節或片語嗎？會一邊進行活動一邊說故事嗎？
- 幼兒使用材料時的身體動作：
  - ➤ 姿勢如何：直挺挺、僵硬、駝背、軟趴趴的、直直的、捲曲的、蹲的？
  - ➤ 肢體動作的節奏如何：抽搐的、順暢的、不費力的、跳躍的、斷斷續續的、流暢的？
  - ➤ 肢體動作的速度如何：快速的、遲緩的、緩慢而有節奏的、慢慢的、敏捷的、悠閒的、謹慎的、迅速的、匆促的、溫和穩健的、不疾不徐的？
  - ➤ 做了什麼努力、程度如何：很多、超多、很少、中等、勉強的、

費力的、輕易完成的、精力充沛的、很有力的、微弱的？

➢ 肢體動作展現多少自由度：大的延展動作、侷促的、細小動作、自由揮灑的、受拘束的、緊繃的、侷限的？

● 臉部表情的細節：

➢ 眼神：閃閃發光、呆滯、明亮、閃耀、眼眶含淚、眨眼？

➢ 嘴巴：露齒笑、顫抖、噘嘴、吐舌頭、咬嘴唇、微笑、張大嘴巴、緊閉？

從這些細節我們可以推測幼兒對於材料的情緒反應，例如：興奮的、滿足的、挫折的、自我批判的、有信心的、恐懼的、刺激的、過度刺激的、輕易的、強烈興趣的、全神貫注的。下面的紀錄清楚的顯露幼兒的情緒：

安潔莉，四歲半，坐在老師旁邊玩小工匠玩具（Tinkertoy）。另一位孩子拿著玩具的盒子，安潔莉用不耐煩的語調，脫口說：「我要用。」她臉上的表情非常專注，從盒子裡一塊一塊拿出玩具，用力的裝到位置上。每次選擇要挑哪一塊時，她都花時間思考。老師站起來走開，安潔莉似乎沒注意到，她繼續用同樣的方式玩（花時間仔細思考、用力的拼裝），沒有跟同桌的人說話。她做的東西很大、很複雜。當老師告訴她收拾時間到了，安潔莉說：「不要！」然後繼續做。後來，老師告訴她，可以把完成的作品放到櫃子上，她小心翼翼的把作品端到那裡。當她注意到有一位孩子往她的作品走去時，她尖叫：「不可以碰！」

活動時對人的反應

幼兒可能不只對材料有反應而顯露出情感，我們也要記錄他們對於周遭人的反應。

- 幼兒使用材料時有和人互動嗎？
  - ➤ 幼兒如何顯露出對旁邊幼兒的察覺：對話、展示材料和作品、碰觸、在扮演遊戲中使用自己的作品、幫助別人、批評、叫別人來看自己正在做的東西？
  - ➤ 幼兒自己工作，還是和別人一起工作？
- 使用材料時，幼兒和大人的關係如何？
  - ➤ 有尋求大人協助、同意，或請大人給予東西嗎？
  - ➤ 對大人提供的協助、參與、提醒、限制或建議，表現出叛逆、無動於衷、沒注意或很在意？
- 這次的經驗如何結束？
  - ➤ 隨後立即的事件及感受：把東西推開、把東西放到儲物架子上、破壞自己的作品、把東西拿給其他小朋友或教保人員看、離開去做別的活動、在教室內跳舞？

●● 呈現細節的紀錄（示例）

以下幾份紀錄都呈現了對行為細節及情感表徵的注意。第一份紀錄主要是記錄五歲依凡的大肌肉活動，依事件發生的時間順序呈現：

依凡直接走到桌子。桌上老師擺了一個籃子，裡面裝了剪刀、蠟筆和膠水、一疊紙和兩個鋁盤，盤子內放滿了剪貼材料——細線、紙、各種形狀的布。依凡大叫：「我要膠水，我要膠水，我要膠水。」

老師正忙著處理另一位小朋友，回應說：「好的，依凡，現在輪到東尼……，等下就輪到你。你自己來，依凡。」依凡站在原處，沒有看老師，用一種嬰兒式的抱怨聲調說：「我要膠水，我要膠水。」她沿著桌子看其他小朋友，他們正在剪、用蠟筆

畫、貼。她繞過一位小朋友，把整籃蠟筆拿到自己的座位前，也自己拿了紙，坐下來，用蠟筆畫了幾筆。似乎發現這不是她原來計畫要做的，她喊：「張老師？」

「什麼？」

「我要膠水。」

「依凡，膠水在桌子邊邊。」

依凡走過去拿了一些膠水，回到座位，她把一片剪貼材料貼在紙上，又拿了一片貼上。她很專注的貼，嘴巴張開，花了不少時間把膠水一圈又一圈的塗在紙上，好像很享受那個感覺。她貼上羊毛，蕾絲、紙、布塊，一條細線黏在她的手指上。老師走過來。

「要我幫妳嗎？」

依凡噘著嘴，抱怨的回答：「要。」老師在紙上塗了一短條膠水，把細線放在上面。

「現在妳來告訴我，妳想要把細線放哪裡，我們就在那裡塗一些膠水。」依凡接受這個建議。

「現在妳把膠水塗在妳想要細線放的地方。」依凡做了。「我做完了！」

「好。」

依凡把膠水抹在手上，「我要洗手」。老師說：「樹下有水和毛巾。」依凡洗了手，跑去騎腳踏車。她工作時沒有和任何小朋友說話。

第二份是四歲半卡羅斯的紀錄，有比較多描述性的細節，更成功的顯示幼兒的心情：

卡羅斯指著窗戶，面帶燦爛的笑容，愉快的叫道：「那是雪花飄飄的櫻桃花！它們先是白色，然後變綠色，然後紅色，紅

色，紅色！我要來畫畫！」他走到畫架前，很快拿起一件畫畫圍裙，滑步到艾薩克旁邊，小聲說：「艾薩克，你要藍色嗎？我給你，好嗎？你給我紅色，因為我要畫櫻桃，很多很多櫻桃！」

兩個人交換了顏料罐後，卡羅斯滿足的吐一口氣，很快的用筆沾顏料，把畫筆沿著顏料罐邊緣壓乾淨。他沿著紙的四邊畫了一圈點點，畫的時候舌頭舔著上唇，眼睛發亮，身體很平靜但緊張。他畫的紅色點點很大、很圓，色彩鮮明，分得很開。畫畫時，卡羅斯自己唱著：「紅色的櫻桃，大又圓，紅色的櫻桃！」畫完第一張畫，他請老師幫他掛起來晾乾。第二張一開始跟第一張一樣，在紙的四邊畫滿紅點點，很快就充滿了整張紙。他也用了綠色，但兩種顏色沒有重疊。

卡羅斯一邊唱著他的短歌，畫了第三張、第四張，非常專注的畫。

其他小朋友開始跟著他唱，艾薩克開始在他的紙上畫藍色點點。揮著畫筆，卡羅斯問：「艾薩克，你要試我的櫻桃嗎？」他把畫筆嗖嗖的掃過艾薩克的下巴。他笑著用顏料在手上劃點點，大叫：「我的手上都是櫻桃。」他跑到隔壁教室，興奮的向其他小朋友大叫：「我的手都是櫻桃！」他大步走進廁所洗手，奈利跟著他，叫道：「讓我看看，卡羅斯。」卡羅斯攤開洗好的手，做出一掃而光的動作，洋洋得意的說：「哈，我把它們全部吃掉了。」

下面對於六歲山姆的紀錄一方面顯示出幼兒在工作時需要和別人建立關係，也顯示出山姆在象徵式思考方面的彈性：

山姆掛好外套後，就走到沒人坐的桌尾，擠進一張椅子。他用一種夢幻式、不聚焦的眼神看著隔桌的小朋友揉、捏和捶黏土。他像夢遊者一樣的走動，接受人家給他一大塊黏土，心不在

焉的用右手掌壓揉著，頭轉向旁邊，眼睛看著教室內的十幾位小朋友。

幾分鐘後，他拿起那塊黏土，讓它撲通掉在桌上。他的心情立即改變，好像開關的鈕扣被按到了，默片馬上變成動作片。他大叫：「轟！我有球，老師，看我的球！跳！跳！」他捶了幾下黏土。然後他開始把黏土揉得長長細細的，「這是蛇，我要做一條響尾蛇。唐娜，妳在做響尾蛇嗎？」他問隔桌最靠近他的一位小朋友。

安琪剛進教室，開始在桌上玩黏土。山姆對著安琪大聲說：「安琪，那是雪人！現在我要做雪人……。現在我要做一條很大的蛇，和愛德華的一樣大！」山姆舉高細細長長的黏土，得意的笑著：「嘿！嘿！嘿！」

「看我做了什麼，我要在這裡轉一下。」他把黏土掉到桌上，開始捶打。

「現在我要做鬆餅。老師，看我的鬆餅，吃吃看。」

嘩！他再次把黏土掉到桌上，一直揉一直揉，越來越快，他的動作搭配著他說的話，彎著頭和肩膀，努力控制嘴唇和舌頭，一直加快說「奇伊—伊—伊伊伊……」的速度。

事情慢下來了。他變得安靜，專心的做了一會兒，然後用很簡短、驕傲的語調說：「看我做的，老師……看我做了什麼，唐娜……看我做的手錶。」

這個時候，老師必須去幫另一位小朋友，她彎著腰，背對著山姆。山姆一直戳老師的背督促著：「老師，看我！」

老師轉過來，發現山姆的上唇放了黏土，他的頭向後傾以避免掉下來，「這是鬍子，哈哈哈。」他大聲的笑著說。他很快的把黏土轉放到頭上，「現在這是帽子，老師，看我的帽子。」

●● 詮釋：紀錄的最後一個面向

雖然我們聚焦在一個行動中幾個小而獨立的部分，但實際上我們是對幼兒表露的憤怒、喜悅、驚奇所反映的整體做回應；我們依據個人對幼兒感受的經驗和理解所建立的一種潛在準則來評量幼兒的行為、來做回應。某種程度上，我們必須依賴這份對幼兒感受的主觀來定義或詮釋幼兒的行為，但是，我們需要把那些感受的重要細節以精確的描述性語句寫在紀錄裡。有細節的紀錄其價值在於我們可以依據客觀的證據來支持我們的詮釋（他快樂、她難過），如前面幾篇紀錄示例所示。這樣的話，我們就比較不會因剛好看見某幼兒在某情境下是犧牲者或受害者，就假設幼兒有某種情緒，或是以主觀的敵對態度回應一位具有很強破壞性或行為粗魯的幼兒，或因任何原因而讓自己不理智的解讀情境。詮釋代表我們所有理解的總和，專業、有價值的詮釋非常依賴客觀資料。

但是，不可能所有的事情都做詳細紀錄。幼兒不可能把人類能做的事情都在一個時間點做完，即使他能，教保人員也不可能把他做的所有事情都記錄下來。不要試著把記錄細節的建議做成檢核表！當教保人員忙著在勾是否做到檢核表上的重要觀察事項時，幼兒可能正表現出我們預料外的行為，結果被錯失了。把眼睛放在幼兒身上，而不是檢核表上！讓紀錄有價值的不在記錄的**量**，而是記錄的**內容**和記錄的**技巧**。

●● 材料使用的行為模式

檢視幼兒跨一段時間內在現場使用材料的紀錄，可以引領我們找出模式，有了這些聚焦的觀察紀錄，可以知道很多我們原來忽略掉的事情，我們會看見一個呈現幼兒風格和想法的輪廓，知道他們對於自己的想像和能力有多少自信。我們會注意到他們對大人及其他小朋友的依賴情形、在意或不在意哪些規矩、工作時的愉悅或做錯事的焦慮。這些反應再對照著幼

兒的一般協調性、成熟度、經驗、年齡和同年齡層幼兒的一般行為來看，能讓我們做出最佳的評鑑。

幼兒使用材料的紀錄中要看什麼？

就如同第二章的例行性活動一樣，我們要尋找行為的模式，展現幼兒使用材料的一般做法及對於不同材料的特定使用模式。以下是一些在紀錄中尋找模式的建議：

1. 在某一段期間內，幼兒如何使用不同的材料（顏料、黏土、積木）？是一貫不變還是有改變？

   ➤ 一般而言，幼兒如何開始使用材料：自發的、教保人員建議或其他幼兒建議的、模仿其他幼兒的。

   ➤ 協調性：執行技巧的能力。

   ➤ 對照於幼兒的年齡和經驗背景，其技巧如何：例如：畫點點、揉黏土或堆小方形木塊等使用新材料的先備技巧、某年齡層的典型技巧，或幼兒年齡或背景已屬較複雜程度但卻過度簡單的使用材料。

   ➤ 幼兒怎麼工作：專注小心、探索性、有自信、很有技巧、密集的、不小心的，暫時性的、很容易分心的、用不同方式嘗試的。

   ➤ 使用時伴隨的語言或聲音。

   ➤ 態度。

   ➤ 作品的創造性、想像力、獨特性。

   ➤ 專注力：一般狀況、針對特定的材料和活動。

   ➤ 幼兒挑選用來進行扮演遊戲的材料和怎麼使用。

   ➤ 幼兒是否完成自己進行的活動。

   ➤ 大人的角色：大人指示的規則、限制、參與、什麼可以／不可以；幼兒的反應：幼兒對於這些指示如何接受。

2. 幼兒對於材料的感覺如何？

　➤ 喜歡的、使用過的和避開的材料和活動數量、種類和頻率（包括
　　變化、穩定的喜好）。

　➤ 一般的態度（包括對新的和熟悉的材料）：熱烈投入的、渴切
　　的、自信的、實事求是的、謹慎的。

　➤ 某個領域的材料對幼兒的重要性：有興趣的程度、愉快的強度、
　　全神貫注、害怕、逃避、排斥。

　➤ 讓幼兒明顯感覺滿意、挫折、有自信和不足的特定材料。

　➤ 對於失敗、成功如何反應（包括什麼算是失敗或成功、渴望達到
　　的程度）。

　➤ 對於破壞所感到的痛苦。

　➤ 對於骯髒雜亂的逃避情形。

　➤ 僅專注於一個材料或想法。

　➤ 無法專注和享受。

3. 使用線條、顏色和形狀的情形是否隨時間而有改變（保留第一張和
　之後的畫作當作資料來源）？

4. 透過材料顯示的幼兒一大人關係：獨立、依賴？

幼兒使用材料的模式彙整

　　以下呈現兩位幼兒使用材料的例子，將紀錄中所記載的不同事項匯集
起來找出模式，便可容易勾勒出幼兒使用材料的樣貌，這個樣貌進而可成
為幼兒學年末紀錄的一部分。第一份紀錄的主角是四歲的朱利歐，第二份
紀錄的主角是三歲的琳兒：

　　　　朱利歐的創造性材料創作大部分都是老師引發的。一開始，
　　他通常會花些時間觀看別的孩子，然後，當他明顯的覺得自己可
　　以的時候，他才開始自己的活動。他注意力持續的時間足以讓他

完成活動。他謹慎、安靜的工作，對於正在做的事情非常投入、
非常感興趣。

很明顯的這是很棒的作品，他的作品很靈巧，很細緻的完
成。當他不是這樣的使用材料方法時，他看起來很擔心，會向
老師確認髒亂的作品是 ok 的。他一邊工作一邊說話，對老師、
其他幼兒或自己持續的評論著。他對於完成的作品顯出滿意的樣
子，也常尋求老師的認可。他的黏土作品很有趣，也很有想像
力，他用黏土時似乎比用其他素材時來得自由。

三歲的琳兒最常使用的材料是沙、泥土、蠟筆、顏料、手指
顏料和水。最近她開始使用黏土和餅乾切割器做蛋糕，或是用任
何拿得到的物品來拓印。一開始，她對材料的態度是漠不關心
的，但是現在她對自己在做的事很有興趣，也把作品拿給老師或
其他幼兒看。剛開始，她對於手上沾了漿糊感到很困擾，因此她
不想用漿糊。今天她用漿糊貼東西，我很高興看到她頭髮上有一
抹漿糊，而她繼續很專注的創作。

當老師介紹新的材料時，她會看一看但不會去試。最近我們
收到火車和火車軌道、音樂鐘和新碟子，也開始進行一項「拼貼
棉被櫃」的新方案。她想要加入每一小組去玩新材料（除了碟
子），盡可能迅速從一件材料換到另一件；她的舉動非常不尋
常，我們都訝異的說不出話來。最讓我們感到激動（興奮）的是
今天早上當我們帶兩位幼兒到樓上去貼棉被櫃的時候，琳兒從廁
所出來，發現這件事，走到一位高大的五歲幼兒前面，用命令的
聲音說：「把槌子給我。」老師說等下可以換她，她踩腳，試著
從露西手中搶過槌子，回老師說：「現在，我現在就要。」沒有
立刻就得到槌子，她跑下樓去告訴另一位老師她的問題。她最終
還是拿到槌子，然後她去玩音樂鐘。雖然還有其他材料她還沒使

用，如積木、碟子、車子，但她每天都在遊戲裡增加一些材料。

從一開始，她在玩遊戲場的設備時就不怕摔、不怕跌，每一個設施設備她都用過，而且大肌肉的控制很好，她的表情和身體動作顯示出極端的滿意。鞦韆是她常常哼歌、唱歌的地方。

Chapter **4**

記錄幼兒和其他人的活動

　　或許很難讓人相信，但卻是真的——幼兒起初看待其他幼兒就跟他們接觸物品一樣，認為是要碰、要聞，或要嚐的東西！看一位學步兒把沙倒到另一位幼兒的頭上，然後吃驚的看著另一位幼兒的痛苦，或冷靜的把某位幼兒推倒好像她擋到路一樣，或是用手指戳某位小孩的眼睛看看它為什麼會明亮。這聽起來像是最殘酷的野蠻人做的事，但這真的只不過是證明：在人類生命中有一個時段，人類並不知道別人和自己一樣是有感覺的；事實上，甚至還有一個時段，人類並不完全理解自己是獨立的個體，能有獨立的感受和行動。人對於自我以及自己是某個人的知覺是逐漸形成的。很矛盾的，人必須要先知覺到自我、自己這個存在之後，才能開始猜想別的生物也有痛苦和愉悅的感受。

●● 幼兒如何學習成為社會的一份子？

　　幼兒期是幼兒個性結構上奠立對人的態度的時期，同時也是學習（大致上是痛苦的學習）在所處文化內生活技巧的時期。身為教保人員，我們必須知覺幼兒社會發展的三個面向：

- 幼兒對於人的態度：喜愛、愛、信任、懷疑、怨恨。
- 幼兒情感的強度：深刻、悠閒、冷漠。
- 幼兒所擁有的和人相處技巧之數量和種類：例如是透過詢問或奪取來得到洋娃娃。

也就是說，幼兒可能對所有的人類都有溫暖和喜愛的感受，但表現的方法卻很粗魯，也許在人家不想被擁抱的時候抱人家；或者幼兒可能忌妒或怨恨，但很用力的抱（因為知道大人讚許擁抱、不允許打人）。到了五、六歲上小學時，雖然幼兒已經擁有很多複雜的背景經驗可形塑他們的態度和技術，但是他們，如同我們一樣，仍然還在學習的過程中，相當樂於接受我們幫助他們發展健全的態度及練習建設性的技術。

覺察自我

很自然的，嬰兒，從自我中心的觀點出發，開始覺察其他人與滿足自己需求和慾望之間的關係。此份覺察沒有錯，也很自然，而且是未來行為發展的基礎；有些人發展得較快，有些人較晚。

當幼兒開始用「我」而不是用第三人稱（「寶寶想要喝水」）稱呼自己時，他們仍然在檢查其他幼兒，帶著好奇和興趣，但理解有限，一直要到他們覺得自己是個「個人」（知道自己的名字、性別、喜歡的和不喜歡的、自己的歸屬），他們才會在看著別人時知道「他們跟我一樣有感受」。因此，幼兒很自然的從無法區辨人我的差別逐漸成長到能同情和理解別人。在提供幼兒有關社會關係的引導之前，我們必須知道幼兒在成長路上已經走到哪裡了。

和別人的關係

只要快速的觀看兩位二歲幼兒和兩位三歲幼兒的行為，便可看出他們在社會成熟度上的明顯不同：

二歲的娜塔莎和老師一起玩著地板上的盒子小丑，高利一直和其他幼兒在附近的櫃子玩捉迷藏。突然，高利的注意力被娜塔莎吸過去，她把小丑塞回盒子裡，快樂的說：「拜拜，小丑。」他伸手去抓玩具，娜塔莎受到驚嚇，哀叫道：「不要。」她遲疑

的伸手去拿玩具，眼睛乞求的看著老師。老師向高利說明娜塔莎現在不想分享玩具，也許等一下。高利生氣的看著老師，向娜塔莎用力靠過去，試圖咬她，但卻咬到小丑盒子。他突然開始挫折的啜泣，然後，在老師安撫之後，漫遊去找其他玩具玩。

一群三歲幼兒坐在地板上，聽音樂老師彈吉他，唱：「王老先生有隻狗啊……」幼兒已被教導跟著拍手，如果會唱的話就跟著唱。麥麗莎和約拿坐在一起，眼睛都看著音樂老師，兩個人都拍著手，好幾次加入唱歌。有一次，麥麗莎唱的詞和老師、約拿的詞不同，約拿很快把焦點轉到麥麗莎，停止拍手和唱歌，他彎下身，直直的看著麥麗莎的臉，平淡的說：「笨蛋。」麥麗莎停止唱歌和拍手，很狐疑的看著約拿，但沒說什麼。但約拿在臉幾乎壓在麥麗莎上面時，再一次宣布麥麗莎「笨蛋」。這時候，兩個人都沒注意其他的事，除了看著彼此的眼睛，看誰會先動。突然，麥麗莎大笑，快樂的對約拿重複：「笨蛋！」然後躺到地板上笑。約拿也躺到地板上，感染了她的笑，玩著笨蛋這個詞。很快的他們就一直一起大笑，沒有再聽到笨蛋這個詞。等到音樂老師結束唱歌時，兩個人都坐起來，一起跟隨老師拍手。

當教保人員首次在幼兒園遇到幼兒時，幼兒尚未成熟。他們用僅知的方式和彼此相處，他們可能想討好，但仍然用他們知道的方式對待別人，而不是用我們認同的方式。即使我們曾向他們示範更棒的和別人相處的技巧，但是我們仍必須不帶責難的接受他們既有的不夠好的技巧。這並不是說他們的所有行為都能被允許，或我們都不需要努力教導他們，這樣的話就真的是幫倒忙，因為幼兒依賴從我們這裡獲得「什麼是社會可接受的」提示。但是，這代表我們不應期待幼兒做他們不知道或沒有能力做的行為，例如：那些經常被我們判斷為調皮的行為，其實是純粹無知所造成的結果。

　　到了成年期，我們已經把所處文化的道德倫理融入我們的個性裡，但幼兒對此仍然是門外漢，他們大部分純粹只是從個人對於所發生事情的感受來判斷事情的意義，而不是從客觀的對或錯來判斷。理解和接受幼兒的生氣、忌妒、敵對、害怕、矛盾和焦慮可以建立一種氛圍，讓他們在不失去作為人的自尊和尊嚴的氛圍下，養成社會上必要且道德上可欲的行為。

　　我們不能藉由讓自己表現得像幼兒一樣來縮短成人和幼兒之間的鴻溝，但是我們可以運用我們的想像力和幼兒一起感受，這樣我們就可從幼兒有限的經驗和我們廣泛的經驗中，看見什麼對幼兒是重要的。

幼兒的社會反應有變異

　　有些幼兒遵循一個一貫的模式來對待其他幼兒，他們跟所有人都好好相處、性情溫和，對每個人都歡迎、都接受、都同樣親切；另一些幼兒則有另一種一貫性，他們通常是猜疑或敵對的，是「一匹孤狼」。在班上，有多少幼兒是這種完全單一人格呢？不多。我們可以說這種人，不論是成人還是小孩，似乎內在都有某種東西讓他們永遠都一個樣，不受外面發生的事情所影響。但是大部分的幼兒，就像大部分的成人一樣，會對一些事情有反應：第一個人或許對其他人的行為或期待有反應，第二個人或許因為感冒而煩躁易怒，第三個人或許因某樣東西太多或太少而反應等。

　　很多情況會影響幼兒對彼此的反應，例如：某些教保人員或幼兒在或不在現場、長時間待在室內而無體能活動的機會，就可能是這種情況。或者，平常不具侵略性的幼兒，在群體的掩護下或覺得被不公平的剝削時，有時候會變得具侵略性；有些幼兒很早就學到他們可以推開誰而不被懲罰、可以跟隨誰而被人尊敬；大部分幼兒似乎有第六感知道哪些人沒有能力保衛自己。

　　換句話說，對人的反應有很多面，這在幼兒時期更為真實，尤其是幼兒還在學習與其他人相處。因此，健康、正常的幼兒出現互相矛盾的反應一點也不奇怪。如果我們要引導幼兒養成良好、成功的人際適應，我們必

須確定我們知道他們對別人的反應。

●● 我們真的看見發生了什麼嗎？

不可避免的，教保人員會運用自己對於社會規範（對和錯）的尺度來看幼兒的行為，而幼兒向有信念的人學習也是好事。但是，大人必須適當的確認我們的期望符合幼兒的能力。我們很確定什麼是對、什麼是錯，因為我們從兒時經驗中學到教訓。不過，我們的「直覺」知識很可能和縝密的兒童研究結果相矛盾，我們在兒時是以不批判、不加理解的方式學習這些規範的；很多大人所認為「自然」和「正確」的態度都是這樣學來的。第一章討論了影響我們詮釋行為的偏見和成見，它們也影響我們看見什麼，任何人只要聽過不同目擊證人對於同一事件所說的互相衝突的證詞，就會明白此點。但是，當我們清楚我們所持有的特定偏見時，我們在觀察及之後詮釋幼兒行為時就可能比較精確。

對我們當中的某些人而言，看到某位幼兒被同儕拒絕就會前去護衛那位幼兒，進而要求某個小暴君表現出仁慈的行為。我們當中的另一些人可能覺得幼兒間的爭論令人不安，或許還有些令人害怕，他們就會採取行動，「毫不偏私的」帶著正義感維持正義。還有另一些人，覺得那些「愛炫耀的」、「霸道的」、「貪婪的」、「好動的」、「鬼鬼祟祟的」幼兒的行為影響了他們，因而想辦法阻止。我們阻止幼兒並不一定是因為那是必須的或是對幼兒有益的，只是因為我們需要平息自己內心的混亂；我們也有情緒，當幼兒的行為讓我們不舒服時，我們會盡可能做些事情來平息這種不適感。

當我們覺得自己身在情境中時，我們有多確定我們處理幼兒反社會或不利社會行為的技巧是最有幫助的？我們有多確定我們已經完整看見情境內的所有事情，而不是只看見那些明顯的、引人注目的或對自己重要的地方？

　　我們是否認為所有的微笑都代表愉悅、所有的眼淚都代表痛苦？我們是否認為喧鬧吵雜的打架比安靜算計的逃避傷害更大？我們是否真的知道發生的事情是什麼意義？例如：兩個盪鞦韆的孩子相互微笑，這是什麼意思？是兩位害羞的小孩間剛萌芽了友誼，還是兩個無賴小孩剛萌發了計謀？兩個小孩獨占一個角落進行無止盡的說話又是什麼意思呢？他們是在互相尋求支持，還是尋找刺激？我們是否能永遠確定是什麼引發打架，或是誰發起打架？打架都不好嗎？

　　我們需要問自己，是否群體裡每一位幼兒都有朋友、是否所有的友誼對於相關者都是有益的？是否有些幼兒需要大人特別的協助以與其他人相處？是否有些幼兒最好的策略就是大人「無為而治」？

　　如果我們想要真正看見幼兒在做什麼，必須先學習不預帶任何他們「應該」做什麼的成見來觀看他們。下面的觀察紀錄是記錄一樁對六、七歲幼兒而言相當常見的事件，描述的行為可能讓某些教保人員很不安，但是記錄者並未顯露出一丁點他自己的態度，只是很客觀的描述所看見和所聽見的：

　　　　七位小女孩坐在一張圓桌（諾大房間的中心），忙碌的畫畫。依娃眼睛盯著她們，快速走到一張椅子，舒服的坐下來。同一時間，可可一直在展示她今天帶來的塑膠醫護袋的內容，她繞著圓桌徘徊，用很重要的樣子說話和指手畫腳，以洪亮的聲音（意圖捕捉所有活動的注意力）說：「誰要口香糖？」依娃禮貌而甜甜的問：「我可以要嗎？」可可用很嚴厲、堅定的口氣回答：「只有我的好朋友可以要。」立即有一群聲音同時承諾是可可永遠的朋友，依娃是其中之一，她容光煥發的說：「我是妳最好的朋友！」

　　　　可可接著命令：「舉手的人就可以拿到。」當可可繞著發摺好的白色紙巾（當作口香糖）時，所有的人都無異議的服從，享

受這個遊戲。依娃的眼睛興奮的發亮，在她的椅子裡左右搖晃著。「現在大家閉上眼睛。」依娃坐直，眼睛沒閉上好像被催眠，眼睫毛微微的顫抖著。她把雙手蓋在眼睛上，嘴巴輕微張開，期待的等著。失望的，她張開眼睛，開始揉一小塊黏土，用一種自信、有陰謀的語調對可可說：「我不用閉上眼睛，因為我知道，對不對？我不用閉上因為我早知道了，對不對？對不對，可可？我不用，耶，因為我已經知道這個把戲了，對不對？」

可可輕聲跟艾莉絲說話。依娃打斷她們，說：「但是我要去你的生日，艾莉絲。」可可轉身對依娃說：「不要去她的生日，妳可以抱我的小弟弟利歐。」依娃完全聽從，輕哼著：「喔，利歐好可愛。」可可看起來很滿意，漫步走開。

我們可以假設任何一位優良的教保人員都會寫下註記，提醒自己還要再更仔細的觀察可可和依娃，並且找出適當的時間和地點來更有效的幫助她們兩個，但不是在此時介入。教保人員作為「教保人員」就必須有行動，但教保人員作為「觀察者」，就必須以「非參與者」身分做記錄，這是教保人員的兩個不同工作，兩項工作都必須做，但不可相互混淆。

●● 要觀察什麼

每一位教保人員在忙碌的一天中都會從眼觀八方中，收到很多有用的資訊，例如：知道莎菲亞和娜歐蜜的組合一定會以惡作劇告終，瑪、蕭恩和依娃只要一開始牛仔遊戲就會持續一整個戶外時間，阿克拉今天可能還是會像入園以來一直做的一樣——遊蕩等。但是，這些足夠了嗎？

幼兒如何接觸彼此？

在莎菲亞和娜歐蜜的組合裡，是誰先找誰的？誰啟動牛仔遊戲的？誰

領導？誰跟隨？幼兒如何彼此接觸的？一向如此嗎？是否有些幼兒總是要人家詢問，有些幼兒總是在詢問？幼兒跟不同人在一起時是否不一樣，會詢問某些人而不詢問某些人，接受某些人但不接受某些人？

有些幼兒以確定和自信的態度接觸別人，他們直率的說：「我們來玩。」然後就玩；其他人就沒有這麼確定，他們小聲的或遲疑的問：「我可以玩嗎？」有些幼兒會走去找別人但站著不說話，等著被接受，還有些則不等待任何介紹就立刻直接指揮活動：「你當乘客，我當司機。」在觀察時，思考下列問題：

- 幼兒啟動接觸時，態度如何？
- 他採取的是什麼方法？
- 或者，是教保人員啟動整件事情的嗎？

當幼兒彼此接觸時，態度可能是悠閒的、放鬆的、自在的，也可能是友善的或有敵意的，有自信的或害怕的、命令的或屈服的；他們可能使用正確的話語或仍依賴肢體（推或碰）。**他們的方法間接表明了他們的態度和他們的技巧。**

幼兒如何做他們做的事？

我們從幼兒的聲音品質、說話的節奏和速度、臉部表情及肢體動作來知道幼兒和別人接觸的品質，這些全都屬於一個整體的反應裡。當然，我們回應時是針對這個整體，但是，把整體裡的這些細節記錄下來會需要我們有意識的清楚覺察幼兒的非口語線索，而這些線索最後會幫助我們決定幼兒是如何感受的。我們之前曾說過，幼兒做**什麼**事和他們**如何**做這件事之間的差別。因為大人在幼兒進行社會關係時非常容易偏袒某方或介入，為了要瞭解某個經驗對幼兒的意義，我們必須確定自己看見幼兒確實做的事，以及他是**如何**做的，行動（做了什麼）本身並不足夠。

身體姿勢與動作。也許我們很難具體的抓住和記錄幼兒的身體姿勢和動作，因為身為成人，我們已經受限於自己現在所做的動作，以至於我們無法感受到幼兒用他們的身體做這些動作時的意義——我們不再攤開四肢躺在地上，我們不會笑到把腿甩過頭，我們不容易跌倒，我們比較喜歡坐著而不跑。簡言之，我們已經停止像幼兒般自由而放縱的運用我們自己的身體，因此之故，當我們看著幼兒上下跳或攀爬、愉快的伸展四肢時，我們不會感受到肌肉有刺激感。但是，肢體的表達是個性的表達，一個人的身體就是他自己，人依自己的感受運用自己的身體。

在下面的紀錄裡，即使五歲的珍愛沒有對她的父親說半句話，我們從她的身體動作和姿勢看出她對於融入班上的生活作息很不確定：

> 珍愛抵達幼兒園，緊緊抓著爸爸的手，她瘦弱的身體捲曲成S形，手輕輕的摩擦著爸爸的袖子。她用很細、焦慮的聲音輕聲說：「我不要你走。」然後把食指伸進嘴裡傷感的吸著。她的爸爸把手放在她的肩膀上，督促她往前走。珍愛遲疑的拖著兩隻腳往前，仍然吸著手指頭，舉起一隻手放在門框上。她的爸爸高興的搓磨雙手，開心的說：「好了，我要走了。」然後留下珍愛仍然猶豫的靠在門框。她接著走到安德魯旁邊的椅子，距離門口只有四步遠，兩手放在椅背上站著，看著安德魯寫名字。突然，她撲通坐下椅子，一分鐘後又站起來。帶著突然而至的能量，她走去蠟筆盒處，拿起一枝蠟筆刻意而迅速的寫下自己的名字，寫的時候舌頭伸出嘴角。幼兒間仍然沒有彼此打招呼，安德魯專注著裝飾他的名牌。
>
> 就像她迅速的開始寫名字一樣，珍愛很快就寫完名字，沒有裝飾它。然後偷偷走到書架旁邊的地毯，肩膀下垂，頭稍微下垂。她散漫的一屁股坐在地毯上，隨手拿起一本書，心不在焉的盯著，有條不紊的一頁一頁翻開。當另一位幼兒拿著一本書坐下

來時，她抬頭看了看，盯著那個幼兒看。除了她的眼睛外，她一動也不動，只有偶爾擺動一下在涼鞋裡的大腳趾。

在和別人連結關係的過程中，幼兒常常出現的行為包括：先出擊然後再詢問人家、害怕得身體僵硬但不說話、頭低垂無聲的站著。頭的傾斜、手的使用、身體位置、肢體的活動量、身體接觸（碰、推、擠、拍、壓），都是溝通的方式。信任和害怕、自信和不足感等都可用身體姿態表達，身體姿態同樣也可表達不安、易怒、沉著、平靜。我們從經驗知道身體姿態於表達和溝通的真實性，因此我們必須把身體動作的細節放在紀錄裡。

聲音的品質。這是溝通不可缺少的一部分。幼兒說話時，他們的情緒狀態會在聲音裡顯露。

- 聲音是大聲的、溫柔的、牢騷的、尖聲刺耳的、平淡的、懇求的？
- 聲音是輕快的、抱怨的、命令的、大聲的、緊張的、有力的、顫抖的？

「『給我』，他咆哮著說」和「『給我』，他要孩子脾氣的抱怨道」，這兩筆紀錄所表達的感受截然不同。「我要那個」可以生氣的說、飢餓的說、任性的說、急迫的說、嘲諷的說或開心的說，幼兒用哪一種聲音來說或問問題有很大的不同。

速度和節奏。這部分的品質與幼兒說話的速度和節奏有關。他可能拉長聲音慢慢的說，伴隨不疾不徐的行動，或者他說的話可能在想法和情感波流裡不停的翻動。速度緩慢和急速可能只是幼兒神經系統運作的結果（通常是如此），但也可能是焦慮的結果。幼兒害怕自己「說錯」時說話速度會慢下來，害怕別人不聽時說話速度會加快。

說話快、慢或中等，指的是**速度**；和節奏不同，節奏是平順、跳動或

遲疑。說話的節奏可能是斷音的、抑揚頓挫的、流暢的。把速度和節奏合起來看幼兒的說話，我們發現他們說話有快而平順的說或快而跳動的說，慢而平穩的說或慢而遲疑的說。節奏和速度合起來展現了說話的品質。

臉部表情。這個「品質」伴隨著話語。我們期待微笑的眼睛伴隨著笑聲、下垂的嘴巴伴隨著眼淚。以下是一些我們可使用的描述詞語：

- **眼睛**：嚴肅的、閃耀的、怒視的、淚眼婆娑的、微笑的、想睡覺的、明亮的、發光的、黯淡的、閃爍的。
- **嘴巴**：下垂的、微笑的、嘟著嘴的、顫抖的、大笑的、噘著嘴的、拉長的。
- **微笑**：全心全意的、不確定的、開懷的、放縱的、偷偷的、不甘願的、害羞的、開放的、有酒窩的、半笑的。

當然，不是所有的細節都會出現在每一份紀錄裡。首先，幼兒不會每次都把所有的表情用盡；其次，沒有任何人類記錄者能夠一次看全或能迅速到一次把所有的事情都寫下來。但是對於能指出幼兒內心在想什麼的細節記錄得越多，從中萌現的圖像就會越正確、越傳神：

凡妮莎用雙手遮住眼睛，皺著眉，眼睛盯著庭院對面的卡帝傑。她的下唇突出噘著，眉毛比以往都要緊鎖。突然，她手握拳，揮動拳頭到一邊，用力踏腳，爆發道：「嘿！」她跑過庭院，抓住卡帝傑的手，她的頭隨著對卡帝傑尖叫說出每個字打拍子：「誰說你可以從我的櫃子裡拿我的傘？」

愛麗莎沿著牆滑行，慢慢的靠著牆壁從衣物櫃走到黏土桌。大約在離二呎遠的地方，直直的站著，臉色嚴肅、不笑，眼睛隨著桌子那邊的對話從一邊移到另一邊。諾曼抬起頭，看到愛麗莎，笑著說：「嗨，麗莎。」愛麗莎仍然站著沒動，臉逐漸展現

一個溫暖、開懷的微笑,她的眼睛充滿生氣、發亮,用小鳥似的
聲音說:「嗨,小諾。」

接近某個人只是關係的一部分,接近之後對方的回應或不回應決定了
下一步的行動。另一個孩子做了什麼、說了什麼?他怎麼做和說的?上面
有關愛麗莎的紀錄雖然簡短,但很明確的呈現了她的行為是如何受到其他
人回應的影響。

幼兒說了什麼?其他幼兒如何回應?

話語不會透露全部,但是能透露很多。盡量記下幼兒說的話,而不是
好像在說什麼。

> 「嘿,彼特,把大的放這裡。」
> 「不行,那樣會掉下來。」
> 「不會,不會掉下來。」
> 「好吧。」(好脾氣的)
> 「把那塊往後面推一點點。」
> 沒有回應。
> 「嘿!」(尖銳的)「把那塊推到後面。」

把實際發生的對話寫下來所花費的時間是否比把對話寫成段落更多
呢?上面的對話可以寫成下面的段落:

> 路克告訴彼特把積木放到哪裡,彼特欣然接受。當彼特沒有
> 回應時,路克對他大叫。

第一份紀錄是原始語料,有感而真實,更重要的,未經過詮釋。第二
份紀錄的詮釋可能是正確的,但它加入了教保人員對於該情境的評價,如
果教保人員錯了,也沒有辦法回頭檢核。在下面的紀錄裡,對話和聲音品

質組合成幼兒行動很重要的部分：

> 四歲的琵菈和安妮一起搭建物，琵菈在房子內放一大塊錐形
> 積木。

琵菈：我需要這個。（她不小心撞倒附近另一個建築物）

安妮：你為什麼要這樣？那不是我們的房子。

琵菈（開始使用倒下建築物的積木。轉身開始重新蓋倒下的建築
　　物）：我在修理它。

安妮：它原來是怎樣的？你知道嗎？

琵菈（淡然的）：我們只要把它蓋回去。（她完成，站起來。她
　　先前都蹲跪著，身體縮在一起但顯然頗舒服，很容易移
　　動。她好奇的看著扮演區進行的遊戲，然後再蹲下來。她
　　用責備的語調對著木頭娃娃說話）你怎麼跑下來了？（把
　　娃娃放到床上，堅定的說）你上床。（她開始用一種意識
　　流的風格說話，安妮坐在旁邊）然後這個女人（指她抱著
　　的小娃娃）是「費加拉」，對不對？你知道什麼是「費加
　　拉」嗎？（安妮沒回答，琵菈繼續）女人出去看「費加
　　拉」，現在跳舞。（她唱歌）嘟嘟—嘟—嘟—嘟—嘟。她
　　擺動娃娃讓她跳舞，在積木區明顯的走道上，像之前一樣
　　蹲著前前後後移動。

安妮（帶來一個男娃娃）：男人也要跳舞。

琵菈（皺著眉，眼睛明亮，聲音帶一點權威）：等一下，我要告
　　訴你，我們要一起唱歌。（他們就一起唱歌，自創歌詞）

接下來發生什麼？

接觸之後，幼兒做了什麼？是否鬆了一口氣、安靜的順服？是否以強
烈的斷音要求別人採用自己的想法或爭取某個位置？還是，在其他幼兒採

納了自己的想法後，是否發出滿足的聲音？幼兒有繼續他們的對話嗎？分別玩同樣的事嗎？如果幼兒彼此接觸後沒有演變成扮演遊戲，寫出來這個接觸如何結束，幼兒結束後接著做了什麼？接觸之後的行為可反映對於該接觸的感受。

以下是兩位男孩對於一件干擾事件非常不同的反應：

一年級寫作課進行到一半，所有的兒童都在寫故事。但是馬力歐很不安，他才剛經歷一段非常情緒化、吼叫的、揮拳相向的爭吵，爭吵被老師打斷。情緒沸騰的，馬力歐大踏步從寫作的桌子走開，但是走路時不小心撞到健（日本名）的手臂，造成健的紙上有一條畫過紙張的鉛筆線。健變得生氣，臉上開始皺起來，好像要哭的樣子。然後，他好像改變主意，抬起頭，迅速的走向馬力歐，在馬力歐面前威脅的揮動拳頭，但沒有很靠近。馬力歐現在坐在會客區的椅子上，臉部緊繃，靜靜的發怒，瞪著黑板的方向。他明顯的還在為先前的爭吵所困擾，因而只能茫然的接受健的憤怒。健看著馬力歐的臉，看到他很生氣，就轉身慢慢走回寫作的桌子，開始用橡皮擦擦掉鉛筆線。

●● 幼兒對於其他幼兒的反應模式

類似上面紀錄的細節，累積很多事件後會萌現幼兒與其他幼兒日常關係的**行為模式**或特性；入園後一段時期，模式的變化顯示幼兒的成長或退化。我們可以從多個單一事件中找出與下列主題有關的事項，來整理出幼兒的行為模式：

1. 對於其他幼兒感興趣的證據：
   ➤ **直接的證據**：例如一起玩的兒童人數，或幼兒來尋求大人的協助以加入遊戲情境，或正向接近其他幼兒。

➤ **間接的證據**：例如盯著或看著別人、模仿、嘗試用不同的方法吸引其他幼兒的注意。

2. 如何接觸：

➤ 是接近其他幼兒，還是排斥：事件一開始時，還是總是？

➤ 如何動作：有自信的、試探性的、請求的、膽怯的、具攻擊性的？

➤ 其他幼兒靠近他、離開他，還是反對他：事件一開始時，還是總是？

➤ 對別人的行為如何反應：對於別人的喜愛、邀請進入遊戲、批評、建議和想法、侵略？

➤ 做了**什麼**：退縮、加入遊戲、拒絕、容忍、違抗、侵略、向大人抱怨？

➤ **怎麼做的**：害羞的、有自信的、渴切的、好奇而有興趣的、哭著、生氣的、快樂的、害怕的？

➤ 用什麼方法來接觸其他幼兒：用話語、攻擊、運用想法或物品、直接進入情境、威脅、賄賂、和別人結黨、尋求大人的協助？

3. 和其他幼兒在一起時的行為：

➤ 能讓別人理解自己的願望、慾望、憤怒、困擾、想法的程度？

➤ 能分享設備、道具、材料的程度？

➤ 能等待輪流的程度？

➤ 比較常和別人起衝突的原因是什麼：所有權、想法、無緣無故的攻擊？

➤ 如何處理衝突？

➤ 做些**什麼**：跑去找老師、哭、打回去、講道理、開玩笑？

➤ **如何做**：流著淚、正義凜然的、啜泣的、生氣的、憤怒的？

➤ 察覺別人權益和需求的程度？

➤ 所要求的權益實際嗎？

➤ 如何保護自己的權益？

➤ 向其他幼兒尋求協助的程度：如何、在什麼情況、向誰？

➤ 能協助別人的程度：如何、何時、誰？

➤ 貢獻想法、提建議的程度？

➤ 是否能接受別人的想法、建議？

➤ 是否有防衛機制？是什麼？

4. 對於其他幼兒的感受（喜歡、害怕、忌妒）：

➤ 他有特別的朋友嗎：多少位、誰、人際關係的特質？

5. 特殊問題或傾向：對別人沒耐心、允許或鼓勵別人剝削、過度的打人、發脾氣或退縮、缺乏話語、過度依賴老師。

6. 成長的證據：前後行為的比較，顯示出比較成熟的程度。

●● 團體成員

　　如果幼兒學習如何在幼兒園情境裡彼此相處，他們不可避免的在發展更緊密的兩人關係時，也同時開始感受到團體的意義。但是要成為團體的一員是一個挑戰。

　　每一個團體都會發展出自己的動力，幼兒團體也一樣。一旦幼兒克服了剛開始的適應問題，他們不僅開始在逐漸形成的團體結構中尋找自己的位置，也確認別人的位置。例如，下面紀錄裡六歲的保羅就已經很清楚團體的層級：

　　當喬治（男孩群公認的領袖）晚到園走入教室時，瑞卡多和賴瑞在第三桌玩桌上遊戲，保羅和艾力克站在旁邊看。喬治坐到第二桌。瑞卡多（沒有外顯跡象顯示他知道喬治來了）向艾力克（他剛加入觀看遊戲的行列）說：「艾力克，你要不要玩我的位置，我這個位子的運氣很好喔！」

保羅跟老師說：「所有的男生喜歡喬治，所有的女生喜歡海蒂。」

「你為什麼這樣想？」老師回應。

「你看，看到所有男生都圍在喬治旁邊嗎？」後來保羅決定要接替瑞卡多的位置，那時瑞卡多宣布（沒有特別針對誰）：「我有其他事要做。」

賴瑞（瑞卡多先前的遊戲夥伴），記起來他也還有事情要做，站起來對老師說：「很不好意思。」

瑞卡多和賴瑞接著就「不經意的」直奔第二桌。保羅給老師一個深長的眼神，宣布著說：「你看吧，我剛剛就說了。」

觀察的細節

除了觀察某位幼兒和其他個別幼兒的關係之外，我們也希望瞭解幼兒在大團體、整體中的運作如何。

- 在全體中幼兒融入得如何？
- 會和其他幼兒玩嗎？一位或很多位、兩種性別都有？
  - ➤ 是該團體內固定的成員嗎？受歡迎嗎？都自己玩嗎？
  - ➤ 如何對待新進入團體的新成員？
- 幼兒在團體內的位置是什麼：領導者、追隨者、煽動者、破壞者、小丑、利用團體來躲避者？
- 幼兒的地位是什麼？
  - ➤ 是否會被其他人挑選（如：遊戲中）？
  - ➤ 有多常被其他幼兒挑選？被其他人拒絕？
- 幼兒被其他幼兒接受嗎？是「邊緣人」嗎？是代罪羔羊嗎？

作為團體一員的模式

在此，我們以一位非常活潑、充滿活力的幼兒對某個非常重要生活領域的反應為例，從豐富的細節裡整理出模式，並從中得出一些似乎合理的推論。依據這些證據，我們最終能形成假設，並規劃行動，所有的判斷都需要有客觀資料為基礎。以下是一位幼兒與他人關係模式的總結：

> 自我控制的議題似乎在昆妮（六歲）的同儕問題中扮演了一個角色。一次又一次的，昆妮對於其他幼兒的問題或評論都沒有回應。即使她和凱兒能很有效的一起解決問題，她也只有在活動快結束時才說話（也許那時她確定自己做的是對的或者答案是對的）。她是因太在意活動而關閉了和其他人的溝通嗎？不論如何，在庭院裡、吃點心時，和「自由」調查番紅花時，昆妮的對話很有趣且生動。我懷疑，昆妮似乎不一致的同儕互動方式阻礙了她與同班同學形成更多友誼。
>
> 最近幾週，她和賽斯剛萌發的友誼斷了，賽斯開始用卑劣的態度對待昆妮——嘲笑她、打她、告訴別人不要做她的朋友。我不知道是什麼造成他們友誼斷裂，但之後昆妮都沒能再和其他同學建立連結。昆妮並不像是個獨來獨往的人——她向別人尋求指引和想法，她只是很少口語溝通；幾乎所有幼兒都能和她一起工作，她在兩人活動時也曾和很多同學一組；她很開心的和夥伴合作，雖然是默默的。她似乎很受歡迎（現在除了賽斯例外），所以很奇怪她還沒有和任何一位同學發展出較強的關係。

幼兒年紀越長，團體在他們的生活中越重要。雖然班恩（全男生幼兒園中的一位三歲幼兒）找出了成為團體一員的方法，但註定要失敗：

> 班恩是一個個頭大且胖碩的男孩子。點心時間時，當所有男

孩拿起他們的點心，班恩飢餓的看著。他向每位孩子乞求給他一點他們的點心，因為他沒有（他的父母讓他節食）。雖然有幾個小孩給他一點點，但班恩抱怨那根本不夠。

第二天，班恩帶著一個巨大的筆記本到學校來。當其他人問那是什麼，班恩微笑說：「這是我的俱樂部用的。」「什麼俱樂部？」他們乞求：「我們能加入嗎？」班恩驕傲的說：「那是一個私人俱樂部，只有特殊的人，貢獻一些點心給俱樂部的人，才能加入。」幾乎班上每位學生都跑到班恩那裡，捐點心給俱樂部。班恩咧著嘴笑，把每個人的名字寫在本子上，在點心收據上打個勾或畫個星星。然後他鬼鬼祟祟走開，把點心全部吃掉。

這樣過了幾天，班上男孩發現了，一個一個停止貢獻。只剩下班恩，像以前一樣坐著，孤獨且飢餓，向每個人乞求一點點。

如果班恩是在另一個團體裡，可能有不同的結果。對於幼兒在團體裡的各種不同互動和關係做整體的回顧（反思），不僅能使我們深入的看見個別幼兒，也能提醒我們，團體的氛圍每年都有可能不一樣。

Chapter **5**

記錄幼兒在扮演遊戲的行為

　　扮演（或假裝）遊戲通常是從幼兒彼此的接觸發展出來，但也會在幼兒單獨玩的時候出現。不論是自己玩或和別人玩，都有很多層面需要考慮。如果我們知道幼兒會在遊戲中投射自己、解決認知理解的問題（「駕駛巴士和駕駛飛機不一樣嗎？」）和解決複雜情緒的問題（「我現在就要我要的東西，但如果這樣說，雷西德可能不會跟我玩。」）大多時候，扮演遊戲是好玩的，而且是令人滿意的；但它也是一個管道，讓幼兒用來探索成人世界活動和關係的意義，學習和其他幼兒相處、分享和討價還價、比較和評估、競爭和合作、施和受。同時，假裝的魔術讓幼兒處理他們的願望、期望、恐懼和幻想，他們透過扮演情節的一部分或一個角色，或假裝物品（真實或想像的）是動物、人或超級英雄來達成。他們所扮演的角色、內容和所使用的象徵物品是從他們外在真實世界和內在世界中的片段所組成，在成人眼中，這些片段所組合出來的整體不一定合乎邏輯，這或許是為什麼在成人的觀感中幼兒的遊戲常常是不合邏輯、不理性或有趣易變和不著邊際的。

　　但是遊戲對幼兒而言是有邏輯的，最有力的證據來自於在整個兒童期大量出現的象徵性遊戲。即使幼兒互相不認識也會一起進入想像遊戲，他們說著扮演戲劇的語言，即使在我們眼中他們根本不知道對方的意思。發現遊戲的意圖後，幼兒便全心全意投入。依據 Vygotsky（1976），遊戲不只有意圖，它還是「發展的來源」（source of development），在遊戲裡，「兒童的表現總是超越他的年齡平均」（p. 552）。

　　聽聽四歲半的威利和崔熙兩個人如何各自玩及一起玩，他們的想像如

何交會、分化、交會、一起延展：

　　威利用紙箱積木搭建，放了一個適合幼兒尺寸的卡車在中間。當他小心的把積木在卡車四周圍成一個長方形後，他開始高音調地呼號「喔咿—喔咿」，像警車的警笛聲。崔西走過來，登上卡車，和威利一起開車到隔壁的娃娃屋，進去玩。

　　威利開始在鼓上敲出節奏，一隻手一枝棒子。崔西指著棒子，玩笑的說：「給我一枝。」

　　「我要練習。」威利帶著專注的神情回答。敲了幾下之後，威利把棒子交給崔西，用一種下結論式的口氣說：「我玩好了。」他站起來離開。

　　崔西伸出頭跟威利說（期待的）：「我要去上班，我要怎麼去？」威利忙著把卡車推越擋住車子去路的毯子，沒有回答。兩個人坐上卡車，威利把卡車開到他用紙箱積木搭建的地方。

　　「至少我們有個新車庫。」當卡車駛入他早先搭建的建物，威利驕傲的宣布。

　　「這是我的**房子**。」崔西愉快的喊著。

　　「這是我的**車庫**。」威利反駁。

　　「那我要睡在哪裡？」崔西問，語氣帶著擔憂的味道。

　　「在我房間，妳要跟我睡。」威利堅定的回答。「我們該走了。」威利命令。

　　崔西很快的走到家家酒區。威利用一種男子氣的聲音說：「甜心，不要走。」然後他開著卡車到圖書區，拿起兩個枕頭，開回娃娃屋。

　　崔西帶著一條小毯子和枕頭回到家家酒區，很開心的說：「我拿了毯子。」

　　「如果妳想，妳可以躺在上面。」威利用一種不在乎的味道

說。兩個人都走進屋子裡。

「我這樣睡。」崔西邊說邊躺在枕頭上。

「我必須要練習一些東西。」威利邊說邊用棒子敲鼓。

「誰要叫我起床?」崔西抱怨,聽起來有點生氣。

「我在練習。」威利說,為他的活動辯護。

「甜心,你能睡覺嗎?」崔西央求。

威利放下鼓和棒子,用一種疲倦的聲音說:「我明天再做。」他躺在崔西旁邊,把頭也放在枕頭上。

忽然他生氣的大叫:「誰吵醒我了?」他把頭探出門,觀察在隔壁攀爬的其他幼兒,用一種負責任的口氣說:「他們是大孩子,他們可以晚一點睡。」他溫柔的對崔西說:「不要管他們,去睡吧。」當他們安靜的躺在一起時,便互相看著對方。

崔西和威利一起在這個遊戲裡把各自生命的一些特點象徵性的表徵出來,雖然他們個別的經驗不同,但他們對於遊戲的共同興趣把他們結合在一起。

●● 象徵的能力

象徵性表徵(symbolic representation,把某物當成另一物),是人類天賦的能力,循著一個順序發展,它讓人類可以從別人的經驗中學習,進而擴展視野,成為持續學習的基礎。象徵性表徵屬於認知領域的運作,但它在幼兒階段大多不出現於書寫活動或閱讀活動中,而是出現在扮演遊戲及材料的使用上。雖然研究(Vygotsky, 1976)顯示遊戲和語言發展有關係:語言(一種象徵形式)以間接的方式增強幼兒的學習,而不是激發思考的主要媒介。

象徵性表徵可能以很多形式出現,它有兩個基本層次:

- 知道某物（如：杯子的圖片）可代表該物（如：真的杯子），又如洋娃娃可代表嬰兒、玩具卡車可代表真的卡車。
- 創造象徵的能力：把某物變成另一物。例如：幼兒在扮演遊戲，自己代表父親或用一根棒子假裝是槌子；在積木區用一根長條積木代表一條路；在繪畫、玩黏土中創造象徵。

知道象徵物能扮演角色、自己創造象徵物，這個能力是人類使用**社會象徵系統**（如：詞彙、數字、字母，以及無數需要學習的符號，像是交通號誌、數學符號、科學符號等）最主要的基石；沒有在遊戲及使用材料中發展這些象徵性表徵能力的幼兒可能會有閱讀困難的問題，因為他們可能會缺乏對於符號運作的基本察覺。遊戲和讀寫之間有很關鍵的連結（Genishi & Dyson, 2009）。

以下是對於五歲的崔希雅很輕易、能幹的一個接一個使用象徵物的紀錄：

崔希雅慢慢的推著坐在推車裡的荷莉繞著遊戲場，看起來像是媽媽推著嬰兒。她停住推車，彎下腰撿起一個小木輪，把它遞給荷莉，說：「這是甜甜圈。」她繼續推車子，偶爾停下來，給她的嬰兒更多的甜甜圈和餅乾。她用兩隻手穩穩的把推車往後拉，控制得很好。緊握著推車，她注意著在陽台上進行的所有遊戲。阿雅和喬依走過來，問：「我可以玩嗎？」崔希雅說：「不可以。我們要去逛街，然後我們要回家。」

崔希雅用一隻手把推車拉到身後，身體向前傾來擋住重量。她伸手進去馬利歐的車子裡，拿走一個想像的捲筒冰淇淋（出乎馬利歐的意料），舔著，拋給馬利歐一個假裝的硬幣付錢。她繼續推著車，一直走到攀爬架，然後爬上去。荷莉尖叫：「我要媽咪。」崔希雅往下看她，表示聽到，說：「寶貝，等等，我馬上來。」

在這份扮演遊戲的紀錄裡，因為崔希雅知道一個東西可以代表另一個東西，她因此能**創造象徵**（小木輪代表甜甜圈、她代表媽媽），她也用行動創造象徵（舔著假想的冰淇淋、拋給馬利歐一個假想的硬幣）。

下面是一則在幼兒畫畫時**創造象徵**的例子：

> 羅武和傑瑞米（六歲）在桌上用顏料畫畫。羅武開始從紙的底部慢慢穩定的向上畫，他用綠色畫人，慢慢加上更多線條。最後他說：「我畫了一個仙人掌。」指著他畫的東西，看起來確實像一個仙人掌。他然後把畫筆沾了黃色顏料，加到仙人掌上，他噘著唇，臉緊繃著。傑瑞米告訴羅武他畫了一個捕蠅草（前天老師秀給幼兒看了一些吃昆蟲的植物圖片），羅武跳起來，說：「讓我看看。」傑瑞米指著自己的畫，羅武問：「蟲在哪裡？」傑瑞米說他還沒畫。
>
> 羅武回到自己的位置，小心的轉著筆沾上橘色顏料，然後很小心的畫另一個輪廓，說：「這是捕蟲草。」老師問他是指「捕蟲堇」嗎？他說：「歐耶，是捕蟲堇！」他開始慢慢在紙上加更多的顏料，邊畫邊說：「現在我要畫一隻鳥。」他用畫筆沾了黃色顏料，慢慢的在葉子上畫出一隻鳥的輪廓。他畫了一個小點，然後大聲嚷道：「看，這是一隻蟲，這個植物在吃牠。」他邀請傑瑞米過來看，傑瑞米起身走到羅武旁邊，羅武指著畫說：「這個植物在吃牠，看這個捕蠅草，看那個（指著一些紅色顏料），那是蟲身上流出來的汁。」指著蟲，他精力充沛的說：「那個就是蟲。」然後開始畫另一隻蟲。

三歲幼兒比較沒有像羅武這樣知覺自己是個象徵創造者，對於朱里斯來說，象徵物、繪畫的動作和畫的東西三者是同一件事：

> 朱里斯一邊發出馬達低沉的嘟嘟嘟嘟聲音，一邊把畫筆有節

奏的沿著一條線上上下下的畫。用一種克制但興奮的語調向老師
說：「你看，他們在滑雪，他們像這樣子滑雪。」他持續上上下
下的畫，高興的嘰嘰喳喳著說：「要向下跳了。」老師問：「哪
裡？」他指著紙上一個長方形說：「看，這是打雷，跳到雷底
下。」他讓畫筆突然下降，然後再突然上去，說：「跳到雷上面
了。」畫筆一揮，「在雷下面」，畫筆再揮，「上面」。他持續
同樣的動作，很愉快的發出嘟嘟嘟嘟聲。

材料的使用與象徵性表徵的層次

在有材料可使用的情形下，幼兒使用材料會有一個時間順序，和幼兒
的年齡及發展程度有關：年齡越大者第一次使用材料時，很可能會在短時
間內快速通過早期階段而到達他目前的階段（幼兒穩定以某種方式使用材
料可以視為是他目前的階段）。

象徵性表徵需要某一個程度的技術能力，也需要直接使用材料的機會
來熟悉材料的特性。由於此兩者相互扣連，幼兒技術能力不足就表示幼兒
在使用材料上的經驗仍不足以讓他發展出能支持象徵能力發展的模式。讓
我們舉個例子來說明：在幼兒的積木使用上，有什麼證據能顯示幼兒象徵
能力的成長呢？

積木象徵能力的成長順序。依據 Harriet Johnson（Hirsch, 1996），幼
兒的積木建構會經過四個基本型式的演化：**疊塔、排列、架橋、圍住**；這
四個型式的發展有階段性，複雜的建築物是此四種型式的變異版。一般認
為積木建構的階段如下：

1. 排列：垂直或水平的排列。
2. 用兩個步驟架接兩個積木：
   ➤ 先垂直立起一個積木，試著在上面橫放一個積木，然後在第一個
   垂直積木旁邊加第二個垂直的積木。

➤ 立起兩個平行的垂直積木，用第三個積木連結。

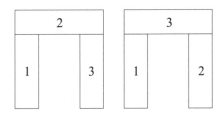

3. 用四個積木圍起來。

4. 布置未命名的建築物（改善形狀）。

5. 以功能來命名建築物（如：房子、車庫、消防隊）。

6. 建構真實結構物（如：101大樓、喬治華盛頓大橋、太空船、動物園）的複製品或象徵性重現真實結構物。

知道積木建構的基本形式和階段能讓我們理解我們觀察到現象的意義，也能理解幼兒在象徵領域的變化範圍。以下的問題可作為記錄的指引：

● 幼兒在解決什麼空間問題：架橋？圍起來？重複？布置？

● 五至七歲的幼兒是否事先做計畫？計畫執行了嗎？是否有改變意圖？

● 幼兒有命名建築物嗎？

● 幼兒能否預測放了某些積木後會發生什麼事？

● 在建築物倒塌後，幼兒能否重新搭建建築物？

● 幼兒是直接參與作品（坐在建築物裡），還是象徵性表徵（從建築物外面操弄建築物的用途）？（這些不同型式遊戲的深入分析，請參閱 Cuffaro, 1996）

扮演遊戲中象徵能力成長的證據

幼兒的扮演遊戲也有發展階段。教保人員如果檢視幼兒一年來的扮演

遊戲紀錄或曾教導不同年齡的兒童，就會覺察到扮演遊戲的改變——年齡越大，遊戲越複雜、越細緻。以下是一些教保人員可能察覺到的改變示例：

● 在一個扮演遊戲事件內，彼此不同的象徵性行動的數量增加，也就是說，遊戲的差異性變得比較多。

● 幼兒比較常表現出角色的情緒（透過行動、語言、臉部表情或肢體動作）。

● 遊戲傾向越來越有連貫性、更有組織。

● 幼兒傾向一起遊戲而非單獨遊戲。

● 當兩個以上幼兒一起遊戲，他們比較會扮演不同角色而不是都扮演同一個角色。

雖然每個幼兒的紀錄裡通常會出現不同的遊戲，從簡單到比較精緻，但上述的改變趨勢都能被觀察到。

隨著時間，幼兒對於象徵物的使用會有所改變。幼兒越成熟，越能使用物品來象徵與該物品不同的物品；年齡越小，越需要依賴與象徵物相像的物品，例如：玩具飛機像真的飛機一樣「飛」、洋娃娃是嬰兒；成熟後，就不再需要這樣緊密的對應，一枝鉛筆很容易就可「飛」、紙箱可以當作卡車或是娃娃床。

幼兒逐漸成長，越來越能把自己和象徵自己的物品區隔。年幼的幼兒經常自己躺在娃娃床上或走進積木建築物裡，當他們年齡增長，心智表徵的能力成熟，他們會用洋娃娃、絨毛動物或木偶來代表自己。非常奇怪的是，當兒童七、八歲開始能更有邏輯的思考時，他們會再次熱衷於遊戲的物品要跟真實物品一樣，甚至到大小比例的細節，例如：椅子必須像真的椅子，而且不可以比床大。

觀察時，必須知覺到文化及家長價值對於幼兒遊戲的影響。有些幼兒在家也許沒有足夠多樣的玩具、沒有遊戲空間或時間，入園時他們的遊戲

能力似乎較不複雜；有些幼兒可能不會在教室內進行複雜的遊戲，但會在教室外進行。教保人員應該持續評估教室場所，以瞭解教室環境如何促進、延伸及支持幼兒的遊戲。

●● 扮演遊戲的記錄架構

當教保人員準備要記錄遊戲時，可能會感到很混亂，可能會覺得透不過氣來：要從哪裡開始？要聚焦於什麼或聚焦於誰？哪些細節最重要？試著把主要焦點放在你挑選的幼兒（焦點幼兒）身上，其他幼兒如果有參與焦點幼兒的遊戲才包括進來，例如：如果有四位幼兒在玩，把注意力集中在挑選的焦點幼兒。以下列出一些觀察扮演遊戲的指引，之後提供幾則紀錄作為例子。

要觀察的細節

- 遊戲是怎麼開始的？
  - ➤ 焦點幼兒啟動的嗎？教保人員？其他幼兒？
  - ➤ 焦點幼兒加入別人或小組正在進行的遊戲嗎？他用了什麼方法？
- 遊戲是在哪裡進行的：積木區、扮演區、戶外？
- 行動的流程或事件的順序是怎樣的？
- 焦點幼兒**對於**該遊戲發表的意見或口語互動是什麼？
  - ➤ 發生了什麼？（「車子要進車庫。」）
  - ➤ 每位幼兒扮演什麼角色、**如何**扮演這些角色？（「我是醫生，我用這根針幫你打針。你是嬰兒。」）
  - ➤ 焦點幼兒**替**某人物的象徵物使用了什麼語句？（吉姆使用了一個木偶當小孩，用高亢細細的聲音說：「我要爸比！」）
- 焦點幼兒在扮演某角色（如：媽媽、消防隊員、妖怪）時說了什麼話，包括一些模擬的聲音（如：牛的哞、火車的嘟嘟聲、狂野動物

的吼）？

● 遊戲裡的其他參與者說了什麼、做了什麼？

● 焦點幼兒在扮演某角色時做了什麼**象徵行動**？（賈絲婷撿起一個很小的塑膠奶瓶，拿起一個洋娃娃，坐下來。**她把奶瓶塞到洋娃娃嘴裡，就這樣持續了約一分鐘。她站起來，把洋娃娃和奶瓶放到櫃子裡。她拿起一個娃娃圍兜，穿到洋娃娃身上。**）

● 焦點幼兒用了什麼配件：夾克、消防帽、披肩、用彩色方塊做紅綠燈或食物？

● 焦點幼兒用了什麼臉部表情、身體動作、語調為角色增添情感特質？（她在教室裡瘋狂的跑，神情緊張，尖叫：「火災！火災！拿水管來！」）

● 焦點幼兒遊戲時是否使用任何象徵物品，像是讓某物品（真實的或想像的）表現出某象徵行動：從空壺裡倒咖啡、在積木道路上移動玩具車（或代表汽車的物品）？

● 焦點幼兒的遊戲顯露了什麼自身文化的經驗？

完成紀錄後，記得要標示遊戲如何結束。焦點幼兒單獨遊戲時如何結束遊戲，或和別人遊戲時如何離開的資訊，對於理解一位幼兒的遊戲行為的貢獻，就和幼兒如何開始遊戲或如何加入別人的遊戲一樣大。

● 焦點幼兒離開去參與別的活動嗎？

● 如果是和別人遊戲，其他幼兒先離開嗎？

● 教保人員是否中斷遊戲：為了點心、收拾、故事時間？焦點幼兒對此中斷如何反應？

● 遊戲是否發展出其他類型的遊戲？

● 焦點幼兒的參與持續多久？

● 什麼事情或誰決定遊戲結束？

● 幼兒們如何散開？

● 情感氛圍如何：快樂的、激動的、害怕的、滿足的？

扮演遊戲的紀錄（示例）

下列的紀錄內容來自真實生活，描述使用一個象徵物品的簡單重複性遊戲：

> 四歲的璜拿了部分的建築玩具，組裝成一輛飛機的形狀，抓著「飛機」的中間，他急速飛過空中，發出很大的馬達聲。他把飛機「飛」到圖書區。
>
> 他對著正在看他的凱文說：「我做了飛機。」然後他走過去到老師那邊，說：「看，飛機。」老師稱讚飛機，璜離開，走到圖書區，把飛機在空中繞來繞去飛。
>
> 凱文，也有架飛機，加入他，兩個人到處飛著飛機，發出馬達聲。璜躺在地板，把飛機繞著自己身體「飛」，邊飛身體也跟著滾。他把飛機放在地上，發出慢慢加速的聲音，轟，降落，然後落地。他接著繞著教室飛他的飛機，發出馬達聲。當他經過桌子時，他把飛機碰到桌面，然後再飛起來，當飛機飛得更高，發出更大的聲音。
>
> 老師說要出去外面了，璜把「飛機」放到盒子裡，和其他幼兒一起排隊。

在下面的紀錄裡，五歲的男孩們一起使用塑膠人偶進行一個超級英雄遊戲：

> 雅各和亞倫，各自抓著一個超級英雄人偶走到扮演區，裡面有一個大的空紙箱，一邊開著，另一邊割開了一個窗戶。雅各現在走到箱子後面，開始把他的人偶推入窗戶內。
>
> 亞倫（在箱子前面）：好，雅各。OK，這是個陷阱。（他把他

的人偶推進去）

雅各：那是個好陷阱，現在我們假裝他們逃出來了。

亞倫：OK，現在假裝他進到卡車裡，被鎖起來，然後他還是出
來了。

雅各：現在他出來了，他走掉了。

亞倫（代表他的人偶說）：蜘蛛人，來玩。

雅各（代表他的人偶說）：我來了，我正在逃出陷阱。（雅各接
著把他的人偶推出窗外，亞倫接住）

雅各（站起來叫）：咿～還給我。（亞倫把人偶還回去，雅各立
刻坐回地板）

亞倫：好好玩，我們再來一次。

雅各（堅定的）：不要。（兩個人離開，走到圖書區）

由於遊戲的內容或幼兒的角色經常是不明確的，不論當下記錄者覺得
是否有意義，所有的行動和話語都應該被記錄下來，如同下面兩則簡短的
紀錄：

伊蒙（三歲）拿起一個人偶，躺在地板上，把頭放在彎曲的
手臂上。他把人偶移來移去，說：「郵差，郵差，咘—搭—咘—
搭—咘。」

點心時間，莫娜（六歲）仔細檢查拿在手上的麵包棒，她用
雙手輕輕抓住麵包棒底，用著短促的節奏說：「停，停，停！」
手指頭一邊沿著麵包棒一點一點往上走。用同樣的短促節奏，她
又開始說：「停，停，停！」並重複著手指頭的攀爬。在最後一
個「停」後，她咬下麵包棒最上面，開始吃剩下的部分。

幼兒的遊戲，不可避免的鑲嵌於他們各自特別的文化環境裡。下面觀
察紀錄裡的六歲女孩們曾被帶去參加喪禮，她們把這個經驗融入遊戲：

一個女孩完全靜止的躺在地上，蓋著一條大床單，兩個女孩坐在她腳邊，輕聲的說話。沒有事先說什麼，兩個人雙手環著對方的肩膀，開始哭泣。老師靜靜的走過來，說：「妳們在玩什麼？」她們抬頭看著老師，說：「我們在一個喪禮。」繼續哭泣。

●● 聚焦在扮演的角色

一個角色有很多層面，本節呈現角色本身（內容）及對角色的情感投入。

角色及其內容

創造某一個角色的想法可能來自於幼兒的經驗，可能來自於現實世界中幼兒所知道或見過的各種人，例如：家人（媽媽、爸爸、祖父母、嬰兒或兄姊、叔叔、伯伯、姑姑、阿姨）、警察、店員、消防隊員、醫生或公車司機；角色也可因物品而啟發，例如：火車、船、飛機、卡車、洋娃娃、帽子或披肩；對於角色的想法也可能來自於電視或喜愛的故事。

透過重現他們在真實世界所經驗的或渴望經驗的，幼兒嘗試在腦海裡修整自己所經歷過之事件的特性、過程或關係。教保人員可以利用觀察扮演遊戲來評估幼兒對於自己經驗的理解程度，這些資訊可作為基礎來規劃機會增進或澄清幼兒對於真實世界的概念。

不論遊戲的內容是與真實世界、故事或電視有關，幼兒運用遊戲來解決情緒問題、發展想法和概念。遊戲有助於幼兒靈活思考——產生遊戲的想法及解決問題。幼兒透過遊戲「學習別人無法教導的事情」（Frank, 1974, p. 17）。教保人員可以從幼兒的遊戲內容知道：什麼對幼兒是重要的，他們如何建構、感知及轉化周遭的現實世界、他們對於什麼的認識是錯誤的、他們對於什麼會產生情感、社會階級和文化對他們的影響、他們

如何和其他幼兒形成關係、他們的語言品質。

幼兒會在假裝的角色裡融入一些元素——他們心中或根據自己有限的經驗認為的該人（或物）的**特質**和**個性**。他們對於火車、飛機、動物或父母本質的刻畫是多麼精確啊——就角色的行動、聲音或情感而言！但他們需要多一點時間才會看到和理解扮演的技術細節、整體中的部分、後果、複雜性、多樣性。不論如何，我們必須小心，不要太快下結論，幻想是幼兒遊戲很重要的一部分，幼兒可能坐在像火車的東西裡，但完全沒給予任何他到底是工程師、火車、旅客還是貨物的線索。

扮演遊戲的紀錄讓我們看見幼兒對於角色的理解層次、角色的內容和角色如何扮演，如以下的紀錄所示：

> 四歲的亞米德一到教室就直接走向積木區，當時只有兩位幼兒在教室，都在黏土桌那邊。亞米德開始搭建看起來像是火車的東西，他把五塊積木在地板上排成一長條，在一端把兩塊積木堆高，坐在上面。丹尼進教室，走向亞米德。
>
> 「這是橋嗎？」丹尼問。
>
> 「不是，這是火車。」亞米德回答。
>
> 「它要去哪裡？」丹尼問。
>
> 「芝加哥。」亞米德回答。「我是工程師，我蓋了大火車。」
>
> 「我是列車長，我開火車。」丹尼揚言道。
>
> 「不是，不是！我是工程師，這是我蓋的。」亞米德不耐煩的回答。
>
> 「我可以做什麼？」丹尼問。
>
> 亞米德回答：「你收票。」
>
> 「什麼票？」丹尼問。
>
> 「旅客給你的票。」亞米德解釋。然後他大聲宣布：「誰

要搭火車？請上車～請上車。火車開了，嗚～嗚～。它開得很快。」

法蘭絲進到教室，跑到火車旁邊，說：「我要搭。」她從櫃子上拿了一塊積木放到火車中間，從地上撿起一塊很小的積木，放在嘴邊，就像講電話一樣，吼著：「哈囉，哈囉。你怎麼回事？我們要離開了，我們需要食物，帶一百個箱子過來……。現在！你聽到了嗎？」她用力的掛上電話。

「火車爆胎了。」亞米德驚叫。「我會修理，一定要現在修理。」

搖搖擺擺的，亞米德把一塊積木從積木列中移開，反過來再放回去。然後他坐回那兩塊積木上。

密歇進來，坐進火車，但亞米德要求：「下去，下去，這是我的火車……**走開**。」他推了密歇一把，要他下車。老師稱讚亞米德的火車，建議他讓其他人和他一起分享。亞米德沒有回答，但是當密歇再次上火車坐在他後面時，他沒做什麼。

然後亞米德驚叫：「沒汽油了，沒汽油了。嘿，密歇，沒汽油了。哈哈！現在沒汽油了。先是爆胎，現在沒油了。」

丹尼拿起法蘭絲用來打電話的積木，對著它叫：「嘿，你，帶汽油來。火車需要汽油。哈哈！快點，笨蛋。」

亞米德宣布：「全部下車！午餐時間到了，我們來吃東西。請跟我來，我帶你們去。」

我們從亞米德的火車遊戲能推論亞米德對於火車的知識（火車是長的、火車有乘客、火車有列車長收車票），他和其他幼兒混淆了火車和汽車（「爆胎」必須要修理、火車需要汽油），都在他的遊戲中很生動的表現出來。此遊戲提供了教保人員未來可創造一些機會來延伸幼兒對火車的知識，例如：和幼兒討論（或說故事）火車、汽車、搭火車或參觀火車。

在下面的紀錄裡，扮演的內容來源是電視。六歲的法蘭基大部分是自己扮演，偶爾和其他幼兒互動，但為時很短：

當法蘭基走到運動場門口時，快樂的露齒而笑，衝下階梯到運動場。他很開心的大叫：「妖怪！」並開始用一隻腳跳然後換另一隻腳跳，雙手張開對著四方用力拍打。他對著附近的幾個孩子大叫：「來啊！」然後開始繞著遊戲場四周跑，雙手活潑的舞動著，臉上帶著很大的笑容。二、三個孩子跟著他，模仿他的動作。

然後法蘭基走近一個大大圓圓的木頭捲軸，毫不費力的爬上去，雙腿交叉的坐下來。只坐了幾秒鐘，他站起來，跳下來，雙手做出飛的動作，他似乎對這些動作很興奮、很喜歡，因為他臉上出現了大大的笑容，嘴裡發出一連串響亮、喜悅的聲音。

他又開始繞著運動場跑，跳上木頭捲軸，停在上面幾秒鐘，大聲的叫：「我要離開這裡囉。」然後跳下來。他轉過身，再跳上去。他沒有看在木頭捲軸上的其他孩子，也沒有和他們說話，似乎只專注於自己這個時候的動作。

他突然停住，跳上木頭捲軸，大叫：「我是蜘蛛人！」然後跳下來快速跑開，跑到籃球架，開始爬上其中一枝桿子。利用前面的磚牆來支撐腳，他把手臂向上抓，先一隻手，再另一隻手，每一次把身體往上拉一些。他爬到頂端，滑下來，用雙手抓著桿子。

克絲妲走過來，命令式的說：「讓我試試。」法蘭基轉過來面向她，興奮的叫：「來抓我啊！」他快速跑開，克絲妲追他。他又繞著運動場四周跑，回到籃球桿，又往上爬，一邊爬一邊發出很大的呼嚕聲，爬到頂端，他大叫：「小心！」然後滑下來。他跑向一群幼兒，對他們叫：「鬥牛。」他繞著運動場四周跑，

大叫：「鬥牛！鬥牛！鬥牛！」兩隻手指頭放在頭上模仿鬥牛的
角。

法蘭基挑出了他所扮演角色的最明顯特性——跳、爬、飛，遊戲裡面
沒有發展出太多內容，因為似乎被電視播出的腳本決定了；他快速的轉換
角色，但身體的活動都一樣。

比起扮演真實生活的角色和內容，扮演超級英雄／神奇的角色更能讓
幼兒滿足一些情緒需求，但是只限於某些需求：

- 強壯有力的需求或慾望，比人類更厲害：因為自己無權無力，這是
  幼兒很常有的需求（如：超人、能飛、有超能力）。
- 好鬥、有侵略性的需求或慾望（如：扮演蜘蛛人，他們就能用打架
  來糾正錯誤的事、保護弱者）。

比較法蘭基的遊戲和下面七歲諾蘭的遊戲（也扮演幾個角色，可能受
到電視或觀看體育館裡年級較大學生打籃球的啟發），注意諾蘭如何精確
的複製現實世界的細節：

> 諾蘭在體育館裡投籃，演出一個故事——波士頓賽爾提克籃
> 球隊對克里夫蘭騎士隊的比賽。比賽有四個球員，一個是詹皇
> （Lebron James），一個叫喬的，還有另外兩個人。諾蘭表演每
> 一個球員的動作，他投籃，說：「好球，喬。」同時扮演兩個角
> 色。除了扮演四個球員外，他還是球場評論員，向假裝的觀眾報
> 導球賽的進度：「現在比數是 5 比 3，賽爾提克隊領先。」投進
> 一球後，他說：「觀眾都瘋狂了。」他玩了半小時，臉上表情緊
> 張，眼睛張得開開的，嘴巴很嚴肅，臉色因為運動而泛紅。他繼
> 續在五個角色中轉換。當老師問他哪一隊領先、誰得分了，他都
> 能立刻回答，好像對於球賽有一個清楚的圖像。當球賽結束，賽
> 爾提克隊贏，諾蘭倒在長凳上，躺在上面，沉重的呼吸，手臂鬆

軟的垂下，滿足的笑意布滿臉上。

下面的紀錄是有關六歲半的布萊娜對於自己的角色有一些非常堅定的想法：

> 布萊娜跳著進來。笑著，眼睛明亮的，她從桌子下搬出一張椅子，轉向外面，跑到娃娃床，從洋娃娃底下抽出床單，放到椅背上。
>
> 她不慌不忙的移動，從櫃子裡拿出叉子、湯匙、杯子和盤子，把叉子和湯匙放在盤子上，把杯子裝滿水，放在盤子旁邊。
>
> 亨利盯著布萊娜看了一分鐘，然後帶著好奇的臉色走過去。「妳在做什麼？」他問。布萊娜很熱情的回答：「我在準備我的牙醫診所，讓人家可以來看牙。這是病人要坐的椅子，這是要圍在前面的布。」亨利開始大聲的笑：「妳不能當牙醫，因為牙醫沒有女生。」
>
> 布萊娜嘴唇緊閉，手放在屁股上，走近亨利。她很生氣的衝口說：「我也可以當牙醫，因為我知道牙醫在做什麼！」她很快轉身，微笑，頭抬得高高的走向蕾娜，說：「妳要不要當我的第一個病人？」

在角色中注入情感

當幼兒運用真實生活的內容扮演一個角色時（如：醫生、媽媽、嬰兒、隊長），他們可能會給予這個角色一種非常個人色彩的語調。他們可能演出這個角色對待其他人的感情和態度，即使扮演店員、媽媽或消防隊員，幼兒可能選擇成為盛氣凌人的、霸道的、膽怯的、認真的、溫和的、強勢的、恭順的、暴君式的或保護的。在扮演遊戲中，幼兒可能演出他們在其他地方不會顯露的情感或想法，例如：

- 他們對於人們如何對待彼此的看法：醫生可能是溫和的、粗魯的、會罵人的；媽媽和爸爸可能是溫和的、粗魯的、會罵人的。
- 他們希望別人如何對待他們的想法：爸爸是善解人意的、強勢的、正向的、溫和的、像朋友的；手足是大方樂意幫忙的、是好朋友。
- 如果可以的話，他們會如何表達自己：扮演嬰兒就可以假裝自己被保護和可以依賴別人、扮演老虎就可以吼叫而不被責罰、扮演「老闆」就可以控制別人、扮演「動物園裡的壞海狗」就可以做些調皮的事情。

這些態度都可以在任何種類的遊戲裡持續表現，幼兒可以一直都是霸道的，或一直是溫和或溫順的，不論他扮演的是爸爸、媽媽、隊長、警察、舅舅或阿姨。但是同樣的，態度也會因著不同角色或不同玩伴而改變：幼兒可以對某個壯碩的玩伴恭順，但對某個瘦小的玩伴霸道；是一位霸道的醫生，但，是一位溫柔的爸爸。我們必須多次的觀察幼兒的扮演遊戲及在不同的玩伴情況下，以瞭解哪一種行為才是他與其他幼兒關係的特性。

在下面五歲半幼兒扮演披薩店遊戲的角色中，我們可以察覺什麼態度？和別的玩伴玩時，他們的角色會不同嗎？

　　肯卓、所羅門和老師坐在黏土桌。「我做個披薩給你。」肯卓跟老師說，開始用手掌把黏土弄平。索羅門叫道：「肯卓和我是老闆。」肯卓用眼睛肯定他的話，然後眼睛掃過桌子，問：「有誰在披薩店裡？」她回頭看所羅門，宣布：「你是老闆，我是助理老闆。」所羅門用堅定的口氣說：「我是真正的老闆，我才能說誰是老闆。」手臂向外伸，手指頭指著肯卓，說：「妳是。」肯卓點頭同意，加上：「妳跟我都是大家的老闆。」「對。」所羅門確認，「如果有人把水倒翻了，我們就要清乾淨。」帶著滿足的微笑，肯卓加上：「對，我們在披薩店工

作。」她從她做的圓餅切了一塊三角形的披薩下來，說：「這是我們的披薩音樂，它通常會對你唱首歌。它會一直變大。」她把那塊舉到空中，遞給老師。

她問老師：「你要付我多少錢？」老師回答：「你要多少錢？」肯卓回答：「五塊錢再加稅一塊錢，總共六塊錢。」老師假裝給她錢。肯卓說：「我保管。」「不，我保管。」所羅門用命令的口氣說。經過一小段口頭爭鬥後，肯卓說：「好啦，好啦。」

肯卓轉向老師：「你要我們新做的呼拉飲料嗎？十塊錢。」所羅門糾正她說：「不是，是一塊錢。」帶著點憤怒的語氣，肯卓回應：「不對，是優惠十塊錢，原本是十一塊，現在是一塊。」帶著困惑的表情，所羅門大叫：「它不用錢！」肯卓有一點點被激怒，重複她先前的優惠，用幾乎聽不見的聲音說：「我想他的算數不太好。」她轉向老師說：「我們等下會送來。」

幼兒遊戲的靈感來源似乎影響著扮演遊戲的內容與方式：一般而言，比起理解不多或令人困惑的經驗，真實生活的行動或歷程之經驗似乎能引起幼兒較複雜、較持久、較富創力的假裝遊戲，幼兒在扮演遊戲中複製這些經驗，也讓幼兒與教保人員能有更多的資訊或有更多的釐清機會，來延伸幼兒的知識。

●● 扮演遊戲的社會層面

當兩位以上的幼兒一起進行扮演遊戲時，他們不只表達他們對於世界的認識、他們的害怕、希望和願望，也同時透過別人的回應測試及修正自己的社交態度和技術。幼兒在團體裡的位置、地位與被接受的程度在某種程度上由幼兒的行動決定，但是也要看其他幼兒認為什麼適合那位幼兒的

自我概念、希望、需求和慾望。教保人員如果想要幫助某位幼兒發展更成熟的社交行為，必須知道幼兒是以兩種方式互相影響著——客觀的（指發生了什麼事）、主觀的（指參與的幼兒覺得發生了什麼）。

觀察幼兒的假扮遊戲時，要覺察幼兒如何彼此互動及他們對於這些互動的理解是什麼。以下是一些指引觀察的問題：

● 哪些幼兒回應？對誰回應？
● 他們做些什麼？怎麼做的？
● 他們說了什麼？怎麼說的？
● 他們是配合著別人的計畫、運用別人、抗拒別人，還是在抗議下服從？
● 幼兒對於地位、特權、情感或注意力的明顯慾望是否干擾或促進了遊戲情境？
● 幼兒在遊戲時的一般語調：和氣的、敵對的、引發糾紛的？

下面是一群四歲幼兒的紀錄，請注意在施與受的過程中主導權和性別角色概念的轉換：

　　泰莉莎穿著長裙，移動爐上的鍋子，艾倫在一條桌布上用一個木製熨斗。艾倫說：「假裝這是一張餐桌。」

　　泰莉莎沒有回應，繼續煮東西。艾倫忽略泰莉莎，留下熨斗，從扮演區拿了另外一頂帽子，說：「看我買了什麼給妳，媽媽。是不是很好看？」她把帽子給泰莉莎，拿走舊的。泰莉莎拿起新帽子戴上，但沒有說話，繼續煮東西。

　　艾倫拿起一件圍裙穿上，泰莉莎轉向他，責備的說：「不行，那是女生的衣服。」艾倫脫掉圍裙，泰莉莎把圍裙穿在長裙外面。

　　艾倫拿起另一件圍裙，很長一件，上有圍兜，尋求同意的

問：「這件是男生的嗎？」泰莉莎點頭。艾倫繼續：「這邊是頭嗎？」

泰莉莎同意的說：「對。」她迅速的幫艾倫穿好，調整長度避免艾倫絆倒。她撿起一個手電筒，試著開燈，說：「開燈。」手電筒沒亮，試了幾次後她放下。艾倫和泰莉莎並肩站著，假裝煮東西，他們悄悄的說他們現在在做什麼，好像在給自己指示。

有時候他們直接跟對方說話，似乎期待對方回應，例如：「你要去擺餐桌，對嗎？」艾迪過來，笑著說：「這是真的家庭嗎？」

艾倫回答：「對，你要當客人嗎？」

艾迪同意：「好啊。」麥斯加入他，兩個人很正式的進來，很進入狀況的行動。他們敲敲想像的門。

艾倫開門，說：「這是一間餐廳。」泰莉莎點頭肯定。麥斯和艾迪進來，坐在桌子。

艾迪傲慢的叫：「服務生！服務生！」

泰莉莎走過來，說：「來了。」

艾迪回嘴：「我要我的晚餐，晚餐吃什麼？」

泰莉莎走回爐子，回頭清脆的叫：「熱狗。」

艾迪同意：「好，熱狗加蘑菇。」

泰莉莎繼續煮，艾倫加入，移動炒菜鍋、湯鍋。艾迪和麥斯覺得無聊離開了。

泰莉莎用咖啡壺煮咖啡，艾倫拿著壺，說：「這是咖啡。」

泰莉莎反駁他：「不是，那是茶。」

艾倫提醒：「妳最好快一點，更多客人來了。」

這次的客人是想像的，兩個人一起擺餐桌。泰莉莎說：「黃杯子是裝咖啡的，其他的是裝茶的。」

艾迪回來，似乎想加入遊戲。艾倫粗魯的推開他：「你沒有

在玩,你不能玩。」艾迪堅持,艾倫再一次推開他。

這時候,泰莉莎站起來,走到角落,一直轉圈圈,看著長裙舞動,用手掌感受舞動的動作。

艾迪放棄,離開,艾倫和泰莉莎回到原來的遊戲,他們繼續合作無間。

在上面的紀錄裡,隨著遊戲的進行,泰莉莎對於艾倫的態度有所改變:剛開始時她忽略他,然後不允許他做某些行動,最後和他合作而且和睦。艾倫,很顯然很想和泰莉莎玩,接受她剛開始時的責備,但是堅持下去,當泰莉莎的態度改變後,他成為平等的遊戲夥伴一起玩。泰莉莎的轉圈圈是否是故意避開艾迪和艾倫間的衝突呢?

幼兒在與其他人遊戲時的位置

當一群人互動時,每個人都會找到自己在群體階層及結構中的位置。有些幼兒是領導者,有些是跟隨者,有些是和平使者,有些是代表成人觀點的道德家,還有些幼兒根本不能算是群體合法的一份子呢!

幼兒在群體的位置可能很明顯,也可能很微妙地隱藏或偽裝。某位看起來很合作的幼兒可能只是被動而已,想要被接受的渴望或是對於自己能貢獻什麼的焦慮,可能讓他徹底排除自己作為一個真正合作夥伴的位置;群體裡最吵的幼兒可能看起來是領導者,但真正的命令卻來自一個安靜的幼兒,透過強而有力的想法在控制遊戲。

在群體中的位置是人際互動很重要的一個成分。對於某位幼兒,領導權可能重要到讓他用各種可能想到的詭計來得到,但另一位幼兒可能只要不受到別人的挑戰就很滿足。位置有兩面:大人怎麼看幼兒在群體中的位置和幼兒自己怎麼看/怎麼感受。位置以各種偽裝出現,例如:控制狂的老大、建設性的領導者、合作的一員、旁觀者、妥協者、挑撥者。一位幼兒可能以各種方式來保持一種位置,例如:霸凌、勸說、講道理、誘惑或

賄賂，或透過出主意來獲得權力。沉默也可能是另一種標示自己位置的方法。

下面的紀錄很清楚的呈現五歲的彼特在群體裡的位置、他對於維持那個位置的感受，及別人的回應：

好幾群幼兒分散在遊戲場的木工區裡，有的在挖，有的把罐子裝滿，有的用石頭假裝是假想家庭裡的餐桌。彼特和同伴先用罐子蒐集晚餐的東西，然後從樹裡採集楓糖漿（樹液）。彼特把罐子放在樹下，搖晃著走過丹尼絲的石頭。

彼特宣布：「我要去拿釣繩，然後去船上。媽媽（對丹尼絲說），我在釣魚時，妳可以幫我划船嗎？」沒等回答，他繼續找釣魚竿。他從很遠處喊：「來啊，媽媽！」丹尼絲堅決的說：「我需要在家裡用爐子煮午餐！」

彼特找到一根長長的竿子，走回來，再次在丹尼絲那裡停下。「好嘛，媽媽。妳先專心做午餐。」他踏步走向船的石頭：「來啊，媽媽，來，我們必須走了，妳必須來划……那裡是船屋，妳要跟我去。」

丹尼絲繼續做午餐，但是對彼特叫道：「再見！」

彼特現在回到石頭那邊，釣魚竿收在船上，他站在那裡手抓著一根樹枝，越過樹木望向丹尼絲，叫著。被阻撓的不耐開始潛入他的語調：「來，妳必須要幫我划！」

丹尼絲淡淡的說：「你去吧，我不會！」

彼特尖叫：「來！**妳必須做！**」每說一個字，他就用一枝短棍敲打樹枝來強調和發洩他的感受，因為他無法敲丹尼絲，雖然他可能很想這麼做。

丹尼絲用不滿、安慰的聲音說：「好吧，讓我弄完洋蔥。把孩子帶上。來啊，珍娜。」她和同伴往船那邊走去。

彼特現在有亨利、傑克森、羅伯、丹尼絲和珍娜一起在石頭船上，他用一根棍子當槳。然後她看見妮基和朱莉忙著挖地。（要征服的新土地！）他對著妮基和朱莉說：「一起來啊，姊姊。妳們能幫我們划嗎，姊姊？」她們很快就來了，但很快朱莉就哭了。丹尼絲用力的拍著手，把泥土從她的罐子裡倒出來，把船弄髒了。

「停止，丹尼絲！」彼特命令。朱莉下船，情緒受到傷害，頭低低的。

珍娜在石頭上靠近彼特。「那是媽媽要坐的地方。現在下去。」他把珍娜推開，讓丹尼絲進來。

然後丹尼絲拿起彼特的長棍。彼特告訴她：「等一下，那是我的釣魚竿。」丹尼絲下船，自己找到一根長釣魚竿，然後回去。

彼特問傑克森：「兄弟，你要不要划？」傑克森拒絕。

彼特看看四周，說：「好啦，現在誰要划？」看到丹尼絲拿著自己的釣魚竿，他說：「媽媽，妳划。我們只需要一根釣魚竿。看！我釣到一條大魚（棍子尾端一片葉子）。聽著，現在誰要划？媽媽，妳過去那邊，在那邊釣，那是船上最好的地方。現在，老兄（對傑克森），用這根棍子划。」

最後終於有人划船了，他開始釣魚。

彼特嘗試當老大，但很少成功。他用了幾種方法來達到目的——口頭堅持、堅持己見、偶爾強迫。他的方法引起了其他人的抗拒。

這個事件引發教保人員進一步的探究：彼特在扮演遊戲情境中是否總是一個不成功的「老大」，他在其他時間是否比較能接受其他人的命令？在其他情境裡，他是否能用較不霸道的方式領導？從額外的紀錄裡所獲得的資訊可以指引教保人員決定彼特在交朋友方面所需要的協助種類，如果

需要的話。

下一個紀錄裡,課後班一年級的凱特琳示範了完全不一樣的領導:

　　有四個女孩(凱特琳、漢娜、艾利絲、瑪莉蘇),漢娜問:「誰要當爸爸?」凱特琳回答:「我都沒關係。」從籃子裡拉出一個洋娃娃,高舉過頭,說:「她一歲。」緊緊抱住洋娃娃,她權威的說:「你,先生,必須要睡覺,睡覺時間到了。」然後她宣布:「我要擺晚餐的餐桌。」然後在每一個位子上放一張盤子。艾利絲和瑪莉蘇走近凱特琳,凱特琳嚴肅的盯著她們兩個,說:「誰是媽媽?」兩個女孩同時喊:「我!」凱特琳指著艾利絲,用命令的聲音說:「她先說的。」對瑪莉蘇說:「妳可以當姊姊。」

　　她對艾利絲說:「甜心,我沒辦法擺餐桌,我必須在我被解聘前打電話給我老闆。」艾利絲走近凱特琳,給她一個同情的微笑。凱特琳拿起電話,說:「嗨,老闆,我的孩子發瘋了。是的,我的孩子。是,我正在吃晚餐。」她突然掛上電話,然後跳到櫃子那邊,抓了一個容器和六個白色小奶瓶,然後對艾莉絲說:「我現在要去喝幾杯啤酒!妳要啤酒嗎?」艾利絲蔑視般的擠了擠臉,說:「不用了,謝謝。電話通了,甜心,你只要先按0。」

　　凱特琳忽略艾莉絲的話,把一頂男人的咖啡色帽子緊緊的戴在頭上,抓了一個大的黑色無帶提包,說:「我要去上班了。」她撲通一聲坐在椅子上,把帽子和提包拋到桌子上。休息一會兒後,她站起來走近艾利絲。用雷一般的聲音,她宣布:「甜心,我回來了。」

　　漢娜原來一直在玩積木,之後爬到凱特琳的腳邊,用嬰兒般的聲音說:「爸比,爸比。」艾莉絲強調的說:「寶寶可以吃她

想吃的。」凱特琳從容器中拿出三個白奶瓶,臉色有點擔心的說:「她不能喝啤酒,只能喝牛奶。」凱特琳蹲下來,抓著漢娜的肩膀,說:「嗨,小南瓜。」漢娜、艾利絲和凱特琳走向一張大椅子,漢娜脫口而出:「這不是椅子,這是冰箱。」看著凱特琳的臉,漢娜用可愛的語氣說:「我要早點睡覺。」凱特琳微笑點頭,對著坐在腿上的洋娃娃說:「你也要睡覺了,先生。」她接著宣布:「你必須現在洗頭髮。」看著艾利絲,她甜蜜的說:「甜心,我現在要替他洗澡。」帶著一些擔憂,艾利絲說:「確保他不會把水潑得到處都是,我們有三個孩子。」

凱特琳靠提出很好的主意及把其他人融入遊戲而成為領導者,這是不是她一貫的作風?是否有其他時候她的命令、雷聲般的聲音是用來征服而不是用在扮演上?

遊戲的規則

在上面的紀錄裡,艾利絲和凱特琳按照她們自己建構的「為人父母的規則」進行遊戲,例如:艾利絲的規則之一是防止孩子把水潑出來。Piaget(1965)和 Vygotsky(1976)兩個人都曾說:遊戲(play)和規則性遊戲(game)都是以幼兒建立的規則為架構。Vygotsky 主張:「世上沒有無規則的遊戲這件事。」(p. 541)。在規則性遊戲裡事先建立的規則和遊戲中的規則有所不同,在遊戲中,規則是由幼兒創造的現實情況所決定,例如:她們呈現的家庭情況是他們自己選擇的。

幼兒進行規則性遊戲的紀錄提供我們更多有關遊戲的社會層面訊息,也揭露幼兒在規則形成中共同合作的過程。幼兒遵循外在規則時通常會重新建構規則,規則如何變化與幼兒的年齡和經驗有關。四歲幼兒在下面的事件裡快樂的加入一個規則性遊戲,在遊戲裡,所有人默默的就理解了簡單的輪流及模仿規則:

　　沙林、艾咪和詹納為了誰該坐誰旁邊、誰可以牽誰的手在爭吵。艾咪大叫：「不要！他牽了我的手！」沙林突然從其他兩人中抽身，指揮：「做這個！」他把一隻手平放在桌上，另一隻手疊在上面，其他人立刻把他們的手疊在他的上面。完成後，那疊手馬上就在歡愉的大叫聲中飛開。他們很熱烈的重複玩這個遊戲。

　　年齡較大的幼兒會依賴較複雜的互動來建立規則性遊戲的規則。一群五歲幼兒組織了一場棒球遊戲，在外在遊戲規則和自己內在規則間掙扎：

　　「我們來玩球！」蕭恩大喊，跑去拿球和棒子。一大群人聚集過來，立刻談起規則和壘包。蕭恩和達拉帶著大家討論。他們爭辯誰要第一個打。「不公平，我要第一個打。」蕭恩嘬著嘴生氣的說。達拉決定要第二個打。蕭恩繼續說：「我有棒子，所以我第一個。你在我的隊上，你去那邊，當投手，安琪可以當捕手。」還有更多有關規則、位置和打擊順序的討論，蕭恩緊緊握著棒子和球，雖然其他幼兒嘗試從他手裡拿走。

　　遊戲從蕭恩打擊開始。他把球往地上丟，用力的打擊，每個人都跑去接球，忽略蕭恩。當幼兒一個接一個把自己撲在球上，笑著，蕭恩跑壘，沒有碰壘包也沒靠近他們。他很快的繞著場地，當他碰到本壘板時，轉過身，臉上帶著很大的笑容面向其他人。他環視一周，拿起棒子，再次做出打擊的姿勢。遊戲繼續，蕭恩再一次打擊，他再次打到，每個人都去追球。蕭恩持續站在本壘板上。

　　「你為什麼不跑？」達拉問。

　　「我不需要。」蕭恩毫不猶豫的回答。

　　「為什麼？」達拉問。

　　「因為我會出局。」蕭恩回答。

「棒球不是這樣打的。」達拉說。

蕭恩忽略達拉，揮著棒暖身。尼克走過來告訴蕭恩該輪到他（尼克）打擊了。

蕭恩回答：「不，還是我打。」

「但是你已經打過了。」尼克回應。

「那又怎樣？」蕭恩權威的反駁。

蕭恩揮棒，但第一球沒打到，他打到了第二球，跑到一壘。他停在那裡，尼克接著打到球，蕭恩跑到二壘、三壘，繼續跑到本壘，都沒有碰到壘包，沒有人在意，因為大家都忙著撿球、追尼克，滿場跑。

「兩分，我們贏。」蕭恩帶著燦爛的笑容說，再伸手去拿棒子。「嘿，你不能再打！」有人大叫。蕭恩不情願的放棄，走開。他走到場地的另一邊，加入對方那一隊。他站好，當有人打到球時，他跳起來接飛出來的球，他追著跑者，撲向他，大叫：「他出局了！」當球隊換場時，蕭恩變成了投手。

●● 扮演遊戲的行為模式

幼兒參與扮演遊戲的紀錄不僅可依據下列遊戲行為的面向來整理，也可反映一段時間以來遊戲行為的改變；有其他幼兒參與的遊戲紀錄也可揭露有關幼兒與他人互動模式及建立規則的能力：

1. 遊戲內容與真實生活或幻想活動（超級英雄、電視、妖怪）連結的程度。
2. 遊戲中演出的一般、特定的主題：太空旅行、煮飯／吃飯、生病、餐廳、死亡、教堂。
3. 幼兒通常扮演的角色：司機、爸爸、媽媽、嬰兒、動物、超級英

雄、火車。

4. 幼兒遊戲的傾向：自己玩還是和他人玩。

5. 和別人一起玩時，幼兒通常是否扮演和別人不一樣的角色（如：通常扮演公車司機，其他人是乘客）。

6. 自己玩的時候，是否一直演出某個特別的內容（如：扮家家酒、滅火）或角色（車輛的駕駛或超級英雄）。

7. 扮演一個角色時，相對於其他幼兒，幼兒的**位置**如何（如：扮演媽媽、嬰兒或商店老闆時，幼兒的**位置**是老闆、屬下、領導者、合作者、講道理者、代罪羔羊？）

8. 幼兒扮演角色是否有特定的人格特質：幼兒是否總是老大，或只和羞怯的、年紀小一點的、年紀大一點的、侵略性強的孩子、男孩或女孩一起玩？

9. 幼兒維持某種地位的方法：透過出主意來誘惑、講道理、嘮叨、合理化行為、幽默、口語或身體侵略、威脅、賄賂、出聲抗議、表現出無助樣。

　　教保人員如能不侵入的觀察，把筆記本寫滿幼兒在扮演遊戲的紀錄，可以累積極豐富有關幼兒的知識資源啊！觀察幼兒的扮演遊戲提供了一個萬花筒，反射了幼兒充滿活力、充滿熱情的生命，反射了他們充滿想法、反思的生命，反射了他們主動、社會性的生命，反射了他們安靜孤獨的生命。當我們在他們旁邊真的傾聽他們時，幼兒透過遊戲將告訴我們很多有關他們自己事情。

Chapter 6

記錄幼兒和大人的關係

　　幼兒對大人的依賴持續很多年，依賴時間的長短有個人和文化的差異。但是要發展到成熟的成年期，幼兒必須設法轉變得相當獨立；幼兒的獨立透過很多步驟和階段來完成，過程有時候很戲劇化，有時候很溫和順暢。爭取獨立的過程並非沒有質疑和害怕，當幼兒開始脫離依附的紐帶，他們持續需要大人，不僅是為了生理上的支持、愛及理解，也是為了在爭取自主的路上有精神支持。

　　在幼年時，幼兒從最重要的成人（父母、寄養父母、祖父母、其他親戚）學習很多事情。他們對於人的概念、對自己該有什麼期望、對自己的概念，以及他們能做什麼和不能做什麼等的概念，是從和這些重要成人的每日接觸而形塑出來的。幼兒相信所有大人都和自己生命最先認識的人一樣，一直要到多年經驗之後（過了幼兒期），他們才會知道並非如此。他們認為大人所說有關他們的事都是真的，除非日後有其他人教他們不是這樣。因此之故，幼兒第一次入園時，他們對教保人員所出現的行為舉止大部分是反映他們的家庭經驗，也可顯示出他們在獨立及自我概念（正向和負向）的道路上已走到了哪裡。

●● 教保人員的自我觀察

　　幼兒需要大人，但是他們必須逐漸鬆開這條紐帶。教保人員必須能在自己也參與的情況下不受情緒影響的觀察幼兒，客觀的觀看他們的依賴需求，且實際而不偏頗的檢視他們對依賴的拒絕。教保人員是否能做到這件

事？較容易的方法是問自己：「我對這位幼兒的自我能力感是加持者還是貶低者呢？」人很難同一時間又做自己又做無私的觀察者，我們的「專業我」（客觀且受過專業教育的）必須和「個人我」（主觀和情感涉入的）相合為一。

要能真實的看見及理解自己教導的幼兒，教保人員最需要的是能有勇氣省思自己的行為。教學最不可靠的部分或許是在「當教保人員面對自己」時發生（Jersild, 1955）。要教保人員公開的面對自己的偏見、知道自己的文化和過往經驗對自己行為的影響、承認自己的價值觀和信念、接受情緒對於自己行為的影響等，是非凡的挑戰。一般來說，教保人員非常忙碌，根本很難找到時間自我反省，但他們需要檢視自己的背景如何影響自己對於幼兒及幼兒如何學習的信念；教保人員自己的兒時經驗、自己家庭的本質、社會／經濟及政治環境特性及自己的學校經驗，在在形塑了教保人員看待幼兒的觀點。教保人員每日針對課程內容、材料及環境安排做決定時，依據的就是這些信念和價值觀，雖然自己並未察覺。

教保人員如要清楚表達自己對於幼兒如何學習的信念和想法，省思自己的行為便很關鍵，教保人員可以學著在做事的當下省思自己所做的事，而方法之一便是透過觀察幼兒和自己的關係來自我覺察。

●● 記錄幼兒和大人的互動

觀察幼兒在幼兒園內和大人的關係，可以告訴我們幼兒如何看待大人，是可信任的、要質疑看待的，還是要躲避的？也可告訴我們幼兒是否相信自己可以表達各種情緒、可以打破大人的禁忌而仍然被愛，還是覺得必須要很小心避免做任何會冒犯大人標準的事，以免失去大人的愛。

當幼兒在例行性活動中行動、使用材料或和其他幼兒互動時，很多時候大人與幼兒的關係會伴隨發生；除此之外，還有特殊的大人—幼兒的接觸──就是當教保人員自己也參與其中時。

有些時候，幼兒會抓住我們的手用力的捏，或在早上入園時，從走廊突然蹦進來，跳進我們的懷抱跟我們打招呼；有些時候，幼兒會靜靜的、充滿自信的帶著寶貝東西給我們看，或者抬起留著鼻涕的鼻子要我們擦；有些時候，幼兒命令式的要我們注意他們、嘲弄我們、和我們一起大笑。每一天我們和班上個別幼兒形成新的關係，每位幼兒覺得自己在教保人員眼中是特別的、和教保人員有個別而「特別」的接觸（如果有幼兒不這麼認為，就值得關注。）

在下面的紀錄裡，幼兒園大班的教保人員對於幼兒的回應既忠於自己的情緒，同時又面對自己的情緒：

> 當約拿興奮的爬上桌子時，老師生氣的大叫：「下來！」他很快的跳下來，臉上帶著驚愕。老師很快的安排一個圓圈遊戲，他加入，整個遊戲中他都很謹慎的看著老師，並在她看他時小心的避開她的眼光。玩了幾分鐘後，幼兒開始焦躁，要求要唱歌。唱了一遍「你唱歌我唱歌」的歌詞後，老師問有沒有人會唱另一種歌詞？約拿建議：「你咬我我咬你，怎麼樣？」唱完後，他建議把「咬」改為「踢」。「今天你很生氣，是不是？」老師說。直直看著她，約拿回答：「沒有，是妳心情不好，不是我。」老師微笑，溫和的說：「你知道嗎，你是對的。你怎麼知道的？」「因為妳今天對我尖叫很多次。」他回答。然後他走過來，開始搔她癢。她笑著，說：「你要趕走我的壞心情囉。」

記錄大人與幼兒間的交流可讓我們對於幼兒的自尊有獨特的見解，但這也需要教保人員在事件發生時不中斷的記錄，這是一項挑戰，如同下面事件裡，教保人員讓六歲的麗絲逐漸增進她在教室裡的自在感：

> 麗絲自己坐在桌邊。忽然她抓起「接接小方塊積木」（Unifix cubes）的桶子，全部倒到桌上和地上。老師小聲的要

她撿起來，她嗤之以鼻的對著老師尖叫：「你不是我爸爸。你以為你是我媽媽嗎？你不是我媽媽！」她歇斯底里的笑。當老師重複說：「麗絲，請把積木撿起來。」她吼著：「我的名字不是麗絲，我媽媽帶我去改名字的地方，我的名字是新嘴巴。新嘴巴，繼續講啊，也許我會把它們撿起來。叫我新嘴巴。」她對著老師吐舌頭。重複說了幾次「叫我新嘴巴」後，她意興闌珊的開始收起一些積木，放到桶子裡。

有時候，幼兒與一位特定的大人出現一種互動方式，但對另一位大人出現另一種方式，就如同一位平常很獨立的七歲兒童，在媽媽帶他到學校時就不會（或不願意）自己脫外套一樣，這種情況幫助我們看見幼兒的「全貌」。幼兒和大人的關係可能也受到幼兒園之外處境的影響（例如：經歷父母離婚或目睹暴力）；例如：在父親住院期間，一位原本喋喋不休的五歲幼兒拒絕和教保人員說話。

下面有二則觀察紀錄，四歲半的芳婷和兩位生命中的大人就有很不同的關係，她和不同的大人互動時好像不是同一個人。在第一則紀錄裡，也許教保人員的要求讓她覺得被挑戰而變得防衛；而在第二則紀錄裡，記錄她在缺席幾天後試探性的進入熟悉情境的情形。很清楚的，只看任何一則紀錄都會讓我們誤解芳婷和大人的關係。

芳婷在團討時坐在李老師的正對面，一隻手手肘撐在膝蓋上，一隻手撐著下巴，臉上滿是無聊的表情。李老師大聲的說：「芳婷，如果你有紫色蠟筆，妳要畫什麼呢？」芳婷挑釁的回答：「不關你的事！」李老師反擊：「喔！這個回答很愚蠢。我知道有人可以給我更好的答案。」泰勒，手舉得高高的，大叫：「我知道我會畫什麼，一個房子，那就是我要畫的。」德瑞克插入：「我會畫臉。」東尼叫著說：「我會做一本書。」芳婷急忙的擠進來說：「我會畫怪物，笨！」李老師沒有回應。幾分鐘過

去，芳婷大叫：「李老師，你的頭髮好醜，你有笨頭髮！」

下一則紀錄是在芳婷生病過後回幼兒園的觀察：

　　芳婷和父親進入教室。她僵硬的站在他前面，一隻指頭放在嘴裡。她的眼睛四處打量教室，嘴唇緊閉。幾位幼兒在教室遠方玩著。芳婷的父親輕微向前傾，責備的說：「怎麼了？進去啊。」沒回應。幾分鐘過去，大衛很愉快的叫：「哈囉，芳婷！」沒有回應。李老師宣布：「看，芳婷回來了！」幾位幼兒圍著芳婷，但是她沒有回應任何人。當她的父親脫下她的帽子、外套及毛衣，她站著，頗緊張。衣服和物品掛起來後，她的父親在她的臉頰上輕輕的拍了幾下，離開教室。沒有回應。李老師走向芳婷，用手臂環著她。她坐在他腿上。大衛走過來，再說一次哈囉。沒有回應，芳婷只是盯著他看。李老師說：「大衛，芳婷好一陣子沒來了，她必須重新習慣回到幼兒園。」當芳婷坐在李老師的腿上，一位女孩走過，玩著彈簧圈。芳婷微笑，說：「我有彈簧圈。」李老師微笑，用力抱緊她。她安靜的坐著，擺動著手和腳，一隻手指頭放在嘴裡，專注的觀察其他幼兒。她滑下來，在教室四處走動，加入正在看葛瑞琴餵天竺鼠的幼兒群。芳婷衝過去找李老師，很興奮的說：「給我一些青菜。」李老師給她青菜。芳婷慢慢的把青菜丟進籠子裡。幾分鐘以後，當李老師宣布戶外時間到了，芳婷蹦蹦跳跳的走到工作櫃，拿起外套，小心的把外套對著自己攤開在地上，彎下身，把右臂伸到外套袖子裡，然後是左臂。她很快的把外套穿好，直接走向李老師，請他扣外套鈕子，然後漫步走向門口。（改自 Cohen, 1971, pp. 40-41）

在芳婷的第二則紀錄裡，我們看到一個幼年期常出現的主題——在剛

入學或剛入園時的分離困難經常會在幼兒缺席一段時間後重新出現，大人與幼兒關係的某些層面，可以從他們在分離時刻如何向父母說再見及如何回應教保人員的主動示好中看出端倪。

在下面的紀錄裡，萊恩在老師的協助下成功的轉銜，而海莉在沒有老師的介入時就不順利：

> 萊恩，七歲，最近才入學。老師叫大家排隊上藝術課。萊恩平靜的問：「我一定要去嗎？」老師回答：「對。我想你會喜歡。」萊恩變得焦慮。「但我不想去。」老師叫其他學生先走，留下來陪萊恩。「你要我跟你一起去藝術課嗎？」萊恩回答：「嗯，但如果我不喜歡，我一定要留在那裡嗎？」老師向他保證他不用留。「OK，」他回答：「我試試。」當他們抵達，她把他介紹給藝術課的庫克老師，他問：「你用過毛根嗎？」「有！」萊恩興致盎然的回答，「我有一次做了一架飛機，上面放了一個小洞讓炸彈掉下來——轟！」「你想做一架飛機嗎？」「耶！」萊恩在庫克老師的協助下挑了一些毛根，開始彎摺。

> 海莉蹦蹦跳跳的進到幼兒園遊戲場，她的母親緊跟在後。當老師對她笑著說：「嗨，海莉！」海莉很快走向她，給她看她手裡握的東西。當她的母親叫她回來給她一個親親時，海莉輕輕的在母親臉上啄了一下，表情嚴肅，她們互說再見。幾分鐘後，她的母親離開，所有的陽光和笑意從海莉臉上消失，她直直走到圍籬，在那裡，每日例行的向她的母親揮手。她用兩手抓著圍籬，站著看了很長一段時間，然後轉頭用眼睛搜尋遊戲場。她滿臉沮喪，眼睛充滿淚水。她站著，像紅鶴一樣用一隻腳站著，每兩秒鐘看一次圍籬外的人行道。當進教室的時間到了，她掛起外套，表情悲傷、冷漠。點心時間，她選擇自己一個人坐，瞪著自己杯子內的果汁，意興闌珊的咬著餅乾。

觀察的細節

- 事件在哪裡發生？
- 誰開啟接觸？
  - ➤ 如果是幼兒開啟，帶有意圖嗎？例如：尋求協助、尋求材料、展示作品、受傷時（真的或想像的）尋求安慰、在例行性活動時尋求協助、邀請一起遊戲、表達喜愛或尋求情感、在社交事件中尋求協助、表達想法？意圖是間接的嗎？例如：說個不停來引發注意、一直送禮物、故意做些挑釁或明知不被接受的活動或行動（如：尖叫、危險的攀爬、破壞物品、把東西藏起來）。
  - ➤ 如果是教保人員開啟，教保人員的意圖是什麼？是為了協助幼兒使用材料或器材、解決紛爭、參與遊戲、提供建議或要求、給予指示或命令、在幼兒受傷或受到侮辱後給予安慰、提供道具？
- 幼兒的聲音、說話的速度、臉部表情、身體姿態、動作、肢體接觸等透露出什麼態度或感受？
- 有什麼對話？（直接引述）
- 事件發生的順序如何？
  - ➤ 寫出大人做了什麼和說了什麼。
  - ➤ 寫出幼兒的回應。（口語和肢體）
- 這次接觸如何結束？
- 在事件之後，幼兒接著做了什麼？

幼兒和大人互動的紀錄（示例）

下面兩位幼兒以不同的方式與老師互動：

五歲的雪綸和母親抵達幼兒園，她面無表情的走進來，幾乎是拖著腳走。緩慢的環視四周後，她走向老師。老師打招呼：

「嗨，雪綸！」但是沒有得到回應。她再次說：「嗨，雪綸！」
這次得到淡淡的微笑。雪綸向鞦韆走去，鞦韆上已經有一位幼兒
在盪。她用身體抱住桿子等待。另一位幼兒，沒有理會雪綸，從
鞦韆下來。雪綸仍然緩慢移動，慢慢的坐在鞦韆座位上，開始擺
動雙腿。再一次她微微的笑。幾分鐘後，她自己一個人開始在泥
地裡認真的玩。然後她慢慢站起來，小心的帶著她的泥蛋糕走向
老師，拿著盤子，她面無表情、沒說一句話的站了幾分鐘。老師
「嚐」了她的泥蛋糕，驚呼：「好好吃！」她給老師一抹淡淡的
微笑，離開。

在放學時，四歲的宜旻走到老師前面，自信的說：「我會數
到 10。」老師說：「讓我聽聽看。」一邊單腳跳，宜旻一邊慢
慢正確的從 1 數到 10，過程中雙手張開來保持平衡。她給老師
一個微笑，眼睛睜著、露出前排牙齒，然後用兩腳跳著跑開。

●● 蒐集幼兒所處社會文化的資訊

當幼兒進入教室，他們不能把自己的社會環境脫掉、掛起來，像放書
包一樣；他們的整個文化跟著進來，包括父母、手足、其他親戚、朋友、
其他托育場所的人事物、寵物和生活場所，以及社區的文化、經濟、醫療
和宗教狀態。在觀察幼兒時，我們無法將這些重要的社會文化、價值觀和
信念的來源排除在外。

教保人員需要透過和幼兒的父母或監護人的持續接觸，來獲得幼兒在
園外及更大世界裡的圖像。因此，支持父母參與其年幼子女的教育有雙重
目的：(1) 可以增強父母作為子女權益倡導者的能力；(2) 能促使教保人員
熟悉家庭的社會文化脈絡。

建立家庭與幼兒園間關係最常見（但非唯一）的管道是個別親師會談

及較不正式的日常聊天。和家長建立有意義交流的關鍵在於教保人員能維持**開放**、能拒絕「**說教**」及能**傾聽**。家長最瞭解自己的子女，而且在大多數情況下，很希望能和**不作評價的聽眾**談論子女的情形。家庭與幼兒園的關係可以豐富我們對幼兒的知識。家長能提供的資訊包括：

- 幼兒的個性和發展狀態。
- 他們對於學校（幼兒園）經驗的期望和目標。
- 幼兒在家裡和社區裡從事的活動及範疇。
- 幼兒的玩伴。
- 令幼兒感到挫折、快樂、生氣、悲傷、興奮的情境或人。
- 幼兒園以外的托育安排。
- 家庭親近的人（或寵物）生病、死亡或住院情形。
- 幼兒和其手足、親戚、朋友的關係。
- 幼兒對於幼兒園的敘說（說了些什麼）。
- 任何影響幼兒的事件，例如：火災、竊盜、暴力、搬家、父母分居或離婚。

與家長的交流是雙向的，教保人員可分享自己從觀察紀錄中挑選的訊息，而知道教保人員關心及瞭解自己的孩子，且不帶批評自己之意，對家長是很重要的。

●● 記錄幼兒在教師主導之團體活動中的行為

在團體的架構下，每一位幼兒可能經驗到特殊的幼兒─教保人員關係，意思是說，幼兒和教保人員的一對一互動轉換成與其他幼兒分享教保人員，這種分享發生在非正式情境裡（如：必須和其他幼兒輪流，等待教保人員協助），以及正式規劃的活動裡（如：音樂課、說故事或校外教學）。

　　幼兒要多成熟才能享受和朋友共享共同經驗呢？做自己及用自己的速度和別人相處是一回事，和別人共同經驗一件事是另一件事。在團體情境裡，幼兒疑惑著到底是要聽大人的指示以試著討好她，還是要聽其他幼兒給的提示以試著讓他們接受自己？對大部分的幼兒而言，團體情境呈現了適應的挑戰。一對一關係的意義仍然非常大，而每一位幼兒能在一對一關係之外的情境裡運作的程度各有不同，幼兒在團體情境下（教保人員對團體說話或指示）的回應因此可能有別於當教保人員直接對他說話或單獨和他互動時的回應。

　　首先，在教保人員主導的團體活動裡，因為教保人員是對團體裡的全體幼兒說話，通常只有在要深究時才會和某一位幼兒說話（這也通常是幼兒為何不回應教師的全班性要求，收拾、穿脫衣或排隊的原因）。其次，幼兒之間明顯且激烈的爭取教保人員的注意或許影響了幼兒對團體活動的感受，例如：如果幼兒對於獲得教保人員的喜愛更勝於聽故事，便可能在聽一個很吸引人的故事時動來動去，同時推開別人擠到喜愛的大人前面。

　　或者，幼兒表現的能力也可能被周遭存在太多高要求的同儕所影響，這些同儕太常彼此比較，這種比較有時並不容易接受。因此，教保人員所建立的團體情境（即，每個人都做同樣的事），對幼兒可能是個挑戰，它與其他比較鬆散的團體情境非常不同，在那樣的情境裡，個人的行為和自己慾望及需求的連結較為緊密，不那麼受到同儕參與的牽制。由上，幼兒在教保人員主導的活動裡出現什麼行為本身有其意義，但可能與教保人員的意圖無關。

　　幼兒園的任何活動都可能讓幼兒想起園外的經驗，這也會影響他在團體的行為。例如：如果在家聽故事是一個可以享受故事又可以舒適的依偎大人的機會，那麼當他在幼兒園內聽故事時（既不能和教保人員有身體接觸又要和很多其他幼兒分享），會有很好的表現嗎？或者，如果幼兒本來就已經不太會單腳跳、兩腳跳或跳躍，在音樂課有其他肢體動作協調良好的同儕在場時，他很可能就無法自在的跳。同樣的，我們也應該能體會，

有些幼兒在開始走過地板時，覺得自己好像被周遭人的狂奔所淹沒的那種恐慌經驗。

觀察的細節

在教保人員安排的活動中觀察幼兒，我們要尋找一般性的幼兒—團體關係、幼兒—大人關係及活動的特別處。

- 幼兒對團體活動即將開始的宣布，最初的反應是什麼？
  - ➤ 接受：熱切的、喜悅的、已準備立即停止當下的活動、以平淡的方式跟著做。
  - ➤ 排斥：繼續當下的活動、磨蹭、拒絕、抱怨、跑走。
- 事件進行的順序：音樂課的內容、走到戶外散步地點、閱讀故事的內容和長度、對方案的指示？
- 大人扮演的角色：示範如何走、避免幼兒撞到彼此、演奏樂器、大聲朗讀？
- 對於和其他幼兒或其他大人共享一位大人，幼兒的反應如何？例如：當教保人員正幫助其他幼兒、正在跟其他教保人員或家長說話、在活動中指導全班（如：說故事、遊戲、散步、音樂），或做說明時：很容易就接受、忽略、打斷並要求注意、生悶氣、哭泣、發脾氣、等待大人回來、耐心的（不是屈服的）等待輪到自己？
- 如果幼兒參與活動，會做些什麼？
  - ➤ 幼兒如何做：用身體動作、臉部表情、話語回應？迅速的、衝動的、感興趣的、投入的？
- 如果幼兒沒有參與活動，會做些什麼：觀察團體、破壞、黏住教保人員、對團體置之不理、做其他的事、跑出教室？
- 幼兒如何回應大人的指示：木然的、欣然的、快樂的、不情願的、暴躁的、含淚的、生氣的？

●● 幼兒和大人關係的行為模式

我們可以從幼兒園生活的很多資料整理出幼兒和大人關係的模式，包括：大人和幼兒每天隨意的接觸（幼兒說了什麼和做了什麼）、例行性活動和使用材料與器材時的關係、扮演遊戲的角色及對角色賦予的意義，以及幼兒在教保人員主導活動時的行為。

幼兒和大人關係的總結

總結的內容可能渾然一體，也可能像蜈蚣有很多腳一樣的多面，主要是看教保人員能記錄多少內容，以及幼兒和大人交流的一致或善變程度。在幼兒和大人的關係方面，要整理下列面向：

1. 在不同情境下和大人的接觸有多頻繁：例行性活動、尋求允許、衝突時尋求協助、尋求材料、尋求主意、給予或尋求感情、尋求安慰、表達敵意、邀請大人加入遊戲、尋求注意（直接或間接）、團體活動？

   ➤ 和大人的接觸是否有某種特質：抱怨的、命令的、信任的、羞怯的、挑釁的、緊黏的、冷淡的、溫暖的、拘謹的？

   ➤ 幼兒是否有獲得注意的特殊機制：不停說話、打小報告、炫耀衣服／玩具／作品／瘀青等、帶禮物來、說家庭的故事、靠近身邊碰觸、尾隨在旁？

2. 當大人出現某種態度時，幼兒如何回應？

   ➤ 當大人露出感情時，幼兒是否也回以感情，還是看起來不自在、扭動身體、似乎受到驚嚇、身體僵硬、變得過分熱情、拒絕？

   ➤ 當大人提供協助時，幼兒視為權利的接受、變得依附無助、推開、變得生氣、一起討論、對做法感興趣？

   ➤ 當大人提供建議時，幼兒是勉強還是熱切的聽從、漠視還是看起

來感激、機械式照做、拒絕還是繼續討論問題？

幼兒對於教保人員的回應總結應該要顯示下列狀況：

➤ 對於這個大人的依賴（及可能的其他大人）。

➤ 對於這個大人的拒絕（及可能的其他大人）。

➤ 平等對待大人的能力、能適當的接受或拒絕大人的提議。

3. 當教保人員以控制、壓制的方式來限制幼兒的行動和感受時，幼兒
   如何回應？

➤ 當教保人員訂下限制時（如：團體規則或否定個人的權益），幼
   兒公開的反抗；以徘徊、放慢速度或繼續原來工作的方式消極地
   抵制；認真的接受；接受但沒有情感投入；接受且說出接受的理
   由；接受且像鸚鵡一樣的重複指示。

➤ 當教保人員批評時，幼兒哭泣、噘嘴、開心的接受、露出興趣、
   變得挑釁、生悶氣。

幼兒對於權威型教保人員的回應總結應該要顯示幼兒這個人是：

➤ 會遵照指示：對幼兒而言，服從大人的指示似乎比遵從自己的想
   法來得重要；對於大人的願望有一貫屈服的模式。

➤ 拒絕權威：用任何一種模式來拒絕權威，包括：反抗、質疑，或
   無動於衷。

➤ 在實現自己想法和願望及接受合理的限制兩者之間找到平衡。

幼兒和大人互動的行為紀錄（示例）

針對此，以下是一些必須問的問題：有哪些證據顯示幼兒逐漸脫離大
人的依賴而獨立？是否在例行性活動、材料使用、和其他幼兒的關係、認
同其他幼兒而非認同大人（也許甚至與大人對抗）的觀察紀錄中可看到？
幼兒是否展現過度依賴、過度堅持獨立、害怕陌生大人、持續對大人的敵
意、過度向大人（包括陌生人）表露情感？

以下是兩位四歲幼兒的總結，顯示荷西逐漸擴展他與大人的關係，而

相對的，安曼達仍堅持她接觸大人的方法：

荷西剛入園的頭兩個月，似乎很常需要從老師那裡確定自己做得對。他很少說話，但會質疑的抬起眼睛，好像在說：「這樣可以嗎？」老師點個頭或微笑一下，他就會拿起紙和蠟筆或其他材料開始工作。但是一次又一次的，他會用眼睛尋找老師。任何工作完成後，他總是慢慢的、驕傲的走到老師前面，說：「你看，這是給我媽媽的！」由於他經常在通往廚房的走廊上漫步，有一天老師問他願不願意陪她去拿果汁，他熱切的點頭，走出走廊到廚房，走得比平常快。在廚房裡，他開始了和廚師的友誼。他觀察了幾分鐘後，跟她說：「我喜歡這裡，我們今天要吃什麼？」之後，荷西每天陪著老師走進廚房，且當廚師準備果汁時和廚師聊天。

荷西似乎會被每一位參訪的大人所吸引，他總是會慢慢的、謹慎的移到訪客旁邊，展示他做的東西尋求認可和讚賞。有一長段時間，人家跟他說話時他只是低頭微笑，但現在，如果人家問他，他已有足夠的勇氣告訴人家他的名字和年齡。如果他們稱讚他的工作，他會很開心，在他們旁邊徘徊直到他們離開。

學年一開始時，除了在每日例行性穿衣或上廁所接受大人的幫助之外，安曼達在大人注意她的時候很明顯的感覺很尷尬，她用姿態、手勢、聲音、臉部表情和身體抽搐來顯示她的尷尬。後來，她會用大聲的說個不停、大笑、古怪可笑的舉動、爬著表演、假裝不會穿衣服來吸引人家注意（實際上她剛開始時不需要人家協助就能穿衣服，除了還不會把衣服穿到正確位置）。現在，她仍然用這種方式吸引注意力，但是不像以前那麼頻繁。她會來讓我們看她的洋裝（她經常穿長褲），要求我們讓她幫忙發東西。她上廁所時也尋求協助，她其實並不需要幫忙，但是她顯然想要老師在廁所裡。

Chapter 7

認知運作的線索：發展取向

我們要怎樣辨認一位有學習能力、能解讀世界及個人經驗的幼兒呢？在本章我們要探討認知運作的**方法**（how）和**內容**（what），也就是：幼兒如何學習和幼兒知道什麼兩個面向。

●● 幼兒如何學習？

Piaget（1962a, 1962b, 1965）、Vygotsky（1976）、Gardner（1999, 2006）及其他人讓我們明白，幼兒很努力的解讀自己經驗的意義，也讓我們明白「智能」（intelligence）實際上是多面向的能力，並不僅限於傳統觀點的語言和數學能力。幼兒持續從每日生活中和他人、場所及事物的互動經驗形塑出一個他們能理解的現實世界，很自然的，他們的理解受限於一種自我中心式詮釋。但是，除非大人限制他們只能學習大人要他們學的，不然幼兒傾向自由快樂的多方探索。當然，幼兒需要向大人學習，但他們並不會限制自己只遵循大人主導的路徑，除非父母和教保人員誤解了幼兒的好奇心而堅持壓抑幼兒的探索。

人類的學習能量是靠好奇心餵養、茁壯的；好奇心是每一個人生來就有的權利，也在出生那一刻即開始行動。閱讀下面這一則 1900 年一個不到一個月大嬰兒的描述，看看好奇心出現得有多早：

> 這是 25 日的晚上，在火爐旁，寶寶心滿意足的躺在奶奶的
> 腿上，用專注的表情看著奶奶的臉。我進來，坐在旁邊，彎身去

看寶寶，我的臉正好在寶寶視線範圍內。此時，寶寶轉動眼睛，用著同樣專注的表情，甚至是努力的（從眉毛和嘴唇有點緊張顯現），然後把眼睛轉回奶奶的臉，再轉到我臉上，這樣來回好幾次。最後一次她似乎把眼光放在我肩膀，上頭有燈照過來的光線，她不只移動她的眼睛，還把頭往後抬以便看得更清楚，她用一種新的表情盯了一會兒──我在筆記本上寫下：「一種朦朧的、原始的渴望。」她不再是盯著看，而是真的在看。（Shinn, 1985, pp. 65-66）

一般而言，對於探索環境的強烈好奇心會貫穿整個兒童期。以下是好奇心在郊區一所幼兒園教室裡的樣貌：

當教室裡的黃金鼠死了，老師帶領幼兒到院子的角落埋葬這隻寵物，為牠的墓做了一個小標誌。第二天，一些幼兒好奇黃金鼠什麼時候會到天堂，問老師，他們可不可以挖開墓來看屍體。老師同意。幾天之後，他們的好奇心滿足了，便停止這個活動。

下一則紀錄可再次看到好奇心出現在兩位一年級學生自己主導的活動裡，請注意艾瑞拉如何運用「私語」（private speech；一種顯示她思考能力的線索）來指引自己的注意力（Vygotsky, 1986；此概念將於本章後續討論）：

一早，六歲的艾瑞拉第一個到教室。繞了教室幾分鐘後，她問可不可以去抓那隻叫「討厭鬼」的公束帶蛇。她得到老師的允許，在老師的協助下把蛇從箱子裡拿出來。艾瑞拉忽然抬起頭，好奇的問：「牠尾巴上那個是什麼？」她一隻手握著蛇，溫柔的用另一隻手摸著牠的尾巴。蛇在她手上捲成一個複雜的結，然後她開始移動手，興奮的看著蛇在她手上做體操。她往下看著蛇，柔聲的叫牠的名字，說出「討厭鬼」。她這樣做了幾次。瑪麗安

走過來，手裡抓著叫「鑽石」的母束帶蛇。她對艾瑞拉說：「牠
這邊真的很冰。」瑪麗安把蛇抬高，看著牠身體下方。艾瑞拉很
快地看了「鑽石」一眼，然後瑪麗安走開到地毯上玩蛇。

●● 幼兒時期思考的發展

對於環境的好奇心、對於探索新情境和場所的慾望，以及需要操弄和
實驗新物品及材料，這些都是幼兒天生的特性。這些特性是學習的基本元
素，和記憶能力（能記住所學）一樣重要；它們對人類是這麼基本，根本
不需要教，除非幼兒的發展遲滯或因環境侵害而危及。

這個探索發現的生理需求帶來的結果是：世界各地的人似乎都探索了
物理世界和社會現實中一些常見的現象，並賦予其形式類別和意義（雖然
不同文化所用的方法不同），其中包括物質、數字、空間、重量、時間、
觀點、容量、距離、道德、社會互動及正義。

Piaget 對幼兒的研究（1962a, 1962b, 1965; Piaget & Inhelder, 1965）顯
示，在每一個社會裡，每一位兒童都會一再的尋找物理現象及社會現象的
意義以理解世界。心智成長不只是量的成長（純粹事實的累積），也是質
的成長（理解能力的增長）。心智成長根本的改變了幼兒看世界及認識世
界的方法，而這個改變是質性的，無法被量化工具所測量。雖然目前標準
化測驗已被大量使用，但目前仍不清楚標準化測驗能否測出幼兒理解現象
的程度。因此，教保人員需要知道幼兒階段心智成長的重要歷程，才能記
載該歷程並思考其對於課程規劃的意義。這代表我們應該尋找並且找到
幼兒思考及發展高層次心智的證據，至於幼兒知道什麼（即，知道的訊
息），也可透過良好的觀察而記載下來（請參見第八章）。

兩個重要的概念：同化與適應

作為幼兒的觀察者，我們參考 Piaget 的理論來瞭解幼兒思考的

意義。所有的人都一直在解讀來自周遭的訊息。依據 Piaget，人有兩個終生進行的歷程驅動著認知發展 —— 同化（assimilation）與調適（accommodation）。

1. **同化**：是解讀經驗的意義後將其融入既有認知概念的歷程。
2. **適應**：是同化的互補歷程，指調整既有的世界概念來順應現實經驗的歷程。

當這兩個歷程達到平衡（equilibrium）時，人會對自己目前的理解感到自在，但是，當新經驗或新訊息引發對既有理解的懷疑時，便會產生不平衡（disequilibrium）。「每一次的認知平衡都只是部分，每一個既有的平衡都必須往更高形式的平衡（更充分的認知形式）演進。」（Goswami, 2008, p. 374）。下面呈現同化／適應在一位幼兒身上作用的實例：

> 兩位四歲幼兒檢視最近才放在教室的一隻寵物——黑色的大兔子，他們叫牠「狗狗」（他們目前的認知概念）。他們之前從來沒看過兔子。在抱和看兔子幾天之後，看到兔子是用跳的、有長長的耳朵和鬍鬚、不會吠，幼兒經驗到一些認知失調。他們開始吸收這些跟狗不一致的特性，過了一段時間，他們調整他們的概念——拋棄「狗」，納入「兔子」。

幼兒時期的思考階段

在 Piaget 的階段論裡（1962a, 1962b, 1965; Piaget & Inhelder, 1969），幼兒對於物理世界的學習，一開始是**感官動作**取向：幼兒透過自己的感官和自己的活動來吸收世界的知識。例如：一位八個月的嬰兒咬著一塊軟積木的角角，他正在學習物品的質地、重量和形狀。當幼兒成熟些，有了新經驗後，他們思考的方式會改變。在二、三歲間，他們的思考會變

成前運思取向（preoperational），之後大概七歲時，會變成具體運思取向
（concrete operational）。描述於下：

前運思期的思考。幼兒在此階段主要是相信他們感官明顯感受到的。
他們相信字面上的意義，以具體方式思考。他們受到視覺的制約，前運思
期的幼兒會說：「十個一分錢不可能是十分錢，十分錢比較小。」依據
Piaget，前運思期幼兒主要是用「自我中心」的觀點來看物理世界，表示
幼兒還無法從別人的觀點來看事情。要幼兒理解一個人可能有一個以上的
身分（如：消防隊員同時是個父親，或醫生同時是個媽媽）是很困難的。

下面紀錄裡，前運思期的四歲幼兒並不瞭解，當幼兒的老師和在市區
廣場工作都是**上班**：

> 薩克問老師她要上班嗎（他自己的母親在鎮中心廣場內一間
> 大商店當業務員）。
> 「是啊，我要上班。」老師說。
> 薩克回答：「妳在哪裡上班？在市中心廣場嗎？」

其他前運思期的例子顯示，幼兒因為很難區分有生命和無生命，很常
把生命投射到那些沒有生命的物品上，他們可能把葉子舞動的影子或迅速
移動的雲看成是活的；當死亡真的發生時，他們更難理解生命和無生命的
區別。聽聽下面紀錄裡三歲幼兒說的話：

> 凱特雅和安東尼發現教室水箱裡的魚身體膨脹、浮在水上。
> 他們叫老師：「嘿，我們的魚發生事情了。」老師告訴他們魚已
> 經死了。她用一枝小網子把魚撈出來，放在一張紙上。
> 「看，牠不動。」安東尼說。
> 「牠不動因為牠死了。」老師解釋。「你們覺得我們要怎麼
> 辦？」
> 「把牠放回水裡，牠就可以游泳了。」凱特雅回答。

　　他們的老師照凱特雅的話做了，並且協助幼兒注意到魚仍然浮在水上，以此方式引導他們理解魚已經死了。但是，幼兒親密且個人的經驗，如家人或寵物的死亡，很有可能會影響他們對於世界的理解，以及擴大他們對於死亡的理解。

　　轉銜時期（A Transitional Period）。依據 Piaget 與 Inhelder（1969），在前運思期和下一個具體運思期之間有一個轉銜期，在此期間，前運思幼兒開始從前一種形式的思考鬆脫。新近抵達此理解程度的幼兒不全依賴他們的感官，他們開始有「保留」（conserve）的能力。例如：他們不再相信把一塊餅分開成幾小塊會讓他們吃得更多。他們可以在頭腦裡保留最原始的全部，儘管視覺上已有變化。

　　每個認知概念的保留能力並非都同時或平均的發展。一位幼兒在六歲時，誤以為把吐司對角切出來的半個三明治比垂直對半切的半個三明治大；一年後，她七歲時，當人家說起那次事件時，她大笑，顯示她現在已理解「形狀並不決定量」。另一位六歲幼兒可能對於量的抽象概念很有自信（全部的餅乾等於所有部分餅乾的總和），但可能仍然不確定十個一分錢等於一個十分錢。

　　具體運思期的思考。一旦幼兒進入轉銜期（或用 Piaget 的說法，已經發展出「保留」概念），他們會用確定的口氣說出他們認為真的事情（無關他們的眼睛看見什麼），而且**能說明原因**。他們不再受感官所限制，對於抽象的特性（如：容量或質量）的理解讓他們瞭解一團黏土變形為一條長長彎彎的蛇，然後變成一連串的小圓球，然後變成一個大圓球，最後變成一個雪人，自始至終黏土的量都是一樣的。

　　當幼兒能瞭解物品和事件可能具有無法從外在看見、聽到、觸摸、嗅聞或嚐出的特性，但那些特性確實存在，他們變得比較不依賴感官知覺來作為意義的主要來源，也因此變得比較不**自我中心**，他們能處理一些非具體的現象了。例如：他們從經驗中已知道很多看起來不一樣的東西可以都

是溫暖的，代表他們已掌握了一種抽象的存在（溫暖的概念）；又例如：知道天空明亮和黑暗並不總是跟自己起床和睡覺有關，表示他們已能掌握光和暗有其客觀的存在；知道同樣的數字符號（如：4）可以用來代表年齡（4歲）、時間（4點）、場所（4樓）、重量（4公斤）、數量（車子的4個輪子）等，表示他們已掌握數字作為一個抽象概念有其本身的意義——數字不再被視為是某個人（如：幼兒）、建築物、車子或電視的一部分，而是有它自己存在的意義。一旦幼兒掌握到這個，他們便能理解和發展數字關係、能實驗部分與整體的關係、能還原部分為整體。他們已可處理各種抽象概念，前提是這些概念可在相關的具體行動中知覺到；例如：當使用天平來平衡兩個不同大小和重量的物品時（如：槌子、六枝鉛筆、一袋軟木塞、一個小釘書機、一個大紙箱），幼兒現在能接受大小和重量不一定相關。依據 Piaget（1962a, 1962b; Piaget & Inhelder, 1969），如果這些概念只用話語來教，幼兒是無法理解的，而且這些概念在前運思期也根本不可能掌握；不過，如果幼兒能透過具體的經驗發現抽象概念，而且他們的發現能被教保人員、自己或同儕重視及認可的話，那些具有保留概念的幼兒便能理解與抽象概念有關的很多關係。幼兒的思考至此已經蛻變，他們能依賴認知思考而不再只依賴感官知覺。

●● 如何知道幼兒的思考方法

幼兒的思考方法受到兩個因素的影響，其中一個因素是成長，是在某個社會及文化背景裡生理發展和經驗的結果，有階段性；另一個因素沒有階段性，指的是一個人終其一生運用的個人獨特方法（雖然可能會因自我學習或他人輔導而有所修改，將在第八章呈現）。雖然我們可以分別探討這兩個因素對思考方法的影響，但在現實裡它們是一起運作的（連同情感一起），因為幼兒總是以全人方式行動。

我們可在幼兒使用遊戲材料、畫圖、寫字、敘說故事、進行特定的讀

寫活動、實驗及和別人說話時，觀察到幼兒的思考方法。

語言和行為作為思考的線索

　　大部分的幼兒喜歡說話，一旦他們開始熟練語言，他們就會穩定的使用，使技巧一直增進。透過聽幼兒對彼此和對大人說的話，教保人員不僅能知道幼兒理解什麼或誤解什麼，還能知道他們的思考是什麼樣子。在學前時期，幼兒運用的**思考歷程**對於他們的影響遠比是否知道正確答案來得大、來得深遠；他們的錯誤答案提供了有關他們思考的線索。

　　例如：四歲的珍娜站在懷孕的老師旁邊（老師的肚子很大），說：「妳知道我為什麼不能生寶寶嗎？」老師說：「我不知道。」珍娜回答：「因為我不會走路。」老師接著問：「妳為什麼這樣說？」珍娜回答：「因為我不會這樣大肚子走路。」

　　幼兒用以做出結論的**思考歷程**，在此階段，是比答案更為重要的，雖然答案本身也有價值。除了觀察幼兒如何對其他幼兒和大人使用語言，注意他們的自我對話〔稱之為私語（private speech）〕也很有用。幼兒出現私語的現象，Piaget（1962a）稱之為自我中心語言，認為它佐證了幼兒認知的不成熟；相反的，Vygotsky（1976）認為私語發源於嬰兒和父母溝通的社會脈絡裡，後來成為解決問題和使用內在聲音思考的媒介。研究顯示當幼兒使用自我指導的私語時，成就很大，因為內在語言協助他們理解和掌控他們的環境（Berk, 2004）。從以下的例子可見：

　　　　約拿斯，三歲半，正在使用一個設計給年紀較大兒童玩的玩
　　　　具，試著把小釘子放到一個發光板子的洞洞裡。他一邊這麼做，
　　　　一邊用嚴肅的語氣說：「這很難。」

　　當幼兒用私語或自我對話來描述自己的活動、表達情感、玩語言、調整肢體活動、聚集自己的注意力、進行自我主導的幻想遊戲，以及解決問題的時候，他們以此自我調整（Berk, 2004）。

　　有些從雙語環境來的幼兒剛開始可能無法發出像單語幼兒那麼多的語言（Tabors, 2008），但是「接觸兩種語言系統的經驗能增強他們的心智彈性（mental flexibility）、概念建立及後設語言的能力」（National Research Council, 1998, 引自 Meece, 2002, p. 263）。

　　幼兒的語言雖然重要，但並不是瞭解他們思考歷程及理解的唯一線索；對某些幼兒而言，語言甚至不是主要的線索。幼兒思考的很大部分都伴隨有身體動作，因此我們通常能從他們的行為直接推衍出他們的思考歷程。我們可以很容易的在他們眼睛和臉孔看出好奇、從他們積極活動的手看到探索和實驗、在他們的姿態和表情裡看到專注、在他們持續從事某項活動中看出堅持和投入、在假扮遊戲中看到創造力和想像力；同樣的，我們也看到看起來分心的行為，伴隨著似乎隨意、無意義的姿勢，且一事無成。在幼兒時期，學習是個主動的歷程，我們可透過幼兒的活動推斷幼兒是否投入、是否掙扎、是否有意圖、是否有想像、是否有整理，這些都是思考的基本要素。觀察下面這位三歲半的幼兒：

　　　　伊奈達走到桌子那邊，桌上老師放了兩盒牛奶、四個杯子（疊在一起）、一盤桂格餅乾。沒說一句話，伊奈達拿起一盒牛奶，謹慎的打開。「看，」她說，很驕傲的微笑（別人曾教她如何打開牛奶紙盒而不碰到開口，她做得很好）。伊奈達把杯子分開，她安靜的用眼睛數，四個杯子，沒有用手指，然後用眼睛數了桌子的三位幼兒。她起身，把一個杯子放回食物推車。那時，另一位幼兒，雪柔，坐到伊奈達旁邊，笑著，伊奈達說：「等一下。」走到推車拿一個杯子給她。

　　大家都同意這位幼兒在思考和推理吧？在另一個非常不一樣的情境裡，四歲的羅賽麗也很專心的投入於她正在做的事。她有學習任何事情嗎？她經過什麼樣的歷程來學習？她對自己說的話如何顯示她的思考？

在水箱桌，羅賽麗用漏斗倒水到一個高瓶子裡。她很滿足的倒，慢慢的、帶點節奏。她注意到水從瓶子上的一個小洞流出來，她說：「尿尿。」然後繼續把水倒進瓶子裡。她停止，看著水流出來。接著她拿了一個水車，用杯子很快的把水倒在上面，拿起另一個瓶子，裝滿，然後把整瓶水倒在水車上。這使得水車轉得很快，轉了一陣子。她笑著說（沒有特別對什麼人）：「耶！耶！」接著她注意到海綿，把它放在水底下，慢慢向下壓擠，然後放開，這樣做了幾次，整個身體跟著上上下下動。

此幼兒有方法、有系統的活動，從認知的觀點來看，她正在獲得知識。從探索水的性質中，她已經把水的流動連到自己比較熟悉、比較個人的身體流出來的水，她已經學到動作要快且要施予壓力才能讓水車轉動，她也已經獲得有關海綿特性的知識。這整個過程裡，她所有的觀察、探索及實驗都充滿著節奏，增強了她的身體節奏感。

在下面的紀錄裡，我們看見一位二歲幼兒沒有用任何話語的做「數學」：

賽達坐在沙池裡，拿起四樣東西：一個湯匙大的小鏟子、一個半杯大的中鏟子、一個兩杯大的大鏟子，以及一個很大的水桶。他把水桶放在兩腿中間，把最小的鏟子裝滿沙，倒進中鏟子；他放下小鏟子，拿起最大的鏟子，接著把沙從中鏟子倒入最大的鏟子，最後再倒入水桶。他放下最大的鏟子，拿起最小的鏟子，開始重複剛剛的過程。他繼續這樣的過程直到水桶裝滿了。他把水桶翻過來，倒出沙子。他站起來，踏在沙堆上，然後離開。

下面是兩位三歲幼兒的紀錄，她們掙扎著解決一個不一樣的認知任務，一個需要看見部分與整體關係的任務——拼拼圖。同樣的，在這裡，

她們的動作是顯現其思考的主要證據，而她們的私語顯露出她們如何指導（並標示）自己解決問題。很清楚的，妲西給予的協助提供了愛碧一個學習的情境：

> 愛碧自己一人專注的坐著拼拼圖。很快的拼完很明顯的拼圖片後，她開始掙扎的拼剩下的。她試了一個，接著另一個，每次失敗她臉上就閃過一抹淡淡的苦笑。老師建議妲西幫助她，因為她很熟那個拼圖。妲西坐在拼圖的一邊，愛碧坐另一邊，兩個人都沒說話。妲西拿起一塊拼圖，試了好幾次，才找到適合的地方放。「放這裡。」她輕輕的說，比較像是對自己說而不是對愛碧說。愛碧往後靠，仔細的看，兩隻手各拿一片拼圖。她很感興趣的看著妲西擺進第二塊拼圖。
>
> 接著愛碧向前傾，試著放一塊進去。「這個放在這裡。」她用著權威的口氣對妲西說。「不對～」妲西反對，從那個地方把拼圖拿開，放入另一塊。愛碧坐回座位，看起來有點驚訝，但順從的讓妲西拿開。她們輪流放拼圖，一起完成拼圖。唯一的口語溝通是偶爾的「那裡」或「放那裡」。
>
> 當她們完成，愛碧拍拍拼圖，咧開嘴笑，驕傲的叫：「完成了！貝漢老師。」她接著把拼圖翻過來，重新拼，專心且安靜的拼。

依據 Vygotsky（1978），語言是一種社會媒介，在幼兒的學習扮演很重要的角色。在下面的紀錄裡，教保人員發現了貝提娜的思考取向：

> 七歲的貝提娜加入一個拼三層立體拼圖的小組，但她不知道怎麼拼。她和兩位幼兒、實習老師（懷斯老師）、班級老師（歐利佛老師）一起坐在桌子旁。歐利佛老師指出外面一圈拼圖的邊邊比較平，裡面拼圖的邊邊比較彎曲。他們一起找出外圈、邊

邊平的拼圖。歐利佛老師拿著兩片拼圖平放,讓大家看要擺在上層的拼圖會比較厚。拼到第三層,貝提娜說:「讓我自己來。」她繼續放入兩片拼圖,需要歐利佛老師協助的地方越來越少。最後,貝提娜拿著拼圖去找懷斯老師,用歐利佛老師的話和技巧,教懷斯老師怎麼拼。

歐利佛老師的支持行為可定義為「鷹架」(scaffolding)(Berk, 2004, p. 83),指的是大人透過有焦點的提問和正向互動來引導幼兒學習的方法。歐利佛老師的引導式參與(guided participation)促使貝提娜能完成一件她原來無法做的事情,經過練習之後,她能夠自己做,還能教別人做。Vygotsky 將此稱為幼兒在「最近發展區」(zone of proximal development)範圍內漸增的獨立能力(1978, p. 86)。歐利佛老師協助貝提娜往到高一層級的能力發展,且在過程中逐漸熟悉貝提娜的思考能力、學習風格及堅持不懈的精神。

依據 Vygotsky(1978),社會互動和非正式教導對於幼兒的學習占有首要的角色。他的觀點對於教保人員角色的啟示為:與其倡導等待幼兒成熟、準備妥當後再教,此觀點鼓勵教保人員因材施教——依據幼兒逐時逐刻的理解狀況來調整協助的量及步調。教保人員負責提供活動和周遭環境的架構,使得對幼兒的要求在任何時刻都是在適度挑戰程度之內;當大人提供這樣的協助時,幼兒的能力會增加。

聽幼兒說

要發掘幼兒知道什麼,最直接和最明顯的方法是仔細聽他們說話。下面幾則紀錄裡的幼兒都不超過六歲:

瑪莉恩在一次團體討論時,評論:「14 號之後就是我最喜歡的號碼,15,我住在那一樓。」

諾亞抵達幼兒園，直接走向法拉德，一隻手握拳。但是走到法拉德前面時，他把手打開，給他看裡面的內容。「那是什麼東西？」法拉德問。

「這個不是『東西』。」諾亞回答。「這是種子，如果你把它種下去，你會有更多。」

一位老師幫幼兒們把線穿過針孔，為了延緩幼兒一直尋求幫助的壓力，問：「為什麼我不能一次穿很多個？」

查理說：「因為你只有一雙手。」

艾斯特忽然很活潑，猛然大叫：「章魚能做很多事。」

「為什麼章魚可以？」老師問。

「因為牠有八隻腳。」艾斯特回答。

妮可在小組時間說：「我今天晚上要飛去渥徹斯特，很快就到了。」歐文加上：「嗯，我曾經飛到波士頓，波士頓和渥徹斯特很近。」

未經正式教導，幼兒就能想到、知道及理解這麼多不同的東西。仔細聽他們說話，我們發現幼兒也會誤解或錯誤的詮釋訊息，或者「知道」的和大人不一樣。在下面的例子裡，黎安「知道」他的年齡，他可能也「知道」如何數到 5（唱數或用東西數），但是他還不理解數字。在下面的紀錄裡，他專注於數數的最具個人特性的部分：

當老師在三歲班裡數人頭時，她唱道：「1、2、3、4、5。」當她點到黎安的頭，唱「5」時，黎安打斷她，很嚴肅的說：「不對，我是3。」

觀察和記錄幼兒說了什麼，讓我們對於幼兒知道什麼相關訊息及解決問題的方法有深入的見解。在下面的例子裡，學前幼兒對於金錢和數字這

兩個概念都有一些知識，但或許尚未完全理解。他們不理解的是數量單位的意義：

> 在拼貼桌子上，裘西和梅莉兒（都是四歲）正在剪貼。
>
> 裘西抬頭看，說：「我和哥哥有世界上最多的錢，我們有一百塊。」
>
> 塔拉，將近五歲，說：「我們有一億，妳知道，那比一千少。」
>
> 裘西堅定的說：「我們有零用錢，我有十分錢，我哥哥有二十五分錢。就是這樣。」她堅定的補充。
>
> 塔拉回答：「我一個禮拜有五分零用錢……如果我帶寶寶下樓。」

在下面紀錄裡的男孩們瞭解戰爭是發生在不同的人群之間，但並不清楚用來指稱作戰雙方的名詞有其意義：

> 三位五、六歲的男孩在用積木搭蓋直升機、機關槍和摩托車，邊玩邊說：
>
> 杜威：這場戰爭是壞人和美國人打。
>
> 哈利：這場戰爭是黑武士和美國人打。
>
> 諾爾：是南美洲打美國。

在下面紀錄裡的對話呈現一群五歲幼兒在一個社會架構裡思考和解決問題的歷程。這個例子對教保人員有一些含意：傾聽，並思考如何促使幼兒能更進一步的解決柔伊所帶來的問題（她說下一個寶寶會是黑色的）：

> 柔伊（白人）在幫一個黑人娃娃洗澡。威爾（非裔美人）在旁邊看。
>
> 柔伊：你可以看，但不可以碰娃娃。我阿姨今天生寶寶。

威爾：妳怎麼知道是今天？

柔伊：我媽媽告訴我的。

威爾：哦？那他會長什麼樣子？

柔伊：我怎麼知道？

威爾：嗯，如果妳知道是今天，妳為什麼會不知道他會長什麼樣子？

柔伊（厭惡的口氣）：因為我不知道！

威爾：嗯，會是白色還是黑色的？

柔伊（向下看看娃娃）：可能是黑色。

威爾：妳阿姨是什麼顏色？

柔伊：她是白色的。

威爾：喔。

柔伊：不管怎樣，我回家就知道了。

　　第二天，威爾和柔伊午餐時坐在一起。

威爾：妳阿姨生寶寶了嗎？

柔伊：有，是個女孩，我很高興。

威爾：她是黑色還是白色的？

柔伊：這個是白色的，也許下一個會是黑色的。

幼兒思考方法的觀察指引

● 幼兒是否在檢視和使用特定材料後做出推論？例如：黏土因為太多，水變得太軟了；如果你壓太用力，蠟筆會斷。

● 幼兒是完全依賴或部分依賴具體物品或具體經驗來理解及學習概念？例如：某個幼兒數了數有多少人要畫畫（五個），然後去拿五枝畫筆，每個人分一枝；另一位幼兒的做法是，一人給一枝畫筆，直到每個人都拿到一枝。

● 當沒有具體材料時，幼兒的理解有多正確？幼兒是否困惑？是否過

一陣子就理解？

● 幼兒能否從別人的角度看一個事件？以下的例子顯示其中一位幼兒能理解別人的觀點，另一位不行：兩位五歲幼兒看著同班幼兒的頭髮。珊曼說：「她剪了頭髮，現在巴契曼老師會認不出她來。」迪亞哥說：「她會認出來的──從她的臉。」

● 幼兒有邏輯嗎？例如下面的兩個示例，第一則紀錄裡，四歲幼兒在解決問題時顯露出邏輯思考。

柔菲亞和薇拉用大空心積木蓋了一間「兩房公寓」，連到班傑明和雷蒙蓋的房子。班傑明戴著一頂硬帽子，試著把一張小椅子搬進房子裡。

「我要怎麼搬進去？」他很困惑。門不夠寬，雖然積木只蓋到他的腰那麼高。

柔菲亞看一眼，建議：「把帽子脫掉，把椅子抬到你頭上。」

班傑明搖頭，但雷蒙替班傑明把椅子抬起來，舉到他頭上，搬進房子裡。

● 第二則，是一位六歲幼兒寫的信，顯示她能回顧過去及能理解人類生活和關係中的時間順序：

親愛的媽咪：

母親節快樂！我愛妳，因為妳創造了我。如果妳的媽咪沒有被她的媽咪創造，妳就不會創造我。

愛你的米達莉

● 幼兒是否看見部分─整體關係？在什麼脈絡下？是否漏掉什麼？幼兒是否認為把一片餅乾分成幾片、一塊黏土分成幾塊，或一枝蠟筆分成幾段的話，就是變得更多？當幼兒理解部分─整體之間的關

係，他們就能用不同的方式表現出來。例如：瑪西（快三歲）表現出她所知道的：

> 瑪西幫老師清理桌子，把拼圖片收起來，拼回拼圖裡。當所有的拼圖片都拼好後，她把手指頭放在一個空缺上，很嚴肅的宣布：「我們這裡少了一片，這裡不見了一片。」老師在其他的拼圖裡發現那片不見的拼圖，拿給瑪西，她把最後一片拼圖擺進去，尖叫：「我拼好了！」上上下下的跳著。

● 幼兒察覺到順序嗎？例如：幼兒上廁所是否需要協助？她知道在上廁所前要先拉下褲子和內褲嗎？當幼兒察覺順序時註記下來很重要，因為那是一個很重要的組織訊息的原則。

● 幼兒是否理解因果關係？哪些關係？對於哪些是混淆的？例如：有些幼兒持續把果汁從果汁罐倒進杯子，著迷的看著果汁滿出來；有些幼兒會在果汁快靠近杯口時停止倒。

● 幼兒用來分類物品的標準是什麼：興趣、功能、主題、顏色，還是其他？例如：把同樣形狀的積木分在一起後，再放回積木櫃；把畫筆、蠟筆或釘子正確的放回各自的容器裡；把兒童分為年紀大的和年紀小的。

● 幼兒是否使用多於一種的標準來分組或分類？例如：他知道他的老師既是老師又是父親（參見前面有位幼兒詢問他的老師是否在市區廣場上班的例子）？當幼兒把材料和遊戲物品分類時，他的分類會一直維持還是會改變？

一組五歲幼兒在進行分類活動（把一大堆鈕釦放到一個盒子內的六個格子內）時，創造了自己的類別。一位幼兒領先分類：「……這些是有兩個洞的，這些是有四個洞的、黃色的、藍色的、咖啡色的……」然後他撿起兩顆鈕釦，一個是手的形狀，一

個是大象的形狀，他把這兩個鈕釦放入第六個格子內，說：「這是有趣的鈕釦。」

● 遊戲、藝術作品、書寫、動作都可作為表徵經驗的符號（symbols），幼兒如何使用這些符號？依照傳統的方式，還是自由的、獨特的？經常使用，還是很少使用？幼兒是否會為扮演遊戲而改造材料成為道具？是否會使用字母來造字或用來推想是哪個字？

　　海燕，一年級，已經熟悉字與音的對應關係，可以使用自創性符號或文字來寫故事。在一個描述她和家人一起吃龍蝦的故事裡，她寫道：「我拿起一快（塊），上面方（放）了一些奶由（油）。我叫我的姊姊長（嚐），可是我的姊姊沒丁（聽）到。我就說：『注一（意）！我在跟你說中（重）要的事。』」[1]

● 幼兒如何理解有關「關係」的抽象概念？當一位九歲兒告訴一位五歲兒說，她有一個「一半的弟弟[2]」，五歲兒問：「那他怎麼走路呢？」

● 幼兒是否已形成且會表達概念？哪些概念？如何表達？用口語表達？透過動作？在遊戲裡？

　　在二年級教室的午餐時間，莉莉，一位英語學習者，坐在桌子吃午餐。她拿起她的水壺，直接拿到臉前方檢查。她評論：「這裡面的水沒有融化。」然後和老師眼神接觸，再說一遍她剛剛說的話。

---

[1] 原文如下：I took off a *pice* and *tryed* it with some *buter*. I told my sister to *tast* it but she did not *here* me, so I said "Pay *attenshion*! Im telling you something *importent*."。譯文中，括弧內的字為正確的字。

[2] 原文為 half brother，指同父異母或同母異父的兄弟。

● 幼兒是否有幽默感？覺得什麼東西有趣？

　　一群四歲幼兒走在往體育館的路上，一位老師說：「亨利，跟上你的夥伴。」他的夥伴說：「亨利的拼音是噴你[3]。」開始大笑。亨利也跟著笑。

● 幼兒喜歡玩語文遊戲嗎？

　　一位三歲幼兒在戶外，沿著一長列大型積木跳著，一邊大聲地唱著：「馬兒，跳兒，馬兒，馬兒，馬兒」。

● 幼兒是一個喜歡冒險的學習者？其冒險是否有智慧？他是否展現能力？
● 幼兒在從事一項活動或探索一個問題時是否會堅持？
● 幼兒在學科學習情境下（如：語文課或數學課）的情緒基調如何？
● 幼兒解決問題的取向如何？羞怯的？衝動的？深思熟慮？

　　周清，三歲，把兩塊長積木疊在一起，做成一條路。他放了一塊拱型積木橫跨路上，試著把一輛小消防車從拱型下面開過去，但沒辦法，因為路太高、太靠近拱型。他說：「小隧道！」他看看積木，然後拿掉一塊長積木。現在消防車能開過拱型了。他宣布：「大隧道！」

● 在解決問題時，幼兒如何回應大人或同儕的支持？

　　六歲的米亞蓋了一個矮的方形結構。一條長長扁扁的積木放在「屋頂」上，連到放積木的櫃子。實習老師辛蒂問：「你在蓋什麼？」「超級市場。」米亞回答。

---

[3]　原文為：Henry spells penry。

辛蒂：那這塊通到屋頂的長積木是什麼？

米亞：那是卡車載食物進來的地方，他們在屋頂卸貨。

辛蒂：他們怎麼把食物放進店裡？

米亞：他們丟下來。

辛蒂：喔。如果是雞蛋呢？

米亞（瞪著辛蒂）：請妳去幫別人好嗎？

　　總而言之，「蒐集有關幼兒的客觀資料，最直接的方法是透過自然觀察來研究他們，也就是說，在他們每日生活中觀察他們、記錄發生了什麼。」（Lightfoot, Cole, & Cole, 2013, p. 33）。

Chapter **8**

認知運作的線索：個人取向

　　幼兒個人獨特的思考方式，不受幼兒發展的影響，但卻牢牢鑲嵌於其中，它反映幼兒的氣質、文化和社會經驗。天生的氣質差異在出生時就已顯現，而幼兒各自不同的家庭及社區的經驗從此和幼兒的氣質交織，促成了幼兒個人的思考方式。

●● 幼兒的氣質

　　氣質，依據 Chess 與 Thomas（1996）影響深遠的著作裡的定義，包括適應性（adaptability）、情緒本質、反應閾、反應強度、分心度、注意廣度／堅持度、活動程度、規律性、趨避性（對新情境）。適應性意指有些幼兒很容易適應新經驗，有些幼兒則比較謹慎。氣質會顯現在認知的風格上，例如：對刺激的反應是衝動或深思的、是依賴外在刺激還是內在動機、是堅持不懈還是缺乏耐心、在玩性及想像力方面的程度不同、當面對困難時的堅持力不同。至於注意廣度／堅持度、專注／分心度，幾乎都能從幼兒所進行的任何活動中推測出來。

　　在下面的紀錄裡，一位五歲兒堅持的完成活動，儘管中間有些分心：

　　　　在安靜時間，葉兒在玩橡皮筋和小鐵釘幾何圖板，她盯著板子，用橡皮筋做出三個正方形。她態度自信，速度很快但有條理。她把橡皮筋綁到板子上時都沒有遲疑，好像在頭腦裡有個預想的圖案。

當橡皮筋太緊而無法套上釘子時，她用力拉，嘴巴稍微張開。每次要選橡皮筋時，她都會往盒子裡看，仔細的挑選一條。當橡皮筋太大時，她就繞四個釘子，而不是兩個釘子。偶爾她會因室內的吵鬧聲而分心，回頭從肩膀往後看看到底發生什麼事，然後回到板子。

當她工作時，她一直盯著板子。當橡皮筋不合適時，她用嘴唇發出「嘖」聲，好像很困擾的樣子。她再做了一個小方形。下一條橡皮筋掉到地上，她彎下腰，很輕易的撿起來。

「我全部完成了！」當板子上的圖案看起來完成時，她帶著微笑說，接著把頭髮塞到耳朵後面。當她結束時，她看著板子微笑，然後對著老師微笑。

此時，教保人員也許可以溫柔的問：「喔，妳怎麼知道妳完成了？」（如果幼兒回答這個問題，就能加深教保人員對幼兒的理解）。

教保人員需要覺察幼兒能夠在困難和挫折下堅持及能漠視令人分心的環境刺激的程度；很重要的，我們要在很多相關活動及在不同時間裡觀察幼兒的行為。例如：某位幼兒可能在某一天花半小時看一本書，另一天卻只看了五分鐘就站起來。在記錄所有幼兒參與的活動時，如果記錄活動的開始和結束時間、當時教室內其他發生的事，蒐集的評量資料就更豐富。

當觀察幼兒活動時，把下面的問題記在腦裡：

● 面對問題，幼兒想出很多解決辦法嗎？

● 幼兒在學科學習（如：讀、寫、算）的情境裡，看起來放鬆還是緊張？

● 幼兒活動的狀況如何？平穩？退縮？抱怨？咬指甲？樂意解決問題？和別人分享訊息？

● 幼兒如何回應學科學習或人際社交方面的挑戰？熱切的？無動於衷的？嚴肅的？猶豫的？

年齡也是個可能的影響因素。我們要如何確定造成某個幼兒運用線性思考而另一位幼兒運用聯想式思考的真正原因呢？也許比較智慧的方法是：確認每一位幼兒目前認知思考歷程的發展程度，並且承認每一位幼兒並不都以同樣的方式發展。

●● 文化及社會經驗的影響

個人思考的差異性，很清楚是受到幼兒生命經驗的內涵與特性以及其家庭、文化的期望和價值觀所形塑；如果幼兒的思考方式和教保人員所重視的取向大相逕庭，他們可能會被誤認為是思考能力較差者，便產生了文化衝突。

Philips（引自 Lubeck, 1994）對於四個班級裡的美國原住民幼兒和盎格魯幼兒的比較研究示範了這個文化衝突。在第一、二間教室裡，教保人員在團體或小組時間會指名個別幼兒回答；在第三間教室，學生自己工作，需要協助時去找教保人員；在第四間教室，學生在小組裡獨立工作。研究結果顯示，盎格魯學生在第四間教室比在第一、二間教室不自在，他們較常爭吵，往往聽從教保人員指定的領導者；相反的，美國原住民學生在第四間教室裡非常投入且彼此緊密合作，但是他們在第一、二間教室裡不願意說話，因為他們認為教保人員指名他們是要讓他們透過公開犯錯而學習。教保人員有可能將美國原住民學生在被指名時不願意說話（在第一、二間教室），詮釋為他們思考能力有缺陷嗎？

教保人員被要求要注意班上幼兒生活的特殊狀況及與幼兒父母有真誠而持續的對話來理解他們的文化傳統，教保人員這些努力能讓教室的運作和班上的各種不同文化背景更相融。

幼兒的思考方式除了受到幼兒所處環境、文化價值觀及信念的影響外，還可能受到 Gardner（2006）所謂的「多元智能」所形塑。Gardner 主張多元智能（如：語言、音樂、邏輯數理、空間、肢體美感及個人）跨

越各種文化。我們必須認真考慮幼兒個別的思考方式可能會受到其所擁有
的一或兩個智能傾向的影響。

●● 如何知道幼兒在想什麼和在學習什麼？

對於幼兒認知領域的問題，教保人員可在幼兒每日從事典型行動的紀
錄中找到大部分的答案，並不需要詢問幼兒他們是怎麼想或設計特別的任
務讓他們做。幼兒幾乎在每天生活的所有情境中（例行性活動、材料運
用、戲劇扮演、與同儕互動、與大人互動）運用及強化他們的思考技巧，
教保人員也最能觀察到他們的思考技巧。

下面是兩位幼兒的典型教室活動。他們對什麼感興趣？他們似乎在回
答什麼問題？他們從自己的探索中學到什麼嗎？他們可能在想什麼？

布萊恩，三歲半，花了一個半小時實驗透明膠帶和封箱膠
帶。他把膠帶放在頭上，接著放在一張紙上，在紙上塗顏色（發
現把膠帶撕掉後，貼著膠帶的地方沒有顏色）。用剪刀把紙剪成
兩半，把兩張紙用膠帶黏在一起，把膠帶貼在手指上當 OK 繃。
摸膠帶感覺黏度，放在嘴巴裡嚐，貼在嘴巴上，貼在眼睛上。

六歲的阿雅夏握著一根長長瘦瘦的樹枝，在上面放了一條毛
毛蟲。她開始垂直移動樹枝，看毛毛蟲跟著爬。她對自己說：
「牠向前走、向後走。」她從樹叢裡撿起一片葉子，把葉子拿靠
近毛毛蟲，對自己說：「牠比較喜歡樹枝，比起樹葉。」她繼續
用葉子戳毛毛蟲，接著問：「你要變成蝴蝶嗎？」老師聽到她，
便說：「我看妳對這隻毛毛蟲真的很感興趣。」

幼兒思考及學習的觀察指引

以下問題可作為教保人員在持續觀察幼兒的思考及學習的指引：

- 幼兒提問嗎？關於什麼的問題？問題顯示幼兒想知道什麼呢？

- 幼兒有親身參與學習嗎？有用口語檢討嗎？有什麼讓幼兒挫折嗎？

- 在讀故事過程中，幼兒會問畫裡的圖畫是什麼或為什麼某個角色會那樣做嗎？

  ➤ 或在戶外教學中，幼兒會詢問有關於看到的或聽到的事情（或人）嗎？

  ➤ 或詢問發生在周圍（教室內、教室外）的事，例如：卡車送什麼東西來？工人在修什麼？

- 在學習時，幼兒從事什麼種類的冒險？

  ➤ 在閱讀時間時，是否發出字的第一個字母的聲音？是否從書裡的圖畫獲得線索？

  ➤ 是否，或者必須，堅持用「正確」的方法做事情？例如：畫畫時，是否總是用同一種畫法，還是會嘗試新畫法（如：旋轉的線、用大、小動作畫點點）？享受把顏色混和創造新顏色嗎？

  ➤ 在音樂律動、說故事或團體討論時間，幼兒的貢獻是獨特且個人化的、一般的、炫耀的，還是有自己的觀點？

- 幼兒是否努力弄懂發生的事？熟練某項技巧？解決某個問題？

- 幼兒如何解決問題？

  ➤ 幼兒很容易分心嗎？

  ➤ 幼兒是否一步一步的發展作品或發展想法？

- 幼兒在探索時是否堅持不懈？在操作時？在嘗試錯誤的過程中？

- 幼兒是否覺得自己是個很有能力的學習者？

- 教保人員想要幼兒學習的和幼兒自己想學的一致嗎？

幼兒學習的紀錄（示例）

在下面關於一群五歲幼兒的紀錄中，第一位幼兒，伊凡，雖然在顏料的使用上很克制，但他把繪畫變得有用、有邏輯，成為一個有趣的遊戲。

在第二則紀錄中，幼兒在實驗混和顏料，混和顏料變成活動的焦點。這裡有冒險行為嗎？

　　伊凡從掛鉤上取下自己的繪畫圍兜。老師幫他穿上，他很快的扣好前面的鈕釦。他走到畫架前面，往畫架後面看，發現有一條線吊著一枝鉛筆。他輕輕的握著鉛筆，往前傾，右手臂幾乎沒動，他用左手細心的在左上角寫下他名字的字母。他慢慢寫，眼睛堅定的盯著他在做的事。當他完成名字時，他小心的拿起一枝畫筆，沾上藍色顏料，他在紙中央漸漸的移動畫筆。他持續用這樣一絲不苟的方法，再使用另一個顏色——紅色。仔細加了幾筆橫的和直的線條後，他向後站，強而有力的宣布：「我畫好了。」他繼續研究顏料，用很愉悅的聲音說：「你喜歡嗎？這是個遊戲。」他接著拿起一枝蠟筆，開始在他剛剛畫的長方形框框裡畫，他慢慢的畫小圓圈，小心的在每個小圈圈裡面寫上數字。

　　「這是 10。」他隨意的說，眼睛沒離開過畫紙。

　　他又畫了幾個圓圈，每一個圓圈裡寫一個數字。他往後站，研究他畫的結果一會兒。「在這裡停。」他果斷的說。轉向老師，眼睛充滿成就感，問：「畫得怎麼樣？」

狄恩畫圖時一次用一個顏色，但是當他注意到有兩位幼兒在混和顏色，他受到啟發，也開始混色：

　　看著馬蒂莎和馬可仕，狄恩說：「我不喜歡把顏色混在一起」。

　　馬可仕回答：「我們喜歡，因為我們弄出不同顏色，你沒有。」

　　狄恩接著把他的顏料推到桌子中央，說：「有時候我會混色，就像現在我要把紅色和藍色混在一起。」說的時候，他小心

的用大拇指和食指拿著裝顏料的碟子，他稍微傾斜碟子，倒一點
點顏料到另一個顏料碟子裡。他抓了一枝畫筆，用力的攪拌兩個
顏料，發出颼颼聲，濺出一些顏料。他開始左右搖擺，大筆大筆
的攪拌顏料，超出碟子的範圍，邊攪邊吟誦：「攪，攪，攪。」
馬蒂莎很興奮的對他說話。

「現在是紫色！我想它會變成粉紅色。」她尖叫。

狄恩慢慢、重重的說：「沒有那麼紫。」他停止攪拌和吟
誦，畫筆放到盤子上，開始把紅色顏料倒入黃色顏料。他的動作
很精準。

狄恩邊倒邊宣布：「現在我們要……」（邊倒，聲音逐漸變
弱。）「看看我們弄出什麼顏色。」他抓起靠最近的畫筆，開始
快速的攪拌。他驚叫：「我變出了橘色！」

馬蒂莎從桌對面沾沾自喜的說：「我們已經有橘色了。」

狄恩沒有在意馬蒂莎，但是開始混和另兩種顏色。他的動作
很快，忽動忽停，眼睛睜得大大的，很閃亮，咧著大嘴笑。

有時候，幼兒可能原本有個計畫，但活動開始後，半途中忘掉了。在
下面的事件中，查德發生了什麼事？

戶外遊戲時間已過。一年級老師已經叫班長和拉門的孩子來
排隊。查德靠近門邊玩，把自己變成火車。他把拳頭放在身體前
面，一隻手快速的推出去，伴隨著動作發出聲音：「慶鏘。」
拉回另一隻手，向前打出第一隻手，繼續說：「慶─鏘─慶─
鏘。」他的步伐小，沿路小跳步。忽然，他旋轉的揮著手臂，
說：「蝙蝠俠！」幼兒都聚了過來，他接著開始用一隻靴子重重
踏在石頭上。他一邊踏，一邊大聲對旁觀者說：「我是超人，我
要更多的超能力……。看！」他跳起來，重踏在石頭上。轉身面
對潔西卡且臉色鎮靜，他權威的說：「我們現在要排隊，知道

嗎？」

潔西卡衝去玩最後一次滑梯。接著查德一邊衝去玩滑梯，一邊向一臉困惑的旁觀群眾說：「我現在要把它鎖起來。」他忽然停住，快速轉身，甩著他的手套，大步走到隊伍的最後面。

學習和思考都帶有情感和認知，下面是幾位幼兒園大班幼兒在進行學前數學作業，看看他們的情感回應、社會回應和認知回應有多麼不同：

今天的作業是：把白板上好幾組不同的形狀複製下來，然後塗上指定的顏色。蒂凡妮安靜的塗著顏色，似乎相當專心，她的眼睛專注在紙上，下唇翻捲包住牙齒，嘴巴稍微張開。她塗完一組圓圈，嚴肅的看了白板一會兒，然後她看看她的紙，驚訝的點點頭，眼睛和嘴巴都張得很大。她小心的擦掉紙上某些東西，接著數紙上的圓圈，大聲的喃喃自語，碰一個圈數一個數。但是她似乎仍然不確定，因為她站起來，仔細的看著薩摩拉的紙。她從薩摩拉紙上擦掉一些東西，再擦掉自己紙上一些東西。仍然站著，臉上帶著嚴肅的表情，她碰了碰薩摩拉的紙的一角，說：「這邊……比較好。」她幫薩摩拉擦掉紙上的東西、在她的紙上寫東西，然後轉身，碎步快跑到白板前，一臉狐疑（帶著探詢的臉色）。她數了白板上的形狀，碰觸每一個形狀。她的眉毛深鎖，顯示極度專注。她再碎步快跑回座位，數了數畫在她紙上的形狀、薩摩拉紙上的形狀，還有同桌其他幼兒的。數完坐她對面女孩的形狀之後，她慢慢坐下，轉向薩摩拉，說：「她有十個，我有十個。」實習老師走過來，稱讚薩摩拉做得好。蒂凡妮瞪著她們看。比利走過來，宣布：「我永遠都做對。」蒂凡妮傲慢的吹噓道：「我也都做對──而且不像你的那樣歪歪的。」

邱老師提醒布萊特，他需要做數學。他慢慢的拖著步伐走到

櫥櫃，走過數學檔案的櫃子，拉出一桶「接接小方塊積木」。他把桶子拖到沒人用的桌子，好像幾千斤重一樣。幾乎沒抬起桶子，他把桶子滑到桌子中央，然後重重坐在一張空椅上，瞪著小方塊看。

布萊特轉身去看走過的某個人，然後再轉回來瞪著小方塊。他一隻手無力的放進桶子，撥動方塊。最後，他拿出三個紅方塊放在桌子上，再拿起幾塊紅方塊、幾塊藍方塊。他開始把方塊整齊的一塊疊在一塊上。接著，他把屁股靠坐在椅子邊緣，用兩隻手開始把一疊疊的方塊橫排和直排成幾何結構。深思熟慮的，他開始有目的測試及平衡這些方塊堆，直到他滿意。現在他的舌頭吐出來，向鼻子方向伸；當他專注於把紅方塊放在藍方塊的對角線上時，他的舌頭慢慢的從嘴巴的一邊移到另一邊。

路克跳進來，扭著身體坐進布萊特旁邊的椅子。當他開始堆疊一些方塊時，他開始說個不停。他們談論城堡和大砲，路克用很大聲的「碰～～噓」來示範大砲轟炸。

布萊特把注意力轉回自己的建物，再次專注於自己的方案。他只看著自己的創造，沒有加入路克。他對自己說了些關於堆疊方塊的話，然後，沒有任何原因，一疊方塊倒了。他的眼睛和嘴巴因驚訝而大張。「喔～」他發出傷心的哀鳴聲，一邊彎下腰從地上撿起掉落的方塊。當他直起身時，他緊握拳頭向前打，顯示他的挫折。

艾娃走過來，不小心撞到桌子，布萊特的建物倒了一半。「哎呀，對不起。」她說。一個長而刺耳的「啊～」劃過空中，布萊特高聳肩膀，兩手徒勞的去抓掉落的方塊。他的臉因生氣而轉紅，但當他開始重蓋時，慢慢的轉為粉紅色。最後他的臉回復到自然的顏色和原來的鎮靜。

現在建物已完成，布萊特驕傲的看著它。當有人走得太靠近

或只是對著它吹空氣，他都會舉起手好像要接住它一樣。

　　老師告訴大家團討的時間到了，所有人必須收拾自己的材料。布萊特很不願意拆掉他的建物，但是他最後還是拆了，非常緩慢且痛苦。

●● 教保人員要如何探索幼兒知道什麼？

　　某些有關世界及有關自己的訊息，幼兒似乎是自己學到的，因此我們可合理的期待幼兒對於下面所列的議題會開始有一些知識。很自然的，年齡對於知識的累積及幼兒如何解讀訊息會有影響，同樣的，機會（包括能有大人協助）、個人對於某種訊息的興趣和準備度也有影響。幼兒所蒐集的訊息某種程度上也是幼兒好奇心及記憶能力的標誌，但是，幼兒時期充斥著錯誤觀念，即使是博學多聞的幼兒也難以避免，所以教保人員需要依據幼兒在此發展階段的限制，敏查幼兒的訊息有多正確（或有多混淆）。小心不要被幼兒順暢的語言所誤導。

觀察的細節

　　本節所建議的指引問題不應作為每一位幼兒應該知道什麼的清單。教保人員的紀錄將是一個資源，可從中萃取佐證幼兒知識範疇的資料。

- 對於身體，幼兒知道什麼？能說出身體部位的名稱嗎？
- 對於自己的家庭，幼兒知道什麼？
  - ➤ 幼兒知道她的家裡有些什麼人？大家庭裡有些什麼人？自己跟他們的關係？
  - ➤ 幼兒理解女兒、兒子、姊姊（妹妹）、哥哥（弟弟）、祖父（母）、叔叔（伯伯、舅舅）、姑姑（嬸嬸、阿姨）等詞的意義及自己和自己、母親、父親的關係嗎？
- 除了自己的家庭外，幼兒還知道哪些其他家庭結構？

➤ 幼兒知道不同的家庭有所差異嗎？

➤ 能說出家庭的定義嗎？

● 對於工作角色，幼兒知道什麼？

➤ 幼兒知道家人從事什麼工作嗎？

➤ 幼兒知道商店老闆、警察、垃圾清道夫及修車師傅的真實工作嗎？

大人工作的現實面和幼兒遊戲裡的大人工作之間的差異，可在下面這位四歲幼兒的紀錄中稍微看見：

看著爸爸媽媽油漆廚房，泰隆問了好幾次他可不可以也漆，他們說不可以。最後，他悠悠的說：「大人有很多東西（things，但媽媽解讀成「事情」），小孩子只有一個東西[1]，對不對？」

「你說一個事情，是什麼意思？」他的媽媽問。

「大人有很多東西。」他說，「小孩子只有玩具。」

四歲的法拉曾去參訪爸爸的律師事務所，她如此描述爸爸的工作：「他就坐在那裡，當人家需要的時候，就拿鉛筆、迴紋針給人家。」同樣的情形也發生在馬克身上，他帶了封箱膠帶到幼兒園，向老師解釋：「我叔叔開店的時候給我的。他賣膠帶、錢和小孩。」

對四歲幼兒，律師和買賣是相當困難的概念。

● 幼兒是否知道一些可觀察的、具體的、機械方面的歷程？

---

[1] 原文是：「Grown-ups have lots of things, and kids have just one thing, right?」thing 可指事情或東西（物品）。泰隆用 thing 來指「東西」，但媽媽認為指「事情」。

➤ 知道是什麼讓車子動？是大人嗎？汽油？方向盤？引擎？

➤ 知道是什麼讓電燈亮和暗嗎？是開關嗎？牆壁裡的電線？

➤ 知道是什麼讓水在水槽裡流動嗎？是水龍頭開關嗎？地下的管子？

● 幼兒知道有關生產、成長、死亡及食物來源等自然過程嗎？

➤ 知道嬰兒從哪裡來嗎？

➤ 知道一朵花、一條魚或一個小孩的成長需要什麼嗎？例如：當夏瑞，四歲，說：「這盆花需要澆水才會長大，然後它會神奇的開花。」她已知道什麼？她說「神奇」是什麼意思？

➤ 知道花開或一個人死掉是指什麼嗎？蛋從哪裡來？橘子呢？牛奶？起司？鮪魚？培根？

● 幼兒具有動物的知識嗎（家禽家畜、野外的、史前的、想像的）？剛開始，幼兒從自己知道的一種動物類推，所有四隻腳的動物可能是狗、牛等；時間到了，他們會區分不同種的動物。

➤ 知道一般家禽家畜的名稱嗎？

➤ 知道常見家禽家畜的生活型態和習慣嗎？

➤ 能辨認野生或史前動物的圖片或模型？

➤ 知道哪些動物現在還活著，哪些是很久以前存在的嗎？

➤ 能區辨想像動物和真實動物嗎？

➤ 會編創想像動物嗎？

● 幼兒有從某種特殊經驗獲得知識嗎？

　　幼兒有一些特殊的知識是來自於他們的經驗，這些經驗在某種程度上也是社會因素的結果。他們可能知道不同種類的食物，知道從樹上採水果的技術，知道在教堂、醫院急診室、社福辦公室、庇護所裡發生的事，知道鄉村俱樂部或搭飛機旅行，知道保母和遊戲團體，知道如何自己走安全的路徑去超市和走回來，或者甚至知道賽車場上發生的事。這些知識是顯

Chapter **8** 認知運作的線索：個人取向

現幼兒學習的有效指標，需要教保人員的接受和理解。

對於幼兒知識的思考

幼兒比較會在親切的情境裡（單獨和教保人員在一起、和其他幼兒對話，或討論家庭生活和家庭關係），說出自己和家人的關係、自己喜歡什麼和感受什麼。直接問幼兒個人問題很吸引人，但這並不公平，而且某種程度上侵犯了隱私權。

當幼兒信任大人，他們會說出大人認為重要的事情。有關幼兒對於世界及自我的知識，證據最可能來自幼兒自己說的話、他們在戶外教學及之後的團討時提的問題、他們對於教保人員朗讀的故事或自己看書的反應、他們在烹飪或科學實驗或搭建積木時的提問和評論。這些活動的紀錄也可能比幼兒在扮演遊戲時做了什麼更能反映幼兒的知識，雖然扮演遊戲也會透露訊息。

在扮演遊戲時，幼兒的情感和需求通常主宰了他們說什麼和做什麼。當幼兒試著在自己創造的想像情境裡解決與他們的願望、害怕、侵略、野心有關的議題時，幻想和現實混合在一起。在扮演遊戲裡，幼兒可能開車經過一棟建築物，或把牛和嬰兒一起放在臥房裡。因此教保人員要謹慎，在扮演遊戲時不要急著糾正幼兒不正確的動作，而且，雖然這些遊戲可提供後來詮釋時豐富的材料，但詮釋應該小心謹慎。

書籍、圖片及遊戲材料必須涵蓋幼兒能認同的形象。書籍裡必須看得到不同膚色、不同文化族群及肢體障礙的幼兒和家庭，包括單親家庭（母親單親或父親單親）、有祖父母的家庭、有兩個母親或兩個父親的家庭、只有一個小孩和數個小孩的家庭。我們必須把世界上各種各類的兒童和家庭帶入教室裡，這樣的話，就不會有幼兒覺得被排除在外。

我們曾提過，真實知識是親身體驗的結果，也是下一步學習的預備。但教保人員通常並不熟悉幼兒的知識、不清楚這些知識在哪些情境下是合理的，因而低估。但是，每一位幼兒能在任何情境裡確實透露出他們能以

多種方式思考的能力，這是心智運作的顯示。例如：一位五歲幼兒努力的拼一個相當複雜的拼圖，拼圖上有蒸汽鏟子和一群在埋炸彈的人。幼兒用嘗試錯誤的方法拼，後來他的視知覺進步了，找到搭配的形狀，他很快的完成了拼圖，但是當問他有關拼圖的圖案時，他聳聳肩說：「我不知道。」拼好拼圖的能力顯示出良好的心智，缺乏的知識顯示出他所處的世界不同。心智能力與社會經驗兩者不可混淆，當然，沒有哪一個領域的知識比另一領域的知識更有價值。

以背誦累積知識作為認知發展的目標，並不是幼兒感興趣的。事實知識絕不是心智運作的唯一或最好的指標，雖然是其中一種，對於生命開始於某種特殊環境的幼兒或對那些學校代表非常不同意義的幼兒尤然。身為幼兒的教保人員，很重要的是把重點放在嘗試理解這些幼兒在他們小時候如何學習，而不在他們知道了什麼。這個真理對所有幼兒都適用──一個好的學習態度能比早期學到的特定知識更能陪著孩子走一生。

Chapter **9**

觀察幼兒發展思考的能力

在第七、八章，我們聚焦在幼兒思考方法的發展和個別性，這些方法鑲嵌在幼兒的**思考歷程**裡，反映了幼兒在幼兒時期迅速發展的認知能力。透過密切的觀察幼兒在很多類型情境裡的行為（如：扮演遊戲中的參與、材料使用及他們和大人與其他幼兒的關係），可以看見我們認為代表這些思考歷程的跡象。這些思考歷程，我們稱之為「認知」，是內在、無法直接觀察的，本章聚焦在那些與認知有關的歷程及行為，目的不在作為測量幼兒認知能力的標準，而在提供教保人員**更深入理解幼兒的指引**，兩者的差異很微妙，但關鍵字是**理解**（understanding）而不是**測量**（measuring）。

●● 歸納、形成普遍性的結論

幼兒從自己的遊戲、實驗、探索，以及與家人、朋友、文化及社區的不同參與經驗中，形成推論；因為是基於自己的觀察，這些推論對他們而言是貨真價實的發現。推論的歷程從嬰兒就開始，且從未停止。

> 大雪後幾天，二歲的麥可在戶外遊戲時間愉快的用雪球丟一棟建築物的牆壁，丟了很長一段時間。最後，他走去跟老師說：「雪碎掉了，變小小顆。」

找出原則（principle）是學習中幼兒主要的工作，幼兒自己做出結論，或在大人或其他幼兒的引導下發現原則，學習效果最佳（Rogoff,

1990），教導他們用口語複述或背誦某條原則並不會有相同的效果。

　　六歲的卡拉在積木區搭建一棟建物，她走到櫃子拿單位積木，邊拿邊數：「1、2、3、4、5、6。」她把積木從櫃子拿出來放到手上，把下巴頂在上面，穩定積木。

　　她望向老師，老師說：「你有好多積木。」

　　她回答：「我需要雙數的積木，所以我拿了六個。」

　　老師問：「為什麼要雙數？」

　　她解釋：「因為我需要兩個兩個一疊，如果我剩下一個，我就還要回去拿。」

●● 區辨的能力

　　幼兒做結論的歷程促使他們能比較物品、人或事件。運用所有感官，他們學會區辨：

- 自己和別人：
  - ➤ 是否用第三人稱說自己，還是用**我、我的**？
- 家人和朋友：
  - ➤ 知道誰是朋友嗎？
  - ➤ 知道誰是家人嗎？（區別的定義可能和特定文化或家庭因素有關，如：艾蒂「阿姨」可能是家裡很親近的朋友。）

　　丹尼爾和朋友譚妮莎（都是五歲）拜訪丹尼爾的祖母。他們在畫畫。丹尼爾突然問他的祖母：「妳是譚妮莎的祖母嗎？」

　　譚妮莎打斷他：「不是～她不是我祖母。」

　　他的祖母問：「為什麼不是呢？」

　　譚妮莎說：「因為丹尼爾是我朋友。」

● 生物和非生物：

➤ 知道石頭、昆蟲、樹，哪些是活的？

● 體形大小和年紀。

● 幻想和真實：

➤ 認為超人是真的嗎？

➤ 什麼時候開始瞭解童話故事或電視節目是假裝的？

● 男生和女生。

　　卡蜜拉，三歲，觀察一位嘴唇上有毛的女實習老師後，問：「你是男生還是女生？」實習老師回答：「我是女生。」幼兒接著說：「可是你有鬍子。」

● 不同膚色的人。

　　馬諦（六歲）走到老師面前，張開雙臂轉圈圈，說：「我的手臂外面比裡面黑，因為我爸爸是黑的，我媽媽是白的。」

　　寇帝的皮膚是咖啡色的，每天由他父親帶來幼兒園，他父親的皮膚白，頭髮是金色的。有一天，布蘭達好奇的問：「那個人是寇帝的爸爸嗎？」

●● 察覺相似和相異的能力

　　幼兒有能力看出物品與物品間、人與人間的相似處和不同處，這個能力讓他們避免做出錯誤的結論。比較（comparison）能豐富幼兒對於周遭現實的感知，能豐富他們的詞彙，幫助他們區辨材料和物品的明顯特性；比較對於閱讀也很重要，例如：知道「上」和「下」、「大」和「太」[1]

---

[1]　原文為：was 與 saw、feel 與 feet 的比較。

雖然很像，但並不同。

四歲的蘇菲和柯瑞娜準備要出去外面玩，蘇菲說：「你的跟我的一樣是紅色，但你的是連指手套[2]，我的是分指手套[3]。」

●● 類比的能力

找出類比（analogy）或創造譬喻（metaphor）是另一種形式的象徵化，幼兒不似在遊戲中以運用自己身體的方式來瞭解自己的經驗，而使用語詞來連結兩個不相似的行動或物品，讓自己能更清楚的理解它們。

法蘭克曾經骨折，在午餐時很瞭解的說：「剝香蕉皮就好像拆石膏。」

艾弗瑞檢查著放在一碗水裡的紅蘿蔔的頭，正開始發芽，說：「它們看起來像我爸比的鬍鬚。」

石珍看著在一棟高樓鋼筋骨架頂端一輛張著吊臂的吊車，說：「它看起來像一隻大鳥。」

●● 察覺因果的能力

幼兒比較容易理解物理現象的因果關係，比較不容易理解社會關係裡的因果關係，因為牽涉到他們的情感。傾聽幼兒對於特殊事件和現象的歸因很重要，可以評估什麼是他們會做但卻不瞭解的、什麼是他們困惑的；甚至他們的錯誤也在顯示出他們正在掙扎什麼，就如下面的紀錄裡的幼兒

---

[2] 原文為 mittens，指除了拇指其餘四指連著的手套。

[3] 原文為 gloves，指五指分開的手套。

正試著摸索原因。第一則的幼兒二歲，第二則四歲，最後一則是三歲：

> 艾倫揍了喬，喬哭了。艾倫問老師：「喬為什麼在哭？」

喬　倫：我是陽光，我要到天上然後留在那裡。

史提夫：你不回來嗎？

喬　倫：太陽不會一直照，當變暗時，我就會回來。

老　師：是什麼讓它變暗呢？

喬　倫：月亮讓它變暗。

文　生：歐，不對，是上帝讓它變暗。

尼克拉問：「在遊戲場，你為什麼對我吐舌頭？」

賽斯，仍然有點生氣，說：「就因為卡爾老師說我撞倒戈博蓋的東西，他要我自己一個人坐。」

> 他們兩人走去拿午餐盒，尼克拉用很嚴肅的語氣說：「我還是不喜歡你那樣，賽斯。」

這些理解（或說缺乏理解）和年齡有關，但很多時候是因為對於特定現象或事件有經驗（或缺乏經驗）所致。四至六歲幼兒可能會說，吃下去的食物留在肚子裡，吃很多東西之後肚子會變大，就會有一個寶寶在裡面。在此發展階段，幼兒知道嬰兒會出現一定有原因，但在想出可能的解釋時，他們把懷孕和吃太多想成一樣而弄錯因果關係。

●● 時間概念

幼兒學會使用什麼時候、很快、等一下、記得、最後、下禮拜及明年等詞彙，但還未完全理解這些概念的意義，他們把這些詞彙融入他們的遊戲裡及與其他人溝通，他們能正確的使用這些時間語詞但漏掉比較高階、抽象的時間概念。但是，在他們遊戲和對話裡使用語言的同時，他們也在

學習更精確的掌握語詞的抽象意義。

　　「然後每一天我都去上班，好嗎？」安傑羅在扮演區說。

　　「再兩個禮拜就是聖誕節了。」辛西亞說，雖然其實是一個月後。

　　當某位幼兒說，他昨天拜訪住在佛羅里達州的祖母（但你昨天有在幼兒園看到他），他知道他真的沒有去嗎？或者，他是否把所有過去的事件都歸為發生在「昨天」？有一位四歲幼兒，當人家告訴他鳥類會遷移是因為季節變化時，他衷心的同意說：「對啊，鳥類夏天會飛到北方，然後在冬天飛到南方，然後時間會飛。」

　　幼兒有多理解時間呢？**現在**比**明天**更具有說服力，而且遠比**昨天**具體。

　　阿爾法度，四歲，請假一陣子後回到幼兒園，興高采烈的衝進教室，大聲叫著：「我來了！」

　　老師問：「你生病了嗎？」

　　阿爾法度回答：「不是，我去波多尼各。」

　　老師問：「你昨天回來的嗎？」阿爾法度回答：「不是，是明天，三個禮拜後。」

　　時間是一個難以捉摸的概念，即使到了五歲，幼兒顯示他們已開始掌握時間概念，但同時也顯示他們不願接受把時間架構凌駕在他們自我中心願望之上，或抗拒要精確的使用時間語詞，就像下面兩位五歲幼兒的紀錄所示：

阿布杜拉：你老打我，我不要再跟你玩了。

郎　　尼：你打我的時候，你會難過嗎？

阿布杜拉：會，但是我不要跟你玩創造空間了。

朗　　尼：但是你昨天說你要和我玩創造空間，那就是今天。

阿布杜拉：我不是說今天，我說的明天不是這個，我說的是另一
　　　　　個明天。

時間的概念是從次序和順序的概念開始：

● 幼兒知道一般每日的作息嗎？例如：知道要先去戶外遊戲、聽故事
　之前要先吃點心？
● 幼兒知道一週裡哪幾天會留在家裡，哪幾天要上學？
● 幼兒知道一週各天的順序嗎？季節的順序？

●● 分類的能力

　　幼兒在非正式和正式情境裡展現他們分類（classify）和排序
（seriate）的能力，他們經常結合兩者，如同下面紀錄裡四歲賈斯伯使用
教保人員特別設計的分類教具所示。此紀錄也顯示了他的象徵能力（以圓
形代表漢堡，重新組合變成雪人）：

　　賈斯伯剛走到櫃子拿出一個三格的盒子，格子裡分別裝了各
種不同大小的圓形、正方形和三角形的塑膠形狀片。他靜靜的把
盒子放在自己的桌上，用雙手打開盒蓋放到盒子底下。

　　他先拿出圓形，抬頭說：「漢堡。」他環顧四周尋找巴比，
看到他在附近的桌子，逗趣的說：「巴比，要漢堡嗎？」接著他
把三角形從大到小排在桌上，然後抬起頭，和老師眼神接觸，指
著說：「最大的，最小的。」他的聲音宏亮有力；似乎滿意於自
己和作品，一個很大的微笑出現在臉上。

　　他重新排列圓形，說：「雪人。」他察覺到教室內有其他活
動在進行，因此他離開他在做的事，走去看巴比在做什麼。

163

當賈斯伯回到自己的桌子，停了幾秒鐘，然後宣布：「我要做車子，我要試著做車子。」當他慢慢的拿出方形時，他看向蒂雅楠，他也用著同樣的材料。他們開始興奮的聊著妖怪的事，當談話結束，賈斯伯一邊把方形排出不同的圖案，一邊滿足的哼著。首先他從最大排到最小，從左到右排成一列，接著他拿出三角形，放在方形上面，同樣的依大小排列。他觀察到少了二個，看向蒂雅楠的桌上，看到蒂雅楠的材料是完整的，問老師不見的三角形在哪裡。她告訴他不知道，他懊惱的評論：「可能丟了。」他無法從桌上拿起塑膠形狀片，用手指頭實驗了很多種拿法，最後，他把塑膠形狀片推到桌子邊，一個一個滑下來，再次從最大到最小，放到盒子裡。

分類的能力比較容易從辨認具體的特性開始，逐漸發展到辨認抽象特性，最後概念化。顏色、形狀及大小因為可以看到，因此比一些不具體（如國籍）的東西更容易學習和分類。不過，所有的分類都必須依賴相似和相異的覺察，如果有很多察覺異同的具體經驗（有大人協助或沒有大人協助），幼兒經常會試著在簡單的抽象層級分類。因此，有一位幼兒最近學到「團體的一員」概念，在試著將一位新生分到教室內適當的小組時，問：「你是什麼？是聖誕節、光明節[4]、寬扎節[5]？」問這個問題的幼兒應用的是更抽象的分類概念。

●● 察覺型式

察覺型式（patterns）的能力（視覺、觸覺或聽覺）是學習閱讀、理解數學及欣賞音樂的基礎。看看下面兩位五歲幼兒在用顏色釘子建構型式

---

[4]　原文為 Hanukkah，是猶太人的節日。

[5]　原文為 Kwanzaa，是非裔美人的節日。

時，反應有多不同：婕西順利的進行，安雅似乎沒正視這個機會：

> 安雅和婕西坐在一起，各拿了一個洞洞板（Peg-Board），
> 共用一籃木釘子。在桌子正中央的盒子裡有一些紙板做的圖案
> 卡，是老師製作的教具，用來幫助幼兒練習方向性。卡片的大小
> 和板子一樣大，上面有不同顏色的點點圖案。婕西選了一張圖案
> 卡，上面有紅色、黃色、藍色三個顏色的點點交換著圍繞板子周
> 圍。她把卡片緊鄰著放在板子左邊。她開始在板子上複製卡片上
> 的圖案，從板子底部開始，從左到右。安雅並沒有選圖案卡，她
> 隨意的在板子上放釘子，沒有做出任何明顯的圖案。她對婕西
> 說：「看我做的。」婕西抬起頭看了安雅的板子，聳聳肩。

兩個人對於圖案卡的不同回應提供了教保人員進一步探究的線索：安
雅是選擇漠視這個創造型式的機會，還是她沒注意到有這個機會？

書面語言的模式在每個文化不同。在西方社會，語文是從左到右，幼
兒必須學習在頁面上從左向右移動眼睛，然後移到下一行再從左到右；他
們必須知道每個字的字母也是從左到右、頁面上字和字之間有個空格的
規律；他們必須學習不僅每個字的組成型式不同，有些型式很像（上、
下），有些不像（狗、貓），而且還要學習每個字的筆劃數量也不同：從
少（如：上）到多（如：國）。

讓幼兒體驗型式的機會很多，例如：拍手、跳繩遊戲、使用操作性材
料或串珠珠創造型式。

●● 理解空間關係

幼兒對於型式的敏感度及空間知覺很容易在音樂律動、玩拼圖、積木
建構及戶外遊戲時觀察到。下面列出的觀察細節能增進教保人員對於幼兒
空間知覺的欣賞：

- 回應播放音樂的節奏、敲鼓聲或教保人員的拍手聲，幼兒在空間中如何移動（考量空間中還有其他的東西）？
- 幼兒的節奏與播放的節奏不一致，還是一致？
- 幼兒和其他人的移動方向相同，還是相反？是否不知道往哪個方向移動？
- 在團體遊戲中，幼兒是否遵循規律及指示？
- 幼兒會踩在地面上的大幅繪圖上面，還是會繞著走？

如果一位幼兒拼拼圖時，拿了每一片去試，看看哪一片放得進去，很清楚的，她是盲目的嘗試，還未能用視覺或觸覺去覺察某個空間和某一片拼圖的形狀對應。同樣的，如果一位幼兒拿著一片拼圖，眼睛慢慢的掃過拼圖，然後把一片拼圖正確的擺上去，顯示出對於空間關係的掌握，就屬於不同程度的發展。幼兒使用的很多材料和器材會需要空間關係的知覺，教保人員可以在觀察幼兒玩拼圖或積木時思考很多問題，例如：

- 幼兒是否看見兩個積木建物之間的空間足夠讓卡車通過？幼兒是否知道二個單位的積木剛好可以連接兩座豎立的積木？
- 幼兒知道如何從教室去廁所嗎？如何從幼兒園回家？
- 在解決空間、建構及其他物理問題時，幼兒是否操弄相關的物品？例如：針對「停」的標誌要放在什麼位置的問題，路易斯為了要讓行人可以從路上看見，他先放在路的一端；很明顯的發現到放在那裡行人看不到，改放在路的另一端，行人就看得見了。
- 幼兒是否知道對於櫃子裡的空間，放入某個盒子太大？
- 在畫圖時，幼兒是否能知覺空間關係？

夏隆和凱夏，兩人都是七歲，小心的在教室的南瓜上畫著臉的輪廓，準備等下雕刻用。夏隆決定她要畫眼睛和鼻子，凱夏畫嘴巴，兩人同意。夏隆開始設計她的部分，小心的先畫眼睛，然後畫鼻子。她檢查了鼻子的

位置和大小的適當性。當她完成時，她對凱夏說：「畫一個嘴巴，配上我畫的。」她們笑了幾分鐘，凱夏建議把她們畫的部分刻出來。夏隆注意到凱夏畫的嘴巴，說：「妳應該要畫小一點點，但我的鼻子也太大了。」

幼兒很努力也很認真的嘗試理解世界上的人、事、物。用尊重的態度觀察幼兒的思考歷程、察覺他們知識的內容與範圍、理解文化、家庭、社區及幼兒園對他們的影響，所獲得的資訊可以協助教保人員選擇適當的材料和規劃相關的課程。

全國的幼兒（包括學步兒）均熟悉數位設備，也經常使用。一位五歲幼兒的母親驕傲的向幼兒園大班的教保人員報告下面的事件：

> 幾天前，我唱了首歌「櫥窗裡的可愛小狗」，接著我在YouTube 上找到這首歌的影片。安納貝兒一直試著背歌詞，當我煮晚餐時，她向我借智慧手機去找那段影片。我拼出標題讓她敲字母，她有困難。我說我等下幫她，但還沒等到我幫她，她按下手機的麥克風按鈕，對著麥克風說出標題，在 YouTube 找到了影片。我從不知道她知道可以這樣做。

因為越來越多幼兒園教室擁有電腦和其他數位設備，教保人員需要留意，讓幼兒使用科技的目的是要輔助幼兒練習思考能力。

Chapter 10

記錄幼兒萌發的語言及讀寫

　　每個文化裡的幼兒只要有跟比較成熟的人接觸，都學會說話，除非他們有特殊的障礙。學習語言的同時，幼兒也學習所屬文化的價值和共享的意義。透過語言的媒介，他們建構自己生命的現實，並建立和其他人連結的方式。他們在與親近、有關係的人互動的情境裡，習得這種驚人的語言能力，根本就是一個奇蹟。

　　幼兒從嬰兒時期開始就學到語言的目的是溝通及分享經驗，從經驗中，他們自己、大人、年紀較大的兒童扮演了重要的角色（Stern, 1985）；他們捕捉所聽到語言的聲音、意義及句法，然後有創意的應用，說出他們想說的；透過語言，幼兒開始創造「自己生活的敘事」（p. 162）。

　　單語教保人員需要學習欣賞使用其他語言的兒童生來就有的語言能力。近年來，有關**跨語言**（translanguaging）的文獻提出，以提供遊戲材料、音樂及書本將幼兒的不同語言帶入教室，以支持幼兒萌發的雙語學習（Celic & Seltzer, 2011）。幼兒可以使用可塑性高的材料（如麵團、黏土）來做熟悉的食物（如墨西哥玉米薄餅或口袋餅）。有位教保人員曾請幼兒帶家人最喜歡的音樂 CD 到幼兒園來，以納入教室的經驗。

●● 語言和文化

　　幼兒使用語言的量和風格不同，與他們成長的社會及文化環境中重視什麼有關。

幼兒語言發展的順序（如：發咕咕聲、牙語、第一個字）是由生理決定，且依循一個相當一貫的模式，不論其文化脈絡。我們確實看到不同文化的差異性，主要差異是在父母如何看待幼兒作為一個溝通夥伴，這個看法又回頭來影響幼兒的語言發展。以下有關溝通能力的面向會因文化而有所不同：

● 幼兒主要的溝通夥伴。

● 鼓勵或不鼓勵幼兒與溝通夥伴間的互動風格。

● 允許或禁止的談話主題。

● 參與者對於談話的價值有多看重。

● 教保人員對於語言教導的信念及有意識規劃語言教導的情形。

（Mann, Steward, Eggbeer, & Norton, 2007, p. 10）

幼兒所在社區的語言及社會互動面向會影響幼兒適應學校讀寫期望的能力，有些家庭比其他家庭更傾向教導子女適應教室裡常見的主流書籍及故事閱讀過程中的提問／回答順序。

觀察及記錄幼兒的語言能讓教保人員認識幼兒，包括：幼兒對於自己世界的理解、對他們及其家庭而言什麼是有意義的，以及每位幼兒獨特的解決問題方法。為了能真正從幼兒的語言認識他們，**教保人員必須避免把自己對語言的目標強加在幼兒身上**。例如：雖然教保人員可能重視和幼兒間的口語對話，但其他和幼兒有親近關係的大人可能不如此認為。理解到幼兒語言反映的是一種根深蒂固的信念，會挑戰教保人員去檢視自己的語言中所反映的價值信念。

教保人員還必須思考如何在幼兒園裡培育幼兒的主要語言。觀察和記錄幼兒的語言牽涉到接受及尊重幼兒所說的各種不同語言。雖然教保人員可能想嘗試糾正幼兒使用的非標準語言，但 Delpit（1995）指出，這樣做對於改變幼兒的說話方式並無效果，且可能產生負面後果（如：拒絕學習標準用法），如同 Cazden、John 與 Hymes（1972）著名的研究所發現。

Delpit（2002）呼籲，教導說非標準英語幼兒的教保人員應理解那些幼兒所傳遞的意義，並且提供機會讓他們「透過各種不同的角色扮演去接觸標準英語……幼兒可以製作布偶戲或扮演卡通角色」（pp. 125-126），這些方法可提供幼兒練習使用標準英語的機會，而且當幼兒用布偶戲演出一些著名的說標準英語的角色時，是這些**角色**要說標準英語，排除了任何**幼兒本身**的語言是不適切的暗示。

如同所有發展一樣，同年齡的幼兒會因環境中支持性的互動、個別差異及文化而出現不同程度及風格的語言能力。教保人員如能察覺是哪些語言的元素能讓幼兒使出全力表達，將有助於觀察幼兒使用他們的語言來做什麼。

依據 Bram（1955）劃時代的著作，語言「啟動了幼兒所屬語言文化的團隊精神……，且提供了歸屬感」（p. 19）。

母語非英語的幼兒入園時是另一個需要關注的議題。教保人員必須考慮如何協助這些幼兒成為教室一員的方法，此歷程需要教保人員的時間及仔細的觀察。

- 幼兒能聽懂多少英文？
- 幼兒主要是沉默，還是會嘗試對教保人員或其他幼兒說英語？
- 是否有協助幼兒轉銜至英語的支持，例如：會說幼兒母語的教保人員或其他幼兒？

●● 記錄幼兒的語言使用

教保人員一旦開始記錄幼兒的語言，將會有很大的發現！幼兒口語溝通中有些特別的東西（包括：社會性的交流、幽默及理解）會被記下來，教保人員能檢視幼兒不同的敘事風格，尤其是透過在幼兒敘說故事的當下所做的紀錄，而幼兒使用的詞彙及其範疇能提供有關幼兒字詞使用能力的

線索。

社會性目的

　　大部分幼兒是在社會情境裡體驗語言，甚至在發出第一個聲音之前。透過他們最早的口語（及非口語）親密言行，幼兒經驗了輪流（turn-taking）──所有對話的基礎。

- 幼兒為社交目的而運用語言的範疇包含哪些？是否包含：表達慾望和需求、分享愉快的事、抱怨、提出要求、請求、哄騙、控制、給予／分享或獲得資訊？幼兒是否使用罵人的話來表達生氣或挫折？
- 幼兒的語言主要是對大人而發，還是對其他幼兒，還是一半一半？
- 幼兒在一天日常活動中溝通的態度如何，自信／有能力的、堅定自信的、克制、帶有情感、帶著敵意？

　　下面記錄著兩位四歲幼兒在發展關係上的掙扎，他們能把自己的需求用口語說出來真是很了不起，一年前他們根本做不到：

　　　　克莉絲婷和米娜坐在一個小水桶內，兩人靠得非常近，她們的身體互相碰觸。她們膝蓋彎曲的蹲在小小空間裡，緊緊的湊在一起，偶爾碰碰頭。她們這樣蹲了一會兒，都沒說話。克莉絲婷移動頭，向米娜靠近，在她臉頰上輕輕的親了一下。米娜輕輕的低下頭，克莉絲婷抬起手臂輕輕的放在米娜的肩膀上，她們的頭碰在一起。突然，很大的聲音從水桶裡發出：「妳是我的朋友嗎？妳是我的朋友嗎？」是克莉絲婷，她繼續用中度音量、清晰的問這個問題。她起來，用膝蓋跪著，把頭靠近米娜的臉，米娜坐著，一隻手放在水桶邊邊，把頭移開，沒看克莉絲婷。

　　　　克莉絲婷急切的再問一次：「妳是我的朋友嗎？」米娜把頭移得更遠。克莉絲婷嘟著嘴，看著老師說：「我想要米娜做我的

朋友，但是她不聽我說話。」

「那是個問題。」老師同情的說。克莉絲婷繼續看著老師，嘟著嘴。老師走近兩位女孩，試著看米娜的眼睛，但是米娜繼續看著別處。老師對她說：「米娜，克莉絲婷在問你一個問題，妳需要回答她。」米娜繼續看著別處。老師看著克莉絲婷，建議她再問米娜一次。

「米娜，妳是我的朋友嗎？」米娜用抱怨的聲音回答，沒有看克莉絲婷：「不是，我不想要。」她似乎很用力的把這些字從嘴巴說出來。

幼兒是在社會情境裡學習語言和理解關係，最開始是在家庭裡，然後加入托育環境。因為米娜與克莉絲婷的語言和社會經驗仍在發展中，她們解決人際關係問題的方法很有限。

下面的事件是一個典型的社會情境，在裡面，四歲幼兒使用語言，而不是用手和腳，來解決看法上的差異：

收拾過後，喬伊很堅決的走向安東尼和璜卡羅斯，很生氣的用手指重複戳那兩位男孩，霸氣的叫著：「這是誰的主意啊！我剛剛坐在這裡的！」

安東尼和璜卡羅斯忽略他，看向別處，跟圍在他們旁邊的幼兒說話。不過，喬伊堅持：「我剛剛坐在這裡的！我剛剛坐在這裡的！我剛剛坐在這裡的！」

安東尼頑皮的抬起眉毛，直直的看入喬伊的眼睛，手指著璜卡羅斯，半自我防衛的說：「他坐走了你的位子。」

璜卡羅斯開始防衛自己：「嗯，我……」喬伊驕傲的打斷他，宣布：「我不會給你的。」然後從口袋裡拿出一個很閃亮的青綠藍色蝴蝶別針，讓人羨慕的玩著。

在下面的紀錄裡，當一年級的男孩和女孩探索社會傳統習俗時，他們發現了相反的家庭經驗：

露西和朱利安手牽著手。露西說：「我要你做我男朋友，你很漂亮。」她把臉伸向他，嘟起嘴巴，閉上眼睛，等著他吻她。他驚愕的看著她。她用一種惱人的口氣問：「你為什麼不想親我？你沒親過女孩子嗎？」

朱利安說：「有，我姊姊。」

露西回答：「嗯，你太笨了。我有很多男朋友，他們都親我的嘴巴，像這樣。」說著，她就在他臉上濕濕的親了一下。震驚而且惱怒，他用手抹掉臉上濕濕的地方。

露西問：「你喜歡嗎，朱利安？」

他皺皺眉，驚呼：「什麼！你弄在我臉上濕呼呼的東西嗎？我恨它！不要再這樣做，不然我要揍你的鼻子！」

露西呻吟：「你真的很笨，說它濕呼呼的。我媽咪和爸比都這樣做。」

朱利安憤怒的嘟噥說：「我爸比從來不做這種事，他很大、很壯，如果我媽咪那樣親他，他就揍她的臉。」

露西睜大眼睛。「你爸比揍你媽咪的臉？」

「每天，然後我的媽咪哭，我的 baby 妹妹哭，但是我不哭，我只是把我的房門關起來。」

露西張開嘴巴好像要說話，但是沒有說出任何話。她搖搖頭，低聲說：「我的爸比從來沒有打過我媽咪，只有親她。」

幼兒透露這種私密訊息並非不尋常，聽到這些話，教保人員可能經驗到價值觀的衝突。對於教保人員在記錄對話時應持什麼角色而言，教保人員當然應該要以不具判斷、支持的方法來協助朱利安和露西瞭解每個家庭有所不同，而不批評或嘲諷任何一方。這段觀察紀錄也提醒教保人員要諮

詢其他專業人員，看看要如何評估這些訊息是否蘊含虐待，並且評估適當的措施和步驟。

當教保人員記錄幼兒和其他幼兒或大人說話，會看見幼兒使用語言來表達想法、交流資訊、建構概念、講道理及描述。幼兒在社會情境裡問問題和質疑，聽聽下面兩位二年級兒童一起思考某些基本問題：

> 歐李斯特對古斯塔夫說：「我們去看黃金鼠的墓。」
>
> 古斯塔夫反對：「它在天堂。」
>
> 歐李斯特很有自信的解釋：「還沒去天堂，有一次我埋了一隻鳥，花了好長一段時間它才去天堂。」

幼兒的社會語言有很多是沒有話語的啊！有誰沒聽過幼兒運用「噪音」來溝通意見或情感——「噁」或嘔吐、打嗝或放屁？在下面的紀錄裡，一位三歲幼兒和一位四歲幼兒的社會交流主要是非口語的：

> 李蕭是個三歲大說中文的孩子，艾瑞可四歲大，只說西班牙語。他們在滑梯底部玩，同時各推著一輛小汽車上斜坡給在頂端的另一位幼兒，這位幼兒會把汽車再滑下來。當李蕭第三次把汽車推上去時，在頂端的幼兒拿著車子走了。李蕭伸手要拿艾瑞可的車子，艾瑞可抓著車子大叫：「我的（西語）！」李蕭叫：「師！」但是老師在聽力可及的範圍之外。艾瑞可也加入叫：「師！師！」整個過程中，兩個人都緊抓著車子拉扯著。李蕭舉起手，碰了艾瑞可的頭髮好像要扯的樣子，艾瑞可也做同樣的動作，但是兩個人都沒有真的扯頭髮。他們互相推著。那個幼兒突然拿著李蕭的車回來，從上面滑下來。李蕭放開手，抓住自己的車子，微笑。艾瑞可對著她微笑，說：「我告訴妳那是我的（西語）。」他們繼續在滑梯玩，好像什麼都沒發生過。

幽默

幽默來自於能辨認不協調之處。幼兒經驗到意外之事時會開懷大笑，例如：在滑梯底部突然跌撞，或騙老師說他們需要幫忙然後自己幫自己。他們新近學會控制肢體，遇到因為肢體控制不好而不協調時會感到很有趣。但要等到對於字詞及其概念都有某種程度的理解之後，幼兒才能聽懂口語的不協調，一個人必須知道哪裡不協調才能覺得有趣。在下面的紀錄裡所牽涉的不協調，對四歲幼兒而言，都很具體且能理解：

> 安傑羅，眼睛閃亮著說：「你不吃午餐盒！」
> 芬恩回答：「你吃 Cheerios 脆片。」然後兩人對自己的玩笑咯咯的笑著。

> 尼爾斯偷看著珊卓卡，她剛從雨中走進來。他很嚴肅的問：「珊卓卡，妳今天剪頭髮了嗎？」珊卓卡愉快的笑著，告訴他她剛剛在雨裡洗了頭髮。

對下面的五歲幼兒而言，不協調之處就比較抽象：

> 約尼用權威的聲音告訴幼兒：「我的外套不能淋雨。」有人問為什麼，約尼的臉亮起來，愉快的說：「它會融化！」

> 史考特對進到教室的廚師列尼說：「你煮得很好，列尼。」
> 列尼誠懇的回答：「喔，謝謝你，甜心。」
> 史考特和帕布羅一起咯咯的笑，兩個人重複說「甜心？」之後，列尼再進來，史考特說：「哈囉，甜心，哈囉，甜心。」調皮的咯咯笑。
> 帕布羅模仿他，對列尼說：「哈囉，達令。」史考特告訴列尼：「他叫你達令。」

列尼說：「沒關係，他是我的男朋友。」

史考特和帕布羅彼此對看，突然抖動頭，緊閉嘴唇，假裝很驚訝，然後爆出一陣大笑。

幼兒理解及使用雙關語嗎？下面的對話顯示五歲半的法蘭克知道如何使用：

法蘭克：叩—叩—叩。

老　師：誰啊？

法蘭克：香蕉。叩—叩—叩。

老　師：誰啊？

法蘭克：香蕉。叩—叩—叩。

老　師：誰啊？

法蘭克：橘子。

老　師：哪一個橘子啊？[1]

法蘭克：你開心我不是說香蕉橘子？

他笑得彎了腰。

幼兒吟唱嗎？三歲的凱在廁所內玩著沾了肥皂的海綿，吟唱著：

你開心我擦了鏡子嗎？

你開心我擦了牆壁嗎？

你開心我擦了地板嗎？

妮基，六歲，玩著西洋棋，吟唱著：

---

[1] 原文是 Orange who? 美國人名中名字放前面，姓氏放最後面。此句是問 Orange 姓什麼。法蘭克回說姓「你開心我不是說香蕉」（you glad I didn't say banana），帶有兩種意涵：(1) 依照姓名傳統在名子（橘子）前加上姓，(2) 把他想跟老師說的話當「姓」。

哈哈！兩個對一個。

我讓你跳過我

只因為我要讓你～～知道

那個～～走去～～那裡。

當班上的黃金鼠死掉時，一位七歲幼兒吟唱著：

我好難過泰比死翹翹，

我們埋了牠，沒有買花，

所以我們要買新老鼠。

理解

透過下列觀察，教保人員會找到證據顯示幼兒理解大人在說什麼、理解別人期待他們做什麼、理解他們有什麼選擇，以及他們要做些什麼：

● 他們的臉部表情：同意、惱怒、生氣、害怕、開心。

● 他們的行動：對大人言語是正向或負向回應。

● 他們的非口語情感表達：笑聲、眼淚、拍手、踏腳、大聲嘲笑、眼睛低垂。

● 他們的口語回應：「好！」「我不要。」「不要跟我說話。」

下面是一些記載有關幼兒理解狀況的指引：

● 幼兒是否傾聽、記住及遵循指示？例如：當教保人員說：「把拼圖收好後，可以洗手，然後來拿午餐。」幼兒怎麼做？

● 幼兒對於教保人員所唸的故事有什麼樣的回應？

　➤ 理解故事中的概念和意義嗎？

　➤ 能連結故事到自己的經驗嗎？

　➤ 理解所有的字詞嗎？哪些字詞不熟悉？在這些字詞裡，哪些是平

常用語？哪些是文學用語？哪些是特定的文化用語？

● 幼兒是否在適當時機需要視覺輔助來理解故事？

● 幼兒能掌握非口語線索的意義嗎？例如：唸故事時，唸故事者的面部表情、行動、聲調、音量？（有些幼兒，尤其是雙語幼兒，可以理解人家唸什麼，雖然他們不太能適當的用英語表達）

● 幼兒是否閉上眼睛以便聽得更清楚？或者蓋住耳朵以便看得更清楚？（這可能表示有視覺處理方面的問題）

● 幼兒是否理解及使用成語、吟唱、故事或對話裡的字詞？

幼兒通常只理解字詞的表面意義，也以之回應。有時候，幼兒錯誤的詮釋了大人的語言而加入了自己的個人意義：

> 五歲的約格在玩水箱，玩得全身濕。他對老師抱怨，老師
> 說：「別擔心，我會換你。」
>
> 「換我？換成……？」約格啜泣的說。
>
> 當老師瞭解約格的害怕後，解釋：「我是說，我會換你的衣
> 服。」（Harriet Cuffaro, personal communication, 1995）。

詞彙和語言結構

幼兒詞彙及語言結構的特性受到家庭及社區／文化的影響很大。有些幼兒的家庭認為說話是生活中很重要的一部分，有些家庭則比較不這麼認為；而且如同我們在前文所見，同樣的詞彙可能有很多不同的意義。幼兒使用的詞彙能告訴我們幼兒在思考什麼嗎？下面提供一些觀察的指引，其目的在「獲得整體印象」（getting the picture），而非判斷。

● 幼兒的詞彙是否足以讓別人知道他的需求？

● 幼兒的詞彙與同年齡及同背景的幼兒相比如何？

● 幼兒主要是講英語以外的語言嗎？他能互換該語言和英語嗎？

● 幼兒的詞彙是否反映出某個地區（某文化）的特性？

相同的物品在不同的地區使用的詞彙不同。例如：對於包包，美國中西部說 **sack**，東北部說 **bag**；對於汽水，美國中西部說 **pop**，東北部說 **soda**；義大利的三明治（sandwich），到了美國各地就變成了 **submarine**、**torpedo**、**hero**、**wedge**、**hoagie**、**po'boy**。在各自的地區內，這些名詞不會混淆（Owens, 2001, p. 413）。

● 幼兒是否已發展出使用詞彙來表示位置的能力？例如：「我要把木偶放在椅子上面，把動物放在椅子下面。」
● 幼兒的語言是否出現該年齡幼兒不該有的詞彙？這些詞彙可能有很多種類，包括有特定意義的字（如：cooperation，合作），以及一些過分色情的詞彙或顯示幼兒目睹大人行為或事件的詞彙。

　　兩位快四歲的男孩為一個跳馬大聲的爭吵。老師請他們分享。瑪麗亞走過來看看是什麼事，權威的說：「他們需要合肚（cop-er-a-shun）。」

　　「那是什麼意思？」老師問。

　　瑪麗亞自信的說：「就是每個人輪流。」

● 幼兒是否已知覺相像聲音的字可有多種意義，如：**pair**、**pear**（雙、梨）；**dear**、**deer**（親愛的、鹿）；**see**、**sea**（看、海）？
● 幼兒是否喜歡玩字？怎麼玩？玩字的遊戲是在扮演遊戲的情境內，還是出自對於聲音關係的注意？

　　郎恩，四歲，爬上攀爬架，開始叫：「酪梨，酪梨，來拿你的新鮮酪梨。」其他幼兒沒有回應，但是郎恩繼續他的遊戲，堅持的叫：「酪～梨～，酪～梨～，新鮮的酪梨。」

　　米奇站在攀爬架內，叛逆的叫：「那些不是新鮮的酪梨，是

毒藥。」

　　阿爾伯特調皮的笑著模仿說（不帶惡意）：「來拿你的糟糕酪梨。」

　　米奇輕蔑的說：「來拿你的蠢酪梨。」米奇和阿爾伯特兩人都在攀爬架內，一起笑著。

　　郎恩（繼續不在乎的）叫：「拿～你的～新鮮～酪～梨～喔。」

● 幼兒能創造有韻的語句嗎？

　　一位三歲幼兒唱著：「蝴蝶，蝴蝶，飛～。蝴蝶飛，鳥兒飛，鳥兒，鳥兒，蝴蝶飛，飛，飛。」

　　一位兩歲的幼兒一邊玩一邊唱：「我們來睡覺覺變漂漂。」

敘事風格

　　教保人員必須瞭解，看起來好像不正常的語言或讀寫可能是個人或文化差異的結果。依據 Hurley 與 Tinajero（2001），西班牙語和美國原住民語是非線性的：

　　母語為非英語者使用的敘事風格與模式和英文有很大的差異……。說西班牙語的學生用英文寫作時，常常會使用他們母語的敘事模式……。因此，一個以英文線性邏輯為基礎而訂立的寫作評分指引，可能會有類似好故事一樣的標準，要有開端、中間和結果。學生用西班牙語寫作可能不用這種線性邏輯，因此，會被判斷為能力不足的寫作者。（p. 46）

　　透過語言和故事，幼兒將他們個別的「社會及文化我」帶入教室，幼兒可能會以非常個人的風格來連接事件及敘說故事。觀察幼兒的敘說

是否依循著線性順序，一個事件接著一個事件——「主題中心」（topic-centered），還是把幾個事件用一個「聯想主軸」（associated）相互連結。

記錄但不加以詮釋，幼兒的敘事可協助教保人員理解及欣賞幼兒的特殊風格，敘事也能打開教保人員的眼睛去看幼兒的經驗。對於下面五歲蕭恩所敘說的故事，教保人員會怎麼想呢？

> 這是一個城堡。有一天有個問題。有一些不同國家的士兵，這些國家是英國和芝加哥和紐約市和非洲。然後非洲在紐約市的旁邊。他們開始打仗。萬歲！萬歲！紐約市贏了。他們有一個寶寶，每兩天他都很好。紐約市很高興他們贏了。他們幾乎從此過著幸福快樂的日子。他們是好人。

下面這位四歲幼兒說的故事是主題中心式的：

> 從前有一個女孩，她希望有一隻狗。一天晚上她夢見她有好多隻狗，她就想第二天她會有一隻狗。結果她真的有一隻狗。（Hayes, 1993, p. 63）

下面的故事是一位快四歲的幼兒所敘說的，混和了兩種風格，故事的點點滴滴顯露出她嘗試理解複雜的關係和事件：

> 從前，有一個小女孩，她很窮。因為她沒有媽媽。然後從她的屁股冒出來一個嬰兒。然後她的媽媽一直長，一直長，一個男嬰兒從她媽媽的屁股冒出來。然後這個嬰兒一直長，一直長，長得很高變成爸爸。然後他們不窮了。然後這個媽咪和女孩和爸比到商店去買東西，他們發現一隻真的火雞，叫著：「咯咯，咯咯。」然後他們回來，抓到一些魚。然後他們出去吃飯，看了超人和女超人的電影。然後他們看見路易斯巷，然後他們去睡覺，

他們醒來，去搭地下鐵。然後他們回家，去睡覺。早上去學校。
說完了。

有時候幼兒會說故事來搭配圖畫，此時風格就不是重點，而是內容。
教保人員是否能夠接受幼兒生活及傳統中令人害怕的面向？一位二年級生
對於他的圖畫說了下面的故事，老師記了下來：

這是太陽戴著太陽眼鏡，太陽試著不要去看藥。這些都是啤
酒罐和藥和快要死的死鳥，草地快死了，樹快死了，樹葉正掉下
來，快死了。（Project Healthy Choices, n.d., p. 13）

●● 觀察話語

大部分幼兒到了四歲時能正確的使用他們語言的基本形式和結構，不
過，英語為第二語言者會犯一些可理解的錯誤。例如：一位四歲幼兒在中
文和英文兩種語言中轉換，當被教保人員催促時，說：「老師，老師，非
常，非常，廁所！」雖然他不是說標準英語，但他的意思非常完整清楚。
教保人員需要去聽、瞭解及支持幼兒的語言，同時示範標準英語。

語句結構

觀察幼兒所說的字詞、成語或語句：

- 幼兒的話語是否與其口說語言的模式一貫？例如：在英文裡，句子
  的順序是：主詞、動詞、受詞，如：「我要牛奶」？
- 幼兒是否顯示出理解文法中的規則性，例如：walk 的過去式是
  walked，girl 的複數是 girls？
- 幼兒是否顯示出理解不規則性，例如：sing 的過去式是 sang，buy
  的過去式是 bought，mouse 的複數是 mice？（這些是幼兒對語言

更高階知覺的證據，可能是聆聽適當語言榜樣的結果，也可能是到了該語言發展階段）

● 幼兒如何使用時式？例如：只會用現在式？（「I go home.」「I buy candy.」「I am playing with blocks.」），還是會過度推論（「I goed home.」「I buyed candy.」）？或是，他會使用現在式、過去式及未來式？使用的正確還是不正確？（「Where were you when I looked for you?」「I will come to your house on Saturday.」）

● 幼兒會適當的使用代名詞，還是會混淆？

在下面的紀錄裡，我們不只看見幼兒能勝任的使用英語的說話模式，也能看見他們對語言本身的興趣。他們嘗試理解語言與家庭、文化間的關係所帶來的啟示：

> 賈斯汀和皮卓坐在一起看一本書，賈斯汀輕聲的問皮卓：「西班牙的愛怎麼說？」
>
> 皮卓驚愕：「愛？你想學西班牙語？」
>
> 「對！」
>
> 「你為什麼想學西班牙語？」
>
> 「這樣我就可以說『每個人愛每個人』！」
>
> 皮卓接著生氣的問：「你是美國人嗎？」
>
> 賈斯汀回答：「是。」
>
> 皮卓反駁：「那你不能學西班牙語！」
>
> 賈斯汀伸出下巴，睞著眼睛，要求：「你是西班牙人嗎？那你不應該在紐約！」
>
> 皮卓解釋：「如果我是西班牙人，我可以在紐約。每個在布魯克林的人都是波多黎各人、黑人、咖啡人，像我一樣。」

記錄了前述對話之後，教保人員現在擁有了無可比擬的機會去進行文

化中介，不只是為賈斯汀和皮卓，也為其他旁聽的幼兒。對於誰「擁有」語言及是否某一種語言只能侷限於某個特殊地點，可提供這些六、七歲兒童有機會去瞭解語言對他們的意義，因而能更瞭解彼此。

如果幼兒的主要語言不是英語，試著瞭解幼兒對於該語言是否勝任。為了要進行這樣的評估，不熟悉該語言的教保人員會需要諮詢熟悉該語言的專業人員的意見（更多有關英語學習者的資訊，請參閱 Tabors, 2008）。

在下面的對話紀錄裡，費南多和譚妮雅（兩人都四歲半）顯示出對於西班牙語的掌握，加上能轉換英語的能力（當對納珊妮雅說話時）：

> 費南多、譚妮雅和納珊妮雅在玩塑膠船，但是費南多想要譚妮雅拿去的那艘大船。譚妮雅向費南多抱怨：「你為什麼一直煩我？（西班牙語）」費南多回答：「這不是妳的。它們都一樣。（西班牙語）」譚妮雅堅持：「我要這艘。（西班牙語）」但是費南多持續堅持：「但是它們是一樣的。（西班牙語）」譚妮雅感到挫折，大叫：「我要這艘！（西班牙語）」不輕易動搖，費南多重複的說：「但是它們是一樣的。（西班牙語）」在沮喪之下，譚妮雅嘗試另一個策略：「如果你給我，明天我帶糖果給你。（西班牙語）」她開始哭。費南多終於把大船還給她。譚妮雅轉向納珊妮雅，說：「來，納珊妮雅！（英語）」她們發出賽車的噪音：「弗……弗……畢……畢……畢……。」費南多宣布：「我贏了！（英語）」納珊妮雅很大聲的反擊：「才沒有！（英語）」突然，布列特走過來，試著拿走譚妮雅的大船，說：「給我！（英語）」譚妮雅抱怨的呻吟：「不要殺我！不要殺我！（西班牙語）」布列特離開。
>
> 後來，費南多和譚妮雅互揍對方，費南多推開譚妮雅，說：「不可以打架！不可以打架！（英語）」譚妮雅繼續，「碰！

碰！」費南多大聲說：「我說了不可以打架！（英語）」

主要語言不是英語的幼兒是否能夠「轉換語言」（switch codes）（就像上面例子裡的費南多）？轉換語言顯示幼兒能應用兩種語言的規則。雖然有時這被視為是無法掌握任一種語言，但在現實上剛好相反。語言轉換是一種複雜的技巧，顯示出說話者在每一種語言的彈性（Perez & Torres-Guzman, 1992）。

方言

英語的方言有自己的規則。如果教保人員對於幼兒的用法有疑問，在決定幼兒用錯之前，先找出幼兒是否依循著另一種文化的模式。下面第一則紀錄裡，說話者使用形容詞 bad（壞）來表示「很棒！」，但聽者並不如此認為。在第二則紀錄裡，幼兒在 mine 後面加上 s，〔因為在英文裡名詞後面加上 s（如：mother's、Andy's）〕是一種標示所有權的做法：

> 三歲的路卡斯聽到一個女人和別人開玩笑，說：「喔，莉列蒂，你好壞～！」路卡斯和莉列蒂有特殊的親密關係，站起來護衛她。「她不是壞女孩！」「喔，路卡斯，我們只是在開玩笑。」任何解釋都沒有用，路卡斯鼓起臉頰，雙臂交叉抱胸，仍然很憤怒。

> 當麥迪遜搶走四歲安納的卡車時，她抗議，說：「That's mines, mines!」

為矯正幼兒的方言，教保人員讓幼兒模仿自己說話，這種做法傳遞著「你們的溝通方式不好」的訊息。下面的例子裡，一位三、四歲幼兒以為教保人員瘋了，因為她一直重複糾正他，要他以「我很好，謝謝」（I'm fine, thank you.）來回應「你好嗎？」（How are you?）的招呼：

老師：Good morning, Tony, how are you?

東尼：I be's fine.

老師：Tony, I said, How are you?

東尼（聲音上揚）：I be's fine.

老師：No, Tony, I said, how are you?

東尼（生氣的）：I done told you I be's fine and I ain't telling you no more!（Delpit, 1995, p. 51）

發音

記錄幼兒的遊戲、編創的故事、重述已知的故事、對話、參與討論、任何時間說的話，這些紀錄全部都是幼兒語用的證據。

- 幼兒是否對於某些字的發音有困難？某些字母？
- 隨著時間的進展，發音的清晰度及精確度是否有增加？
- 是否有些字的某些字母沒被發出來？能知道是哪些音嗎？
- 幼兒無法發音的某些字詞及聲音是否因為英語不是母語？

例如：因為中文裡並無 r 的音，舌頭並未訓練發該音的動作；同樣的，說英語者也無法發出其他語言的某些音。在下面的紀錄裡，幼兒發現一位說英語的大人發的音不正確，試著糾正她：

一位說葡萄牙語／英文雙語的三歲半幼兒正期待著她的阿姨從巴西來訪。老師說：「我聽說你阿姨美麗娜今天要到你家。」那位幼兒糾正她說：「**瑪〜麗娜**」老師愉快的說：「對，美麗娜。」幼兒強調第一個音節，重複說：「不對，**瑪〜麗娜**。」老師最後察覺她沒抓到幼兒的訊息，問：「什麼？」幼兒，慢慢的，某種程度沒耐心，重複：「**瑪〜麗娜**。」老師慢慢的模仿，說：「**瑪〜麗娜**？」幼兒鬆了口氣，嘆氣道：「對。」

在西班牙語裡，st 音前面總是有個 e 的音，因此幼兒可能會依照西班牙語的規則，把 street 說成 estreet。其他的發音衝突也可能出現，例如：choose 變成 shoes，sing 變成 seen。這樣的衝突在下面的事件中充分顯現，在事件中，卡洛斯無法發 st 音，把 stump（樹墩）說成 sump：

> 一年級老師發著批改完的作業，她坐在學生前面的一張矮椅子上，學生不是蹲著就是坐在地板上。她一個一個叫學生的名字，評論他們的作業。
>
> 卡洛斯坐在她前方，就在她腳前。他熱切的抬頭看她，等著輪到他。當發到他的作業時，「卡洛斯……作業做得很棒！」她肯定地笑著。「每個人都只寫了一個例子，但是針對 sat，卡洛斯寫了 bat、cat、rat、hat，針對 play，寫了 they、hay、may，針對 lump，寫了 bump、hump、sump，嗯，我不太確定什麼是——sump？」
>
> 卡洛斯一開始看起來有點困惑，然後，他抬起頭直接看著老師，抬著肩膀，用很清晰、自信的聲音說：「那是 sump（強調的說），就是在樹裡的。」

另一個例子顯示，有時候看起來是文法的錯誤其實可能是發音的問題。六歲的莉莉正在學習英語，他的母語是韓語，似乎無法發最後一個子音 n：

> 老師告訴米亞，韓語的朋友是 chingu。米亞問莉莉：「妳是我的 chingu 嗎？」莉莉拉著米亞的兩隻手，展開一個大微笑，說：「妳怎麼知道那個字？」莉莉驕傲的宣布，她會用「Korea」（韓國）寫自己的名字。米亞糾正她：「妳是說用 Korean（韓文）。」莉莉重複：「對，我用 Korea 寫我的名字。」米亞強調「Korean」的「n」問：「妳能用 Korean 寫我的

名字嗎？」莉莉說：「不會，我才剛學。」

語言是從榜樣及使用而學習。當幼兒有這兩種機會時，語言會發展、擴充及深化。隨時間進展的紀錄能顯示語言發展的進步。

幼兒對於語言怎麼發展有自己的想法，下面一位教保人員的紀錄顯示一群八歲兒童在回答她的問題「你們認為為什麼人們會說不同的語言？」的一些深層思考：

> 「嗯，」艾迪沉思的說：「那要看你的聲帶裡是什麼語言。」「你知道，」布蘭帝流利的接著說：「每個人的身體裡都有三個語言，但是聲帶只跟其中一個連在一起，那就是你說的語言。」拉蒙繼續：「事實上，你說那個語言是因為你的媽媽說那個語言。你看，當嬰兒在媽媽的肚子裡，有一個英語管子從媽媽的聲帶連到嬰兒，當媽媽說話的時候，一些英語會從她的嘴巴跑出來，有些會從管子往下傳給嬰兒，嬰兒就是這樣學會說英語。」「不對，」米瑞恩說：「那不可能，因為我有個朋友，他是菲律賓人，他的媽媽說菲律賓語，但是他只說英語。」沒幾秒鐘，拉蒙就有了答案。他耐心的解釋：「你知道，從媽媽那邊連到嬰兒的語言管子有不同形狀，英語管子是圓的，很好用，菲律賓語的形狀有點奇怪，像三角形，不是很好用。」

鼓勵幼兒表達他們對於語言的想法（及任何其他事情）可帶來無數的故事，千萬不要因記錄很費時費力而錯過這些故事！

●● 觀察讀寫的萌發

在世界很多地方都認為語言、書寫及閱讀的出現，是因為幼兒很想加入人類社群。就像語言在書寫前萌發且為書寫所需，書寫在閱讀之前出現

且是閱讀的「必要輔助物」（Clay, 1975, p. 2）。書寫和閱讀是語言的經線和緯線，創造出文學的織布。當老師提供材料（紙，蠟筆、鉛筆、筆記本、空間）和示範（在幼兒書寫時唸出來、記錄幼兒的口述內容、使用經驗圖表、創造符號），就會滋潤及支持幼兒從塗鴉進步到書寫（Hayes, 1990）。

對幼兒讀寫萌發的觀察可以從他們的寫作和語用中萃取，教保人員必須注意他們的語用，還必須注意幼兒「如何」在這些情境裡面運作，如下面的提示（如想理解更多有關書寫發展的觀察，請參閱 Clay, 2001）：

● 幼兒是否連結了「說的話」和書寫的字？下面的事件示範了一位幼兒嘗試連結書寫和真實的物品：

麥斯，四歲半，坐在紙和蠟筆前，對老師說：「我要bubblegum（泡泡糖）。」她問他是什麼意思，因為幼兒園裡沒有。「我是說你拼給我——然後我要拼它（指著紙）。我是說你拼出來，我要畫，因為我想要它。」當老師慢慢說出每一個字母，他寫下每一個字母。當他在寫字母 b 時，他的嘴唇緊閉，看起來好像在發出 b 的聲音，有時候會吐出一些輕快的爆破聲。他完全沉浸在活動裡。他用右手寫字，左手緊緊的抓著紙。寫完了每一個字母後，他用唱歌的方式說出每一個字母名（是老師聲調的誇張版），拿起紙張讓老師看。當老師說第三個 b 時，他抬起頭，嘴唇和眉毛皺起來。「我已經寫過了！」他困惑的說。當老師解釋在 bubble 裡有三個 b，他再回去寫。當老師唸到 l 時，他停住，眉毛深鎖。「給我看 l。」老師寫了一個小寫的 l。伊芙一直在旁邊看，說：「另一條線。」麥斯似乎很快就瞭解，「我知道怎樣寫一個真的」，寫了一個大寫的 L。當他寫 e 時，他邊說「eeeee」。麥斯和老師又重複這樣拼字母及寫字母的過程二次。然後他小心的把紙捲起來，跟老師要膠帶，請老師在上面寫

媽咪和爸比。快放學時，麥斯的母親來接他，麥斯給她捲起來的紙，說：「我要泡泡糖。」

- 幼兒是否不願意從事書寫？還是很感興趣且渴望？
- 是否有證據（在幼兒的筆記本或檔案、畫作裡）顯示幼兒隨著時間進展，從塗鴉進展到字母、字母列、字、名字、字群，最後到句子？
- 幼兒是否描寫或摹寫教保人員所寫的字或符號，或自己寫的東西？幼兒是否會「讀」自己的塗鴉？
- 幼兒是否展現出知道要從左邊寫到右邊？
- 幼兒是否「讀」書給自己聽？給別人聽？書本的方向是否正確？是否依序翻頁？喜歡人家讀書給他聽嗎？
- 如果英文是幼兒的第二語言或幼兒使用方言，母語的特性如何反映在幼兒的書寫上？（書寫可用來學習標準語言）
- 幼兒在書寫時是否展現出彈性或實驗性？
- 幼兒自創的拼音顯示出對於字母及字的拼法有什麼直覺？

　　一位五歲幼兒畫了一個人，有著大大的微笑、瘦瘦的身體、樹枝狀的手和腳。下面寫了「PRSN」（代表 person）。

- 幼兒是否為社交意圖書寫？寫給朋友或家人？傳達想法和經驗？

　　一位六歲幼兒畫了三條魚，在畫上端寫了「Are FISH SIM ALAt.」（包括句點），代表「Our fish swim a lot.」

- 幼兒的書寫是否隨著時間有所進步？
- 幼兒的錯誤是否有道理？

讀寫從出生就開始，透過語言發展而開花成為寫作和閱讀，幼兒在掌握這些技巧時展現非常大的差異性，觀察和記錄顯示幼兒在成為成熟的讀寫者路上所採取的各種路徑。

Chapter 11

記錄令人不安的行為

　　教保人員每天都會碰到幼兒出現困擾、混亂或令人不安的行為，常常無法確定要如何回應。大部分教保人員班上都至少會有一位幼兒讓他們懷疑為什麼每天都要充滿挑戰，我們都聽過或說過這樣的評論：「他就是沒辦法專心」、「她好像沒有朋友」、「他實在太笨拙了」、「她總是反對」、「他讓其他小孩欺負他」。

●● 蒐集資訊的價值

　　對於行為令人擔憂的幼兒所做的觀察，不會使我們得到結論或做出診斷性的分類，但是，觀察可以幫助我們思考，幼兒看起來是否能整理他在教室裡持續遇到的刺激和訊息。例如：當必須要輪流時，他能調節自己的衝動嗎？或者因當天有訪客而臨時變更作息時間時，他能控制自己嗎？

　　觀察可以提升我們對於幼兒如何調節及控制（很穩定或有困難）他的行為及身體動作的覺察。身為成人，我們太習慣使用口語來表達想法及情感，使得我們太常忽略幼兒所發出的肢體動作訊息。注意幼兒的身體所展現出來的自信（或缺乏自信），察覺幼兒對於自己身體的控制（或缺乏控制）情形，注意幼兒如何調整身體以適應不同的情境（從玩遊戲到坐好不亂動）。幼兒與自己身體的關係很重要，因為身體調節是調節想法和情感的基礎（Greenspan, 1989）。

　　觀察紀錄會顯示需要關注的行為是**經常、持續或以一貫模式出現**，以及**在哪裡、什麼時候及在什麼情況下**出現。記住，沒有某個單一行為是有

特殊意義的，只有幾個持續出現行為的組合才能表示某個問題的存在。教
保人員可以在擬定如何協助幼兒的過程中對幼兒園主管及同事分享幼兒的
行為紀錄。

雖然這些行為是否真的需要擔憂最終可能還需要尋求其他專業協助，
但本章希望能提醒教保人員**花時間**去蒐集資料。雖然有些幼兒最終可能需
要額外的專業協助，但我們請求教保人員不要急於轉介。

幼兒園目前接受零到八歲的幼兒，涵蓋的發展能力和行為很廣，經常
為教保人員帶來挑戰。為了放大自己的視角，教保人員可以思考下列的問
題：

- 此行為普遍存在嗎？
- 在特殊活動或一天中的特殊時間重複出現嗎？室內或室外？
- 是否出現在特殊的情境，例如：轉銜時間、團討時間或休息時間？
- 有明顯引發此行為的人事物嗎？
- 此行為如何影響我（教保人員）？
- 此行為如何影響同事？
- 是否打擾了其他幼兒？
- 這代表什麼？我應該改變教室環境嗎？
- 我可以提供此幼兒什麼額外的支持呢？

●● 不尋常行為的實例

以下的觀察紀錄涵蓋教保人員覺得困擾及不安的行為，涵括了不同的
情境，應可引發教保人員的共鳴。

和大人的關係

在下面的事件裡，五歲的里歐雖然已在此幼兒園就讀了三年，教保人

員還是需要提供他鷹架，讓他能夠整理自己的情感來處理和媽媽的分離：

> 里歐進教室，依偎著媽媽，緊緊握著她的手，頭埋在她的裙子裡。當她和老師說話時，他放開她的手但用一隻手指頭緊緊的勾著。他的媽媽帶著他到有蠟筆和紙的桌子，他把蠟筆在紙上滾過來滾過去，她坐在旁邊看著。當她起身離開，他丟下蠟筆，皺著臉，抓住她的手臂。老師說：「我和你一起跟媽媽走到門口。」當老師和里歐再回到教室時，他在哭，老師把他抱在腿上，「我知道你想媽媽了，想抱一下嗎？」他把頭靠著她。幾分鐘後，他能控制不哭了，從她腿上移動到一張桌子看人家玩賓果遊戲。

在下面的紀錄裡，幼兒拒絕教保人員介入的同時，也對教保人員的介入感到不舒服：

> 大部分四歲組的幼兒都已坐好等著黏土。瑪莉坐在梅根和赫克特中間，當瑪莉拿到黏土時，放在板子上重重的拍，接著試著拿起來。她很開心的發現板子黏住黏土了，她用黏土把板子舉起來，砰砰的把板子摔回桌上，重複了幾次。赫克特請她停止，但是她忽視他，繼續砰砰的摔。老師叫她，請她停止，她大叫：「不要！」重複好幾次，然後大哭。

自我調整

調節人的行為有很多種方法，有時候教保人員的介入能將幼兒往前推進，但有時則不能：

> 克萊恩，五歲，慢慢的洗手，他很用力的拉擦手紙機器的拉桿，扯下一大張擦手紙，他繼續拉了五、六次，每一次都扯下一張擦手紙，丟到機器下面的垃圾桶。當他要開始再拉拉桿時，

老師溫和的說：「克萊恩，你已經有擦手紙了，我們來把手擦乾。」克萊恩放開拉桿，用最後一張擦手紙把手擦乾。

在下面的紀錄裡，一位六歲幼兒突然發脾氣。他早就過了發怒的年齡，而這個情緒，不論是什樣，都超過了他能調節的範圍：

老師正在唸故事給班上幼兒聽，當她說她會把書修好因為書破了，班恩（六歲）說他要槍斃老師。他趴在地板上，邊哭邊踢腳。他坐起來，繼續哭，一邊說著聽不清楚的話。老師用膠帶修好書後，他繼續哭，拒絕聽故事，一直說「撕掉它（指膠帶）！」

下面是一個令人苦惱的例子——一位三歲兒堅持要喝顏料：

愛瑞麗（三歲八個月）坐著，在一張白報紙上畫顏料，身旁有四罐顏料罐，每一罐插著很大的畫筆。從藍色顏料罐拿出畫筆，她用畫筆在紙上輕輕拍了幾下，創造出一團小色塊。接著，她拿起所有顏料罐裡的畫筆，放到白色顏料罐裡，她拿起黃色顏料罐（現在已經沒有畫筆），拿到嘴邊，嘟起嘴巴好像要喝。老師溫柔的把罐子拿下來，說：「顏料不是用來喝的，愛瑞麗。」幾分鐘後，她又試著喝顏料，老師重複她的話，把愛瑞麗移到另一個活動。

自我概念

下面的簡短紀錄顯示兩位幼兒的自我觀感，值得持續的觀察：

傑克（三歲）經常說自己「笨」，稱自己「傻瓜」。

瑞娜（五歲）經常把她的畫作揉成一團，丟到垃圾桶，說它們是「垃圾畫」。

下面的幼兒能察覺自身的安全嗎？還是她在進行一個令人憂心的冒險？

> 在一次到鄰近公園的戶外散步時，四歲的依娃看到冰淇淋車停在遊戲場籬笆外面。她試著衝出遊戲場，但是老師阻止她，說：「依娃，妳這樣離開不安全。」

語用

幼兒的語言使用也可能引起問題。例如：幼兒使用與年齡不符的代名詞用法：

> 五歲的基爾伯特穿上一件白色外套，說：「Me doctor.」[1]

四歲的安姬把你、她跟我混淆：

> 「安姬，妳早上吃了什麼？」老師問。
> 安姬回答：「她吃了脆片，然後她必須穿衣服去上學，妳（指『我』）現在想要騎腳踏車。」

歐尼斯，四歲半，不使用「我」而用自己的名字：「**歐尼斯要火車。**」

粗動作和精細動作的運作

幼兒如何依據空間的要求來調整自己的身體動作有其社會意涵，幼兒的動作對於情感、社會及認知行為都有重大的影響，在空間協商上有困難可能會帶來負面效應。例如：

> 五歲的克林在搭建積木，他經過別人蓋的積木時，好幾次推

---

[1] 正確說法應用 I 而非 me。

倒別人的積木。他每一次都對其他幼兒的憤怒感到驚訝。當其他
幼兒抱怨時，老師解釋：「那是意外，我們來修理。」顯然那並
非故意的動作。

艾登，六歲，沒有辦法靜靜的坐好，總是扭來扭去、轉動身體：

> 分享時間，艾登和大家一起圍坐成圓圈，他盤腿坐著，把綁
> 褲子的腰繩拉出部分，慢慢的在運動鞋的鞋帶上綁了一個複雜的
> 結。五到十分鐘後，腰繩和兩隻運動鞋的鞋帶綁在一起，從腰到
> 鞋形成一個 T 字。如果他要站起來，是沒辦法的。助理老師移
> 近他，把他的注意力放在分享的內容。當分享時間結束，她靜靜
> 的幫他解開結。

假扮遊戲技巧

幼兒如何在遊戲情境內與其他人遊戲很需要記錄。幼兒年紀越大，他
和別人的共同活動就更重要。幼兒是否無法在自己的遊戲中納入別人的主
意？這是不是常態？

> 五歲的珍加入其他兩位正在玩太空遊戲的幼兒，她開始尖
> 叫：「我是媽咪，我是媽咪！」其他幼兒告訴她：「我們沒有在
> 玩那個，妳一定要是太空巡邏兵。」

本章所呈現的每一則紀錄都捕捉了一個單一事件，幼兒在其中的行為
可能引發關注。雖然我們不知道所有幼兒這樣表現的原因，但我們能透過
觀察蒐集資料、記錄資料，把我們觀察到的資料和同事及其他專業人士、
家長討論。在任何教室裡都有這樣的行為，有的可能很明顯需要專業關
注，但是，尋找額外專業支持應該在一段時間的資料蒐集歷程之後。

Chapter 12

觀察與記錄嬰兒及學步兒的行為

在托嬰中心或居家托育場所觀察嬰兒和學步兒，最重要的是要有一雙銳利的眼睛和耐心與堅持，因為三歲以下幼兒的動作似乎是以百萬分之一秒在校準，一個行動接著一個行動，通常以不連貫的方式連結，讓我們不禁懷疑這麼小的人怎麼能在這麼短的時間內想到這麼多事去做、這麼多種方法移動自己——在桌邊座位上、桌下方、桌旁邊、桌上方。所有的行動都在幾分鐘內發生，讓記錄者，但絕不是幼兒，幾乎喘不過氣來。

記錄者因此可能在準備觀察記錄時，忽然面臨一個狀況——根本沒有可以辨認的活動，幼兒很短暫的靜止或發呆，或重複的摸東西或咀嚼一撮毛。記錄者可能會發現自己「關機」了、不安或無聊。觀察三歲以下幼兒和觀察三至六歲幼兒是多麼的不同啊！

●● 解讀所觀察到行為的意義

要弄懂這些隨機動作的意義，最好是從嬰兒或學步兒的觀點來思考每一個行動，把每一個行動當作一個完整的事件。當我們用這個方法（透過幼兒的眼睛）看時，這些似乎不連貫的事件開始有了新的意義。因此之故，可以用三到五分鐘進行觀察，且應該盡可能記下所有細節。

也許有些活動看起來很不重要、太微不足道或太短暫而無法記錄，但不論如何，都應該寫下來，因為就是這些活生生的小證據累積起來，這個令人難以捉摸的嬰兒圖像才會變得生動。

例如：在下面的紀錄中，十九個月大的丹妮兒沒有驚人的行動發生，但卻是一個完整的行為，有開端、中間和結束：

丹妮兒穩穩的走向一個嬰兒床，床上七個月大的克勞蒂雅才剛醒。丹妮兒兩隻手放在床的欄杆上，看了那個睡眼惺忪的嬰兒很久，她柔柔的笑，然後走開。

我們不知道這個行動對這個學步兒的意義，但是當我們蒐集更多有關丹妮兒的資料，她對其他幼兒的興趣、愉悅或痛苦會開始浮現，顯示她逐漸形成的人際（和其他幼兒）關係模式。

總言之，為了要捕捉這些善變的三歲以下幼兒的生命，我們必須盡可能的記錄，不事先選擇事件。在這樣的情況下，有些紀錄會很簡短，如上面丹妮兒的紀錄；有些會比較長，如下面對於十五個月大約拿的紀錄。他正在吃午餐，和照顧者互動，也從其他學步兒接收到關愛的注意：

約拿在吃午餐的起司，他抓了一湯匙的起司，把湯匙在面前上下彈動，仔細看著，最後放到碗內。然後他再拿一湯匙，但當他看著坐在桌子對面的阿倫時，起司掉到桌上。「你要吃起司嗎？」照顧者路易絲問，沒有注意到起司從湯匙掉下來了。約拿頑皮的從眼角看著她，把湯匙放入嘴裡，舔光湯匙裡剩下的起司。

他在小椅子裡挪動身體，也許是想靠近桌子些，也許是想在椅子的空間裡重新調整身體。這樣做時，他失去平衡，向前摔，頭撞到桌的邊緣，哭起來。路易絲把他抱到腿上，他壓著她的身體。阿倫，三十二個月大，睜大眼睛看著約拿，說：「他在哭。」然後靠過去在約拿的臉頰上親了一下。約拿溜下路易絲的腿，穩穩的走到沙發，用手碰沙發上面的一個玩具電話。

●● 紀錄的價值

　　這些紀錄的價值在於它們幾乎像顯微鏡般的聚焦在學步兒和嬰兒的生命細節，這些細節經常在日常照顧的喧囂中被忽略。對於嬰兒和學步兒身體照顧上的優先負擔，加上他們發展上的快速變化，意味著照顧者必須對自己的行為做很多的轉變（經常是未加思考），來適應這些變化。在忙碌一天中要對這種原本不注意的事情做紀錄，可視為是時間的投資，因為它提供了教保人員和照顧者一個深度觀看幼兒生活和課程的角度。

　　在這種情形下，照顧者必須盡可能在這些波濤洶湧的發展變化發生時，抓緊時間記錄。這樣記錄下來的資料是豐富和發展嬰兒／學步兒托育課程的獨特資源，例如：紀錄可以和同事分享，成為定期、持續性會議的內容。這些紀錄分享的功能有二：(1) 一位或多位同事可以在某一段時期記錄同一位幼兒，分享這些事件能協助教職員不只瞭解焦點幼兒，也同時瞭解該特定年齡幼兒的發展特性。(2) 記錄的過程本身可以增長教職員的專業發展，作為成人反思如何細緻化照顧實務及作為教保人員反思自己觀察技巧的基礎。

　　事件的書面紀錄具體提供了幼兒發展持續開展的實例，教保人員可用這些嚴謹的書面證據磨練知識，因為教保人員必須決定他們觀察到的個人特性是否與該幼兒的年齡相符，同時也因此瞭解因個別差異所帶來的多樣性。

●● 時間的影響

　　對觀察三歲以下的幼兒而言，在一天不同時段記錄變得特別重要，因為時間對於這麼年幼兒童的情緒和狀況的影響通常很大。在上午 9:30 滔滔不絕的嬰兒，在中午時可能沒有生氣、嗚咽著，而在下午 4:00 時大發雷霆；在午餐前做的紀錄可能和下午做的紀錄大相逕庭，甚至看起來不像

是同一個幼兒。時間對幼兒所處整體環境的進行速度也有影響，像是照顧者自己在一天中的不同時間點感到疲倦或振作。再以托育中心為例，時間決定了哪一位教職員會在現場、哪些不在，而很明顯的，不同的人會為教室帶來不同的氛圍；同樣的，哪些幼兒出席、哪些幼兒缺席經常也和一天當中哪個時間有關，也對環境造成影響，而環境進一步影響其他幼兒和照顧者。

●● 要觀察什麼

在托育場所的嬰兒或學步兒的一天，不像幼兒園一樣有清楚區分的活動模式，因此，經常必須隨機記錄。不過，把握在下面所列的情境裡做紀錄，可在未來對於幼兒的團體生活提供一個綜合的看法：

- 抵達時間和離開時間。
- 例行性活動：
  ➤ 換尿布／上廁所。
  ➤ 吃飯／餵食。
  ➤ 睡覺。
  ➤ 出外活動。
- 遊戲和探索。
- 和成人及幼兒互動。
- 語言。

接下來我們逐一檢視上述每一個情境，示範從紀錄中我們可以挖掘出多少資訊。

抵達時間和離開時間

在人生的頭幾年，幼兒和主要照顧者形成很深的依附，通常是和家長

（此處指的是在家裡主要照顧幼兒的人，可能是某個親戚、認養家庭的家長或是在幼兒家裡照顧幼兒的人）、祖父母或其他親戚。這份依附提供幼兒一個堡壘，讓幼兒能開始將自己從依附分離出來，努力成為一個有自我概念的個體。抵達和離開托育場所時，嬰兒或學步兒大多數時候是由主要照顧者陪同。

在這些時間所做的紀錄提供專業人員一個機會，瞭解每一對親子在分離與重聚時獨特的協商品質，紀錄也能協助教保人員更有意識的聚焦於年齡和發展特性對於事件本質的影響，例如：一個五個月大的嬰兒不太可能會以二十一個月大幼兒的氣魄和情感來回應這些事件。另一方面，隨著時間的進展，一些個人獨特的特性可能會持續出現，像一條貫穿的線，紀錄的證據可以協助教保人員用適當的觀點來看這些發展的差異。

以下提供一些問題來提高照顧者對於抵達時間和離開時間的覺察，也作為記錄的指引。在思考下列問題時，需要知道某個年紀觀察到的行為，在其他年紀不一定會觀察到，因此，提出這些問題的用意在引導，並且假設教保人員對於各年齡的發展差異有所概念（如想多瞭解，請參閱 Casper & Theilheimer, 2009，第八章）。

嬰兒／學步兒抵達——家長離開。三歲以下的幼兒和他們的家長對於從托育場所離開對方後再相聚有很多複雜的情感，即使家長和幼兒都確知托育場所、幼兒園或親子遊戲團體提供的是良好、關愛的照顧，要離開彼此並不總是容易。這些感受透過很多種方式表達：

● 嬰兒／學步兒是否以眼神和家長接觸？
● 嬰兒／學步兒是否用眼神跟隨家長到門口，或跟著家長爬或走到門口？
● 嬰兒是否出聲音或抗議？哪一種？
● 幼兒是否用口語或肢體表示「再見」？
● 嬰兒／學步兒是否忽略家長，或表現得好像家長不在場的樣子？

● 嬰兒對於來接應的照顧者如何反應？

● 如果幼兒很痛苦，他是否能找到安慰自己的方法，例如：吸大拇指、玩玩具，或接受照顧者的關注？

以下是十八個月的史凱，他的爸爸剛帶著他抵達托育中心：

史凱的爸爸正要離開，史凱衝去門口追他，沒有發出聲音。照顧者金小姐抓住他，抱他，帶他去餐桌吃點心。他安靜的坐在金小姐旁邊，稍微屈服，臉上沒有表情。他大聲的吃一片蘋果。

茱莉莎，十四個月大，比史凱小，用另一種方式和媽媽分別：

茱莉莎的媽媽帶她進教室坐下，把她抱在懷裡。當照顧者艾嘉莎靠近時，茱莉莎從媽媽的懷裡跳下來，跑向她。艾嘉莎用手臂把她圈住，把她放在桌旁的椅子內，其他幼兒在吃早餐。茱莉莎注視著記錄者（一個陌生人）看。她的媽媽爽朗的說：「拜，甜心。」對著茱莉莎微笑。茱莉莎沒有表情的看著她，吸著自己的奶嘴。媽媽和照顧者交換了眼神，離開。

年紀較小的嬰兒可能會以較細微的方式，透過注視、痛苦的哭泣展現他們的感受。

家長入園──嬰兒／學步兒離園。 一天結束離開團體回家，對嬰兒和家長呈現了另一個適應情境，涉及了重聚，可能是愉快的，也可能是不愉快的。也許在早上離開對方時所牽動的情感在重聚時湧了出來，在分離時的悲傷、憤怒和矛盾的情緒經常會被當天的活動稀釋，但是在一天結束時沒有什麼活動擋在情緒和表達之間，就如同下面二十六個月大的瑪雅，平常性情溫和，在她的父親來接她回家的紀錄所呈現：

當瑪雅的父親進到教室來接她回家時，瑪雅拿起一本書和

一個遊戲用的午餐盒。「我要把這本書放在盒子裡，我要帶回家。」她堅持著。「你不能帶午餐盒，但你可以把書放到妳的袋子裡，來。」她的父親用平靜的語調說。他遞給她一個小帆布袋。她緊緊抓著午餐盒，噘著嘴，堅決的站著，瞪著眼發呆，然後尖叫：「不要！我要放到裡面，我要它。不要！」她緊緊夾住午餐盒。「我要借。」（班上老師曾訂了一個規則，孩子可以借一樣東西。）父親有些激動，說：「我跟妳說，如果妳這樣鬧，妳連書都不能帶。妳要書嗎？」這時候，約瑟夫老師介入：「來，瑪雅，我把書放到妳的袋子裡。」並開始這樣做。「不要！」瑪雅尖叫，把午餐盒抓得更緊。「你不能又拿餐盒，又拿書。」她的父親斷然的說。「我要。」她大聲的堅持。「我們要吵架嗎？」已被激怒的父親不高興的說。「我要它！」她尖聲的說。「我有個好辦法，」她的父親爽朗的說。「我們不拿書拿午餐盒，怎麼樣？」她把書放到椅子上，牽起父親的手，顛著腳跳出教室。

另一位幼兒，二十一個月的莎莉，以她慣常的低調方式處理與母親重聚的矛盾情緒：

> 莎莉的母親靜悄悄的進入教室。當莎莉看到她的母親時，用上揚起的聲音愉快的大聲說：「媽咪！」她在半途停下，木然的看著她的母親幾秒鐘。母親蹲下來，伸出雙手期待著說：「莎莉！莎莉！」莎莉繼續木然的凝視幾秒鐘，最後終於跑向母親張開雙手的懷抱。她的母親把她抱起來，莎莉仍然面無表情，然後突然爆出一連串的笑，擁抱母親。

長時間觀看和記錄抵達情境和離開情境，讓我們能對親子如何協商這個事件、幼兒的特別因應風格，以及這些風格如何演變（當幼兒逐漸成

長）有深刻的見解。某些時刻及某些發展階段對幼兒和家長可能比較挑戰，持續幾個月蒐集這些抵達和離開事件的實例能透露出有關親子細膩關係的發展趨勢——經常是親子依附關係的前驅（有關模式如何演變的完整細節，請參閱第十三章）。

例行性活動

嬰兒／學步兒的一天很大部分是由每天的例行性活動所界定，這些例行性活動的表現經常僅被視為是身體照顧而已，但不是如此！幼兒的社會、情緒及認知能力在這些照顧交流情境中深度進行。觀察例行性活動能揭露幼兒在抑制衝動和慾望、分散自己注意力或安慰自己，以及相信別人方面的能耐。這些紀錄也可顯示隨著年紀和經驗的增長，嬰兒／學步兒的自我開始擴展，他們努力發展自主。觀察者可能看見嬰兒在餵食時自主的抓握湯匙，或學步兒在推開另一位學步兒時對於自我的主張。例行性活動的觀察會包含下列線索：

- 幼兒看起來是否對自己的效能和技巧有信心？
- 一天的時段或照顧者的互動風格如何影響幼兒？
- 幼兒從一個例行性活動到另一個例行性活動的行為是否可預測且持續，還是每一個例行性活動的行為都不同？
- 幼兒行為最顯著的特徵是什麼：服從、無精打采、叛逆、嘲諷？
- 幼兒在某個特定例行性活動的行為是否在一段時間後有很大的改變？

換尿布／上廁所、進食／餵食及外出活動如果能更細緻的檢視，也同樣能透露有關照顧者和嬰兒／學步兒的關係，這類紀錄對尋求自我專業發展的教保人員而言是份珍寶。

換尿布／上廁所。以下是三十個月大拉菲爾的紀錄，他想要掌控換尿

布，照顧者當下雖肯定他的慾望但並不照做，無法滿足他，一個「自然現象」拯救了大家：

> 照顧者安娜牽著拉菲爾的手走進廁所換尿布。他突然向後移，把自己的手用力的抽離，脫開她的抓握。他匆忙的走出廁所，走向另一位照顧者麗娜，她正和兩位幼兒在地上玩。「嗯，我要麗娜！」他大聲的吼，指著麗娜。安娜跟著他出來，輕柔的抱起他，他刺耳的尖叫、大聲的哭：「麗娜！」「你要麗娜，但是她正在忙。」安娜告訴他。「我想我來換。快！然後你和麗娜可以一起看書。快，我們來換尿布。」她對他微笑，他繼續哭。她說了好幾次，一再肯定的說：「我會很快的。」忽然一隻蒼蠅飛過他旁邊，他指著牠。他們兩人看著蒼蠅一分鐘，他停止哭泣，安靜的站著，幫忙拿尿布。

有時候換尿布是一個和幼兒私下相處的特別機會，成為一個社交的場合。以下是二歲庫瑪和照顧者一起開心的進行施與受的紀錄：

> 葛洛莉亞（老師）在廁所裡叫：「庫瑪，到廁所來，我幫你換尿布。」庫瑪把頭向裡伸，重重的說：「不要！」嘟著嘴，突出下唇。當老師重複要求時，庫瑪開始哭，抓著自己的毯子，緊緊抱在胸前，說：「放工作櫃。」他跑出教室，應該是到工作櫃，然後跑回來。他停住，看著葛洛莉亞，然後，帶著嚴肅的臉色，小跑進入廁所。
>
> 當庫瑪走到矮桌，把身體躺在上面時，葛洛莉亞歡迎他。庫瑪在桌子上站起來走到非常靠近葛洛莉亞的地方，她稱讚他對在廁所裡要做的事記得這麼正確，當她脫掉庫瑪的長罩衫（工作裝）時，她繼續用聊天的口氣跟他說話。庫瑪靠得非常近，玩著她襯衫上的鈕扣，笑著。當她離開去拿乾淨的尿布時，他一動也

不動的站著，他開始抓大腿上的一小塊疹子，她告訴他那不是好
主意。他指著物品櫃，說：「哦，哦，哦，痱子粉。」葛洛莉亞
拿出痱子粉，他伸手要，她把痱子粉倒在他手上，他把一小部分
拍在陰莖上，開始把玩他的陰莖，彎下腿，好奇的看著。當葛洛
莉亞讓他躺在桌上穿尿布時，她湊得很靠近他的臉，跟他說話。
庫瑪微笑，手伸出來，抓著她的頭髮，放到她眼睛前面，兩個
人大笑。庫瑪然後開始玩葛洛莉亞的臉，用唱歌的方式說一些沒
有意義的話。當庫瑪穿好衣服後，他看著葛洛莉亞，說：「親
親。」噘起嘴唇。葛洛莉亞彎下頭，他很快的在她臉頰上親了一
下。她把他舉起來放下桌子，他拖著腳走到另一間教室，說：
「嘟，嘟。」假裝自己是輛火車。

換尿布和上廁所的紀錄幫助我們聚焦在幼兒對於自己的身體運作和對
於照顧者的情感。當記錄時，問自己下列問題：

● 嬰兒／學步兒對於換尿布活動的意義知道多少？
● 幼兒是否和換尿布的人合作或是戰鬥？
● 幼兒對所有幫他換尿布的照顧者是否行為都一樣？
● 在換尿布的過程中，幼兒是否有任何機會採取主動的角色，或者換
　尿布的程序是大部分是強制的？
● 大人與幼兒關係的品質如何？是否有眼神接觸？是否有說話？

在下面的紀錄裡，照顧者刻意讓幼兒參與她的照顧中：

瑞秋，十七個月大，站在照顧者前面，他們相互微笑。「你
尿尿了嗎？」照顧者問，伸出雙手。當瑞秋伸出雙手，照顧者抱
起她。「嗯，你尿尿了，必須要換尿布。」當她抱著瑞秋到尿布
檯時，對她說。她讓瑞秋站在檯上，瑞秋開始脫自己的褲子。
「瑞秋很會脫褲子。」照顧者微笑著脫下瑞秋的褲子，很小心的

避免干擾瑞秋自己的行動。「好了，你做得很好，褲子脫下來了。現在我們把腳伸出來。」瑞秋舉起自己的腳，照顧者把腳從褲管拉出來。瑞秋拽自己的尿布，照顧者鬆開膠布，瑞秋又拽尿布，接著把尿布遞給照顧者。「濕濕」瑞秋說。「尿布濕了」照顧者說，「這裡有乾的。」她把一塊乾尿布遞給瑞秋，等待瑞秋試著從兩腿間穿上，然後她小心的安排讓瑞秋也可以加入把膠布壓貼起來。幫瑞秋穿褲子穿到一半時，她等著瑞秋開始拽褲子，拉上來。照顧者說：「瑞秋好棒棒，會換尿布！」擁抱瑞秋，把她放到地板上。

由於換尿布和上廁所在托育場所發生的頻率很高，它們傳達給幼兒的訊息強而有力，並且提供幼兒一個管道瞭解大人如何照顧他們及大人如何看待他們身體的產出物。在下面對於二十三個月大的幼兒紀錄，教保人員和三位幼兒在廁所裡，一位使用幼兒用小馬桶，一位使用大人的馬桶，第三位，蘿瑞，則有其他的想法：

「該妳上廁所了，蘿瑞。」老師平淡的告訴蘿瑞，「我幫妳脫掉尿布。」蘿瑞大聲吼，抬起頭，迅速旋轉身體，讓老師抓不到，堅決的站著，直直看著老師的眼睛。「妳確定妳不要用小馬桶嗎？」老師再問一次，看著蘿瑞僵直的身體，她加上：「好，但是如果妳需要幫忙，跟我說。」接著她向廁所入口走過去，謹慎的不去看蘿瑞站著的那個方向。蘿瑞查看照顧者的目光，確定不是在看她時，她往小馬桶走過去，轉身讓身體和小馬桶同一方向，向後退一步，穿著衣服坐下去，坐了一會兒，站起來，很有自信的大踏步走出廁所，臉上帶著小小的笑容。

這份紀錄以特別挑選的詞語來描述嬰兒的臉部表情、身體動作和話語來顯示這件事件的氣氛，以老師的動作和她臉上表情的描述來傳達溫柔；

緊張、厭惡或困惑也以同樣的方式來顯露——用語詞來描述嬰兒激怒人的叫聲，以及照顧者的冷淡或不耐煩的語氣、使用的字詞、有效率的冷酷。

在一段時期的換尿布／上廁所紀錄中如發現幼兒有明顯的緊張或不快樂，教保人員就必須關注。這些重複出現的紀錄告訴我們幼兒對於換尿布或上廁所有什麼感受呢？它們呈現了教保人員如何處理這些時刻呢？如果把紀錄作為專業發展及學習的工具，教保人員們便可以互相幫助。

進食／餵食。 由於進食和餵食在托育中心是重複、有規律的發生，要做紀錄並不困難，似乎總有人在進食或餵食。進食的情境涵蓋很廣，從幾個月大的嬰兒被抱著用奶瓶餵奶，到二歲半的幼兒獨立享受點心或大口吃午餐。

透過觀察餵食和進食的事件，觀察員能知道嬰兒滿足的風格、享受的程度及對於自主的努力。有些嬰兒強烈喜愛奶瓶，享受到最後一滴，通常在喝完後滿足的睡著；有些嬰兒比較小心，一次喝一小口，每一口間停下來打嗝或休息；有些幼兒在餵食時經歷到不舒服就發出令人易怒的哭泣或不安。重點在於不是所有的嬰兒都以同樣的方式喝奶或進食。

仔細的觀察一位嬰兒進食數次，可以讓我們清楚看見該嬰兒對於奶瓶的態度，是渴望還是遲疑的、是精力旺盛還是無精打采的？嬰兒是否和照顧者同步調可以從一些細節中偵測出來：嬰兒是否緊靠著照顧者的身體？手腳是否不舒服的亂動？是否掙扎著要站起來？照顧者是否回應嬰兒的信號而適當的調整？

透過進食和餵食，嬰兒和學步兒形成他們對世界的意見：這個世界是友善、可以滿足需求的地方嗎？食物是慈愛的人提供的、在耐心和愉悅的氣氛下吃的嗎？以下紀錄記載彼此協調非常良好的照顧者和七個月大的嬰兒，嬰兒的愉悅程度顯然很高：

> 黛兒坐在約瑟芬的腿上，說：「嗯～～～」，環視在附近玩的其他幼兒，腿上下擺動，慢慢咬著約瑟芬小心餵給她的水果和

脆片。黛兒躺在約瑟芬懷裡，腳在空中畫圈。「妳喜歡嗎？我的天，嗯～～」約瑟芬低沉的咕嚕著。黛兒開始掙扎，伸出雙手，彎著背。約瑟芬調整她的身體讓黛兒坐得高一點，背直一點。她現在可以看到四周，放鬆下來繼續吃，張開嘴巴等著下一口。

餵奶，對照顧者和嬰兒雙方通常是安慰、放鬆和喜悅的來源：

> 四個月大的安德躺在吊床下面的地板上，他開始吵鬧。「喔，你餓了。」布萊恩邊說邊抱起安德。當布萊恩從冰箱拿出一瓶奶瓶時，安德在他手臂裡興奮的擺動。布萊恩坐在沙發上抱著安德，給他奶瓶，安德張開嘴巴然後開始吸，一隻手放在奶瓶邊邊，另一隻手握拳。安德喝奶時，布萊恩搓著安德的腳。

學步兒和二歲幼兒大部分時間喜歡掌控餵食和進食，有時候這代表等待照顧者拿奶瓶來，或像以下的紀錄拿果汁來。我們看見十七個月大的荷絲特，運用了幾種方法讓自己等待：

> 荷絲特坐在圓桌旁的小椅子上，和其他學步兒一起，他們正在吃鬆餅早餐。「ㄟ，努」荷絲特對照顧者若絲說。「妳要果汁。」若絲確認。「我拿果汁給妳。」若絲用一塊布擦荷絲特黏答答的手，她讓若絲洗，發出吱吱笑的聲音。「好了，我去拿妳的果汁。」荷絲特看看四周的幼兒，身體鎮靜，神情放鬆。當照顧者離開桌子帶另一位孩子去廁所，荷絲特叫著：「若絲，若絲。」荷絲特坐得很直，開始吸大拇指。照顧者回到桌子，手裡沒有果汁，荷絲特輕輕的尖叫，發出一些喉聲，向照顧者揮手。「妳聽起來好像小老虎。」若絲笑著說。荷絲特也笑了。然後她敲桌子說：「啊，啊。」桌子上另外兩位學步兒開始用手敲桌子，同時，若絲在敲桌子聲中走開，回來時手上拿著一小杯果汁，遞給荷絲特，她牢牢的用兩隻手用力握著杯子津津有味的喝。

其他學步兒就沒有像荷絲特這麼有耐心，或者能如此讓自己分散注意力，有時候他們無法忍受大人的服侍，尤其是在他們不想被餵的時候來餵他們：

> 莎拉，十九個月大，在一張小桌子邊坐在照顧者旁。照顧者坐在莎拉和艾利中間，用湯匙輪流餵兩個人食物。她這樣坐，和幼兒沒有眼神接觸，也看不見幼兒的臉部表情。艾利樂意的張開嘴巴吃掉餵給他的每一匙豆子，但是莎拉嘴巴閉得緊緊的，整個身體轉向椅子的另一邊，拳頭緊握放在桌上。突然，她發出一聲刺耳的尖叫聲，伸手去拿桌上裝豆子的盤子，在豆子裡亂翻，把豆子散落在桌子上和地上。
>
> 照顧者驚訝的說：「莎拉，妳怎麼了？」這時另一位照顧者瑪拉走進來，說：「你覺得她是不是想自己從盤子裡吃豆子？」瑪拉重新把一盤豆子放在莎拉面前，她靈巧的開始用大拇指和食指從盤子一顆一顆拿起豆子，優雅的放入嘴裡。

雖然不是所有的學步兒都能吃得如此整潔，但大部分都想要自己吃。十一個月大的娜迪亞，在照顧者不知情的情況下，吃了第二頓早餐。在她忽然現身之前，她很安靜、沒人注意到她：

> 娜迪亞在地板上爬，當她靠近丹尼絲坐著的高椅時，她把自己拉著站起來，說：「搭！」然後笑著。她靈活的趴回地上，爬到一張小椅子，攀著站起來，漫遊到椅子旁邊的桌子，趴回地上，開始用眼睛檢視周邊的地板。看著前面，她爬到桌子底下，持續慢慢的爬，一直爬到桌子中間。看見靠近她的地板上有一張紙巾，她抓起紙巾，坐起來，在空中揮動紙巾。她伸出手抓住莫漢默德（十八個月大）的腳，他正坐在桌子吃早餐。她注意到在她伸手可及的地板上有一塊鬆餅，是某個幼兒吃早餐時掉的，她

用手掌把它塞到嘴裡，放了幾秒鐘，開始滿足的咀嚼。她轉身從桌子下爬出來，攀著鄰近的椅子站起來，移到桌邊，慢慢走向莫漢默德的盤子，拿了一大塊他的鬆餅，全部塞入嘴巴。「不要拿他的食物。」照顧者溫柔的說。娜迪亞給照顧者一個大大的微笑。

我們對於娜迪亞的行為能怎麼看呢？學步兒對於周遭環境持續不懈的好奇強而有力，他們主要是透過感官來測試現實世界。也許娜迪亞在問自己：「這個是什麼東西？看起來很熟悉，吃起來很好吃。」也許她覺得自己能發現這個東西，也能自己控制它，引發了她持續調查的動力。如果當她在桌下時被看見了，別人對她的行為的看法會和她自己所經驗的一樣嗎？

有時候進食事件透露出學步兒如何思考和如何協調視覺動作活動。琪拉，十二個月大，進食時不僅很愉快的吃，還練習著手眼協調，並且練習追蹤物品掉落的蹤跡，這些都是發展物品永恆概念的基礎：

琪拉在媽媽旁邊，用顛簸的步伐走過教室大門，直接走向照顧者。照顧者把她抱起來，放到其他幼兒吃早餐的桌子旁一張高椅子上。「咦～咦～」她說。「說拜拜。」照顧者教她說。當媽媽走出大門時，她向媽媽揮揮手。照顧者幫琪拉穿上圍兜。琪拉把手重重的放到高椅子的盤子上，對著剛看到的第二位照顧者笑。她在空中揮著手笑，拉著自己的頭髮。當照顧者把幾小塊鬆餅放在盤子上，琪拉左手抓著一塊，右手拿一塊放進嘴巴。有一塊掉到地上，她從高椅子的一邊看，尋找掉落的路徑，直到她看見掉在地上的鬆餅。她把眼光移回盤子，用一隻手拿起另一塊，抓住，然後吃另一隻手上的鬆餅。她吃的時候看著照顧者。然後，她把一塊鬆餅丟到第一塊鬆餅掉下的地方。

對於嬰兒和學步兒而言，餵食和進食確實包含了愉悅和滿足的經驗。相反的，如果有問題存在，進食本身可能成為一個不舒服或緊張、不滿意的時刻。紀錄可以顯露出一段期間內進食情境對於情緒的影響，也同時顯示被觀察幼兒獨有的一些特性。

不過，對於三歲以下幼兒，進食和餵食也是他們自己的活動。被餵牽涉到對大人的信任，代表幼兒和大人之間存在某一種同步性——眼神接觸、嬰兒身體緊靠著大人的身體、彼此說話；它也牽涉到手眼協調，例如：當嬰兒伸手去拿湯匙，用嘴巴和手對各種材質不同的食物進行觸覺探索。我們也看到自主性的誕生、開花、結果，見證了語言的開始。總之，雖然大人或許將進食和餵食視為是一種特定的活動，具有某種對幼兒重要的特性，但幼兒可能用多樣化的方式來感受它們。

就是這些理由讓我們需要觀察進食和餵食，透過這些事件，我們可以知道很多正發生在這些幼兒身上的發展狀態。當十五個月大的葛斯把杯子裡剩下的兩滴果汁倒回果汁壺，然後把杯子也放進果汁壺裡，他是在對現實持續進行實驗，作為進食的延伸。把果汁倒回壺內是一種手眼協調活動，很可能是出於模仿大人倒水。杯子能放得進壺裡嗎？此時對於空間和大小尺寸的實際測試正在發生。

看到所觀察行為背後的意義，引領我們發現從幼兒眼中看見的世界和成人眼中看見的世界不同。

小睡。換尿布／上廁所和進食／餵食是規律且經常發生的例行性活動，小睡也是例行性活動，但不一定有規律性，要看嬰兒的特質和年齡而定。有些很小的嬰兒在兩餐之間睡很長一段時間，有些則在兩餐之間睡了一連串「小憩」，中間夾雜著一些驚醒或煩躁的片段；大一點的嬰兒也許會把白天的睡眠整併成一次或二次的小覺。

睡眠讓我們離開繁忙的世界。有些嬰兒很樂意去小睡，期待這個復原的小插曲；有些則愛唱反調（用話語或行為表示），就像有些嬰兒拒絕躺

下來,堅持坐在小床上或嬰兒床上,怎麼樣都要把眼睛張著,或者像有些學步兒,尖叫、動來動去,離休息場所遠遠的,然後在下午時不由自主的睡倒在椅子上或地板上。每一位嬰兒對於睡眠都有各自的風格及一些私人情感,有些對於不是在家裡睡覺感到害怕和緊張,有些只要有自己喜歡的小床就心滿意足,有些則不習慣沒有家長或兄姊陪自己睡,還有些似乎很樂意躺下來,不需要特別做什麼就可以睡。

不過,小睡的模式會隨著時間而改變,從一天睡好幾次到二次,從二次到一次,從平靜到充滿緊張的環境,從不安到放鬆。針對嬰兒某一段時期內如何處理小睡、在小睡時刻對於照顧者的反應、嬰兒如何讓自己睡著及如何醒來的紀錄,可以顯露一些有關嬰兒對於照顧者的信任感、對於自己在群體中的感受及在那個環境的整體感受,也會顯示嬰兒有多樂意將興奮、主動、醒著的世界和被動的睡眠世界交換。

下面對於兩位幼兒在睡覺時間的紀錄透露他們對於在托育中心睡覺的放鬆、自然及信任的感受:

> 照顧者蘿拉牽著卡門(三十二個月大)的手走進午睡房間,蘿拉對站在旁邊的阿里(三十個月大)說:「跟卡門說晚安,她要睡覺了。」阿里和蘿拉、卡門一起走進房間,看著卡門躺下來,蘿拉幫她蓋被,拍拍她的背一會兒。「好好睡。」蘿拉說完,和阿里一起離開房間,關上門。阿里坐在沙發上,蘿拉幫他泡奶粉。泡好奶粉,蘿拉走過來坐在沙發上,開始脫阿里的鞋子。他靠向她,吸著奶瓶。「我們來唸個故事,好嗎?」她問。「好。」他回答。她開始讀《晚安,月亮》,讀完後,他們走到午睡房間,當他躺下後,她幫他蓋好被子。他們沒有說一句話,但很明顯的充滿著對例行性活動的理解和溫柔。

記錄幼兒的睡眠(如果可能)和醒來可能顯露出幼兒個性的另一面。對於下列細節的注意將會產出豐富的紀錄:

● 睡眠是不安和動來動去的，還是平靜祥和的？

● 醒來時，幼兒是哭、大叫，或跳下床跑去正進行的活動中？

　➤ 幼兒緊張、迷失或很難安撫嗎？

　➤ 他的行為和你在其他情境觀察到的行為相符嗎？

● 這些睡眠和醒來的反應對於嬰兒有意義嗎？你能推測那些意義嗎？

外出活動。為外出做準備、外出及回到托育中心都是例行性活動，可提供更深入理解嬰兒／學步兒的機會。外出涉及從已知到較未知的轉銜，代表與教室分離；如果不是同時帶所有的幼兒外出，外出也涉及和某些大人與某些幼兒的分離（在這樣的情況下，也值得觀察那些沒有外出、被留在教室的幼兒）。對於外出活動，有幾個觀察應該進行：

● 幼兒對於準備外出的反應如何：害怕、擔心、淡然、熱切的期盼？

● 幼兒能夠控制興奮，注意穿衣的細節？還是過度期盼，使得穿衣和整理變得很困難？

● 照顧者的風格和幼兒的風格如何協調？例如：一個很忙碌的照顧者可能無法協助一個拒絕穿外套或帽子、到處跑的學步兒。

● 不同的大人對於幼兒的態度、要求、服從或排斥有什麼反應？例如：對於善於運用臉部表情和甜言蜜語來傳達意志的幼兒，有些大人會屈服，相反的，有些大人則會被這些「耍奸計者」冒犯而拒絕依從。

在下面的紀錄裡，三十四個月大的若希想要用自己的方法做事，照顧者一開始犯了錯，之後就很小心回應：

　　若希開始向教室門口走去拿外套。照顧者瑞奇說：「等一下，你的外套在我這裡。」若希開始哭和哀號。「喔，你想自己拿，我把它放回吊鉤上。」瑞奇說。「不要！」若希尖叫，把外套從瑞奇那裡抓過來，走出去到走廊，自己掛上去。他走回房

間，停下來，轉一圈再走回走廊，把外套從鉤子上抓下來，拿著進房間。他把外套平擺在地上以便等下翻過來穿上，但上下放顛倒了。

　　瑞奇輕鬆的說：「你的外套顛倒了。」若希忽略他。當瑞奇轉頭去和另一位幼兒說話時，若希脫掉外套再試一遍，仍然沒成功。他把外套遞給瑞奇，沒有說話，瑞奇把外套的袖子綁在若希的腰上。「不要！」他一邊尖叫一邊拉著外套。瑞奇靜靜的把外套解開，幫助若希穿上。若希讓瑞奇拿著外套，他把手伸進袖子裡。他盯著瑞奇看，要求他：「拉起來！」瑞奇把拉鍊拉上，他們一起走出去，手牽著手。

對非常年幼的兒童而言，外出之後回教室牽涉到另一個可能引爆很多情緒的轉銜時間，例如：如果時間接近午餐，學步兒也許肚子餓，或擔心即將來臨的午睡，或是純粹疲倦。這些情緒如何影響他們的行為？當照顧者說：「每次走到靠近托育中心幾個街口的地方時，璜總是哭」或「我必須很注意逸安，因為一看見托育中心的大門他就開始跑」，是什麼意思呢？回到托育中心對嬰兒和學步兒代表什麼意思呢？每個幼兒傳遞那個意義的獨特方法又是如何呢？

看看三十五個月大的約拿漢和二十六個月大的茉莉，他們散步回到中心的情緒遠超過他們的語彙：

　　從大門走進教室，茉莉和約拿漢兩人同時都抓住門把，兩個人都尖叫、上上下下跳，都想成為唯一抓著門把的人。在尖叫聲中，茉莉戳了約拿漢的眼睛，他繼續拉門把，茉莉尖叫：「不要！不要！下次我關門！」照顧者貝絲在此刻介入，平和的說：「怎麼了？」茉莉大叫的說：「我關門！」貝絲靜靜的問：「我可以幫你關門嗎？」約拿漢把手從門把上放下，靜靜的站著，看著貝絲；茉莉繼續尖叫。貝絲問她：「你要自己關嗎？」茉莉看

著她，說：「對」。貝絲靜靜的站著，茉莉輕輕的開門、關門，約拿漢靜靜的看著。三個人，沒有說話，轉頭走向點心桌。

自主，是二歲幼兒發展的主要議題，在此事件的紀錄中強而有力的描繪出來，至於造成情緒高漲的原因還必須進一步推測或發現。像這樣的紀錄可以讓我們更明白正常的發展情境，也指出未來可針對參與幼兒的特性做進一步研究的方向。要能從個別行為中篩選出該幼兒的發展特性，需要我們持續的記錄。

遊戲和探索

嬰兒和學步兒確實是透過遊戲來學習在世界裡運作的方法，也透過遊戲來練習他們正在萌發的身體技巧和認知技巧。他們像科學家一樣，不斷地嚐、聞、戳、刺、看、摸，他們永遠想知道「是什麼」和「怎麼會這樣」。沒有人能說遊戲在哪裡停止、學習從哪裡開始，或在哪裡、在什麼時候隨意的活動變成內在的思考；在三歲幼兒活動裡的某處，以及每一處，存在著思考、語言和概念。

隨機的記錄嬰兒和學步兒的遊戲及探索，可對幼兒的頭腦和身體運作獲得細緻的見解，並充分欣賞。哪些可以被確實稱為遊戲？哪些是探索？哪些是有意的？哪些是偶然的？這麼年幼兒童的行為很明顯無法如此區辨。毫無疑問的，嬰兒活動是個整體（totality），是遊戲、探索、學習及語言發展的組合體，這些活動不能被分割或是先挑選某部分來觀察。事實上，社會互動、語言活動、視覺─認知活動、大肌肉活動及小肌肉活動都包含在嬰兒的遊戲裡。因此，記錄每一個行為都很可能揭露嬰兒的遊戲、學習及情緒表達。

以下是幾則聚焦於嬰兒和學步兒遊戲和探索的紀錄。一開始，幼兒自由的在環境裡移動：

安捷（五個月大）趴在一塊小毯子上，順暢的翻過身躺著，

拍拍在他身旁的玩具。他再翻身，從躺到趴，用兩隻手臂撐起身體，對著照顧者迪瑪麗笑。他伸手拿起身前的一顆大圓珠，放進嘴裡幾秒鐘，放下珠子，又翻過身躺著。迪瑪麗把大圓珠給他，安捷抓住，繼續咬著。他對她咧著嘴笑，身體放鬆，咬珠子時有時候會擺動腿。

第二個情境是當幼兒使用遊戲玩物、遊戲器材或玩扮家家物品（如：鍋、盤、盒子、湯匙）時：

> 瑪莉蘇（九個月大）坐在地板上，看著她剛剛掉下去的軟鞋，撿起來，開始咬著，砰砰的打小三輪車輪子好幾次。她把軟鞋放下，把小三輪車拉倒成側面躺著，尖叫：「阿搭搭搭吧」，她拍拍輪子把手放到車子下面。

第三個情境是當幼兒在使用特別材料，例如：水、麵團、積木、顏料、蠟筆或用於準備食物的物品：

> 丹納（十八個月大）站在水桌旁，緊緊握住一個裝滿了水的小容器，小心的把它傾斜倒入水桌裡面一個很大的罐子。他立刻看著罐子裡面水的流動，用很大而自信的聲音說：「倒！」

蒐集這類觀察紀錄可以提供一種視野，讓我們看見幼兒對於物品好奇和感興趣的程度、手眼協調和大肌肉能力的發展及控制，以及他們日漸增長的因果關係概念。

在這些紀錄裡不僅可看見幼兒在學習什麼，還可看見他們是如何學習的。以下是十九個月大的傑米，透過模仿和隨機的探索，試著用自己熟悉的身體作為參考點瞭解鑰匙和鑰匙孔的未知特性：

> 艾薩克，二十五個月大，手上握著一支鑰匙，試著打開一個櫥櫃的門，打不開。傑米看看艾薩克，然後用同樣的動作試著開

門，但手上沒有鑰匙，傑米轉向艾薩克，從他手上拿走鑰匙，艾
薩克沒有抗議。傑米把鑰匙給坐在櫥櫃旁地板上等著帶傑米回家
的爸爸看，傑米在爸爸旁邊噗通坐下，他拉起襯衫，試著把鑰匙
放入肚臍。爸爸淡淡的說：「不可以。」

十九個月大的學步兒調查鑰匙孔和肚臍的相似性，和七個月大的嬰兒
開始學習物體恆存，是兩個不同的世界：

蕭（七個月大）坐在高椅子上，兩手握著一個橡皮製有聲擠
壓動物，開心的咬著動物的一隻耳朵。突然動物掉到地上，她傾
過身，眼睛盯著掉下去的玩具。雖然照顧者撿起來了，蕭繼續看
著剛剛動物掉下去的地方。照顧者把動物遞給蕭，說：「蕭，這
是妳的貓咪。」蕭用手掌拍拍動物，立即咀嚼著它的耳朵，接著
把它在手裡翻過來翻過去，用眼睛檢查。她的表情很專注，發出
一串「啊」的聲音，然後再回去認真的咀嚼突出來的耳朵。

隨著很多類似這樣的經驗，加上成熟，蕭將會對於物品與人的存在及
特性發展出更確定的知覺。在上述的每一則紀錄裡，觀察到的行為都屬於
該年齡兒童的發展範圍內，但是如果幼兒的行為引發教保人員的疑慮呢？
例如：如果蕭無法握住玩物進行檢視，或即使有能力檢視物品也沒有興
趣？所有的行為都必須對照某個已建立的發展里程碑架構來判斷、來理
解，觀察者必須檢視是否有任何可能的發展遲緩跡象。但是，在做任何結
論前，必須有一段時期的紀錄來決定出現的行為只是因為生病或疲倦而出
現的小失誤，還是真的是需要關注的問題。

記錄遊戲的困難之一，是遊戲通常看起來不像遊戲，通常學步兒的活
動看起來不是活動，看起來像在「鬼混」或「沒做什麼」。下面是十五個
月大的愛蒂薇在使用一些塑膠形狀片（適用學前幼兒），但是以她的方法
使用（或玩）——抓、緊握、聚集起來、感覺它們的質地、感受它們的重

量;最重要的是,她透過隨自己意思用這些東西來練習自主。沒有人介入
她的探索,所以她有機會試驗很多行動:

> 愛蒂薇在室內隨意的走,手中握著一些塑膠形狀片,走的時
> 候重重的噗通噗通踩著,一邊笑一邊把一些形狀片掉在地上。當
> 她走到沙發旁時,立刻把手放在沙發上爬上去,然後愉快的宣
> 布:「呃~啊~呃~搭~迪~滴」,她放一些形狀片在沙發上,
> 手上仍然握著其他的。她翻身,肚子躺在沙發上,用拳頭支撐著
> 滑下沙發,拳頭裡仍握著形狀片。她擺動著手臂和肩膀往照顧者
> 瓊恩那邊走去,通過瓊恩時微笑,爬上一個大型空心積木坐在上
> 面,這一路上手裡都一直握著形狀片。在上面,她一次把一片形
> 狀片放進嘴哩,很快的舔一下,然後丟到她旁邊的積木上,用有
> 抑揚頓挫的聲音說了好幾次:「搭。」她從積木上收回形狀片,
> 走到滑梯那邊,把它們放在階梯上。當她把形狀片放到上一個階
> 梯時,舉起手說:「嘎嘎。」把形狀片留在那裡,走開。

在大約二歲時,學步兒的隨意探索和遊戲看起來開始比較有組織。比
起十三個月大的嬰兒可能把蠟筆噗通放入水盆或冒險的用手濺開一兩個水
花,二歲至二歲半學步兒在水箱用海綿和碗進行的行動比較容易辨識。

使用像蠟筆或彩色筆牽涉更多複雜的層面。使用蠟筆可能激發二歲幼
兒對於色彩本身的愉悅感及對於控制的欣喜感。一位三十四個月大幼兒的
圖畫佐證了他對於顏色的喜悅:他仔細的畫,跨頁畫出一條直線跟著一條
直線,每一條使用不同的顏色。

另一方面,持續觀察一位三十個月大幼兒的圖畫則可能導出另一個層
面:他一張接一張的圖畫上都畫了不同顏色的小小結狀圓形,聚集在畫紙
中央。該幼兒畫圖時,臉部繃得緊緊的,身體僵直坐在椅子上。他的老
師,透過開學初幾週的觀察和圖畫蒐集,理解到他畫很多這樣的畫,可能
是嘗試用這些材料來表達他對於開始上學(全新的團體經驗)的感受。

　　對十八至三十六個月大的幼兒而言，玩材料和探索材料允許他們能單純享受在空白處畫東西、用非口語方式表達複雜情感和想法的愉悅感；使用像顏料、水、麵團和積木等材料也能支持他們對於表徵自己世界經驗的需求。對於奧蒂（三十五個月大）所畫的一個大圓，圓周圍伸出很多垂直線條，她說是「太陽」，我們能說她的畫是真實的自發性表徵，還是學習而得的傳統畫法呢？

　　密切的觀察可揭露隱而不見的發展狀態。二歲的路易斯顯露出對於書寫的覺知，但除了觀察者外，沒有人知道：

　　　路易斯在紙上畫了一個藍色大橢圓形，大聲說（沒有特定對象）：「這是 A。」他用紅色顏料塗滿，還塗到圓形外面。他畫上一個藍色圓點，接著在上面塗上黃色，變成綠色。他把紅色顏料螺旋的畫過兩個形狀，把畫筆插入顏料杯，離開畫架。

　　當然，象徵性遊戲在學前階段開花，逐漸發展至複雜的角色扮演，而它的開始可在二歲幼兒的遊戲裡看到。在下面的紀錄裡（比前述對於十九個月大的傑米玩鑰匙的紀錄還要更細緻），三歲以下的幼兒象徵性的重組了自己生活中兩個明顯的特性，用少數的手勢和話語表徵了他們的經驗：

　　　昆恩，三十個月大，拿著一塊積木，大步走著，說：「我要去上班，我要去上班。」克里斯婷，二十六個月大，跟著他走，從櫃子裡拿出自己的午餐盒（幼兒自帶午餐到中心），大聲宣布：「我們要去上學。」他們一起走了一會兒，昆恩看見一輛娃娃車，裡面有娃娃。他推著娃娃車，兩人繼續一起繞著房間走，克里斯婷手裡拿著午餐盒，昆恩仍然緊握著積木。當他們走近光碟播放機，克里斯婷坐下來聽，昆恩走到老師坐的桌子處。

　　有時候也能觀察到更複雜的「意義共享」社會遊戲，尤其是如果二歲幼兒曾經一起在同一所托育中心待了一長段時間，就如下面的紀錄：

三個小孩把一立方吋的彩色方塊放進小杯子裡，假裝在喝。譚瑪說：「這是我的汽水，這是可口可樂，我喜歡汽水和可樂，這是蛋糕。」她把好幾塊彩色木方塊排成一列，每一個小孩放幾塊方塊在一個小盤子裡。潔絲大喊：「生日快樂」並「吹熄」蠟燭。然後她們都吹蠟燭，唱「生日快樂歌」。萊拉拿了三個娃娃，一個給譚瑪，一個給潔絲。每一位女孩都用小湯匙餵她們的娃娃。

這些象徵性遊戲的序幕（前奏）如何發展成較成熟的素材使用和想像遊戲，請參閱第三章和第五章，這兩章對於二至六歲幼兒的遊戲有深入的探討。

和大人及兒童互動

嬰兒和學步兒的社會生活已廣被描述，因為有很多可以觀察這些年幼兒童在團體裡活動的機會（Shonkoff & Phillips, 2000）。

嬰兒和學步兒的社會世界在與大人及和其他兒童的互動事件特別凸顯。幼兒和大人互動的紀錄可包括不同人的互動，從熟悉到不熟悉、從家長到照顧者、從實習老師到托育中心的廚師、從偶爾來訪的客人到固定來的送貨員或服務人員。將這麼多不同的大人當成觀察的材料，擴大了欣賞嬰兒與大人相處能力的機會。觀察嬰兒及學步兒和人互動的指引包括下列各項：

- 幼兒對於熟悉的人究竟是如何回應的？
  - ➤ 總是一樣還是會有變化？
  - ➤ 可預測嗎？
- 幼兒如何回應不熟悉的人？
  - ➤ 幼兒的反應會因為陌生人的性別而有不同嗎？
  - ➤ 隨著時間的進展，這些反應有改變嗎？

● 幼兒會啟動和大人的互動嗎？如何啟動？

● 幼兒引發了大人什麼樣的反應？

　➤ 這些反應的範疇和變異有哪些？

● 幼兒能向大人溝通自己的需求嗎？

● 幼兒能吸引別人注意嗎？如何吸引？

嬰兒／學步兒和大人互動的品質是幼兒在團體照顧生活中最重要的一個層面，嬰兒就是透過這些關係而形成對世界及自我潛能的看法，因此，這些交流的紀錄對於理解幼兒如何看待人類環境極其關鍵。這對於教保人員的專業成長有重要的啟示，因為紀錄會同時記下幼兒和大人相處的經驗和大人的行為：

在學步兒吃鬆餅的桌子邊，照顧者馬克抱著布里坦妮（七個月大）坐在他的腿上，手上同時也拿著一瓶楓糖漿。布里坦妮抓住瓶子的頸部，用手指頭碰蓋子，當她放開瓶子，馬克用她的手拍自己的手。布里坦妮大笑，他把她轉過來面對自己，輕輕的上下抖動腿讓她上下顫動。她大笑，伸出手，碰了離她最近的嬰兒的頭髮，說：「啊。」這個時候，另一位照顧者帶著一大塊鬆餅進來，所有的小孩看到那麼大的鬆餅都大笑，布里坦妮也大笑。

有些幼兒很會引發大人的反應。以下是十五個月大的厄爾找出了如何讓躲貓貓遊戲繼續下去的方法，即使照顧者認為遊戲已結束了：

照顧者安娜在魚缸的一頭，厄爾在另一頭。她開始玩躲貓貓，把頭探出魚缸看厄爾，然後縮回去。厄爾也做同樣的事，咧著嘴笑。接著她透過魚缸捕捉他的眼睛，然後向下蹲消失不見。他略略的笑。接著她又在魚缸邊探頭重複玩遊戲，他尋找她。她離開魚缸，但看到他在魚缸邊探頭找她，所以她又回來再玩一次。她開始收拾積木，離開魚缸。他開始把奶瓶放入魚缸，但是

她過來及時阻止，他咧嘴笑了。

不論如何，跟大人相處的經驗並不總是如此好玩，有時候年紀很小的幼兒一想到爸媽不在身邊就受不了，需要大人來幫助他們度過這些困難時間。在強烈情緒湧現的時刻有同理心強的大人在旁邊，是幼兒對於社會世界建立正向概念的關鍵因素。以下是二十個月大的海蒂，前一分鐘還平靜的聽一個故事，下一分鐘就因思念母親而啜泣：

> 西西莉已經準備好說故事給海蒂聽，突然海蒂丟出一輛小車子，哭著：「我要媽咪！」西西莉安撫著說：「媽咪等下就回來，等下就回來。」海蒂哭：「媽咪！」跑到門口，開始握拳打門。西西莉用雙臂環著海蒂，說：「我要把妳抱起來，告訴妳的小兔子妳想媽咪了。」海蒂讓西西莉抱起她，她們坐在地上靠近她母親照片的地方，西西莉說：「媽咪會回來的，我們會告訴她妳今天做了什麼。」海蒂加上：「泥土，對不對？」西西莉重複說：「對，我們去看了沾有泥土的牽引機。」西西莉把臉靠近海蒂的臉，她們互碰鼻子。海蒂用手指和眼睛檢了西西莉的項鍊和耳環，當她這樣做時，西西莉說：「妳對我的耳環很感興趣喔。」然後指著海蒂母親的相片：「妳的媽咪也有耳環。」突然，海蒂從西西莉的腿上跳下來，穩定的走到房間另一頭，看一些幼兒把軟塑膠片黏到鏡子上。

這樣的紀錄協助放大海蒂的歷程：她很快就被恐懼、孤獨的感受所淹沒，以及她如何運用大人的幫助來重組她短暫粉碎的自我。這份紀錄也讓我們看見了照顧者的技巧。

嬰兒和學步兒每日的社會環境中還有其他兒童。兩位學步兒進入托育中心時互相打招呼的喜悅，通常可和九歲的「好朋友」在上學時看到彼此時的愉悅相較勁。

　　不僅這麼小的幼兒會喜歡其他人的陪伴，他們也會表達對人的喜好。一個悶悶不樂的學步兒看到朋友而忽然「活過來」的例子並不少見，這種反應不僅對朋友發生，也對「敵人」發生。有些學步兒似乎真的彼此厭惡，在這些事件中做的紀錄提供教保人員機會去深入觀看這兩位幼兒的人際關係及他們各自的角色。教保人員的專業成長可以隨著新增的觀察紀錄而獲得補充，這些材料足可作為教保人員再充電的泉源。

　　哪些事件會涵蓋我們所謂的嬰兒／學步兒互動？一天當中幾乎任何時間都會出現這些事件，我們只要用耳朵和眼睛，且準備就緒。雷夫，十八個月大，在下列紀錄中進行真的社會交流，首先和十六個月大的婷娜，接著和老師：

> 　　吃點心時，雷夫和婷娜坐在一起。他們開始好玩的相互餵食，兩個人都笑著。當他們輪流用湯匙把蘋果泥餵到對方嘴裡時，他們互相看。雷夫微笑，他真的很享受這個遊戲，他似乎已吃夠食物，很顯然的對於這個互動所帶來的愉悅感到很滿意。
>
> 　　雷夫拉掉圍兜，用餐巾紙擦拭嘴巴，然後把牛奶倒在桌上，擦拭。臉上帶著滿足和專注，他擦一點點牛奶，倒一點點牛奶，再擦一點點牛奶。老師靜靜的站在旁邊大約兩分鐘，讓雷夫玩。然後她也把倒出來的牛奶擦掉，拉著雷夫的手，跟他一起走去洗手，準備休息。

　　婷娜和雷夫在實驗一種非常早期的共同遊戲，他們在學習「同年齡的人是有趣的」。更進一步，因為雷夫的老師瞭解學步兒需要實驗，她能協助他愉悅且滿足的從午餐轉銜到休息。

　　我們可以從這麼小的觀察看見多少學步兒彼此間的關係啊！例如：模仿是連結一位學步兒和另一位學步兒的主要管道，在上面的紀錄裡，我們看見雷夫和婷娜相互模仿餵食。在下面的紀錄裡，提根和安娜那一瞬間的行為沾了一點點共同遊戲的邊：

提根，十八個月大，爬上成人尺寸的搖椅，轉過身坐下，雙腿在大座位上張開，手放在椅子的扶手上。「滑，滑。」他用很大的聲音唱著。安娜，十七個月大，走向他，抓著椅子一邊的扶手，搖著說：「滑，滑。」提根爬下椅子，走開。

細微的同儕社會行為通常可見於大肌肉遊戲。眼神的交流、戳或推、同理的拍拍哭泣的同伴、給別人或抓取某個物品或食物，都是早期社會互動的行動。在有兩位以上幼兒的情境裡，模仿也是常見的互動形式且具有感染力：

照顧者把搖搖船翻過來，讓每一邊都有三個階梯，她坐在旁邊的椅子上。十七個月大的布萊恩和十五個月大的多明尼克開始爬上階梯，十四個月大的艾比跟在他們後面爬。當布萊恩坐在平台上，多明尼克也坐下，接著艾比坐。布萊恩站起來。拉著照顧者的手從另一邊走下來，接著艾比也這樣做。他們站在下面，微笑。

當幼兒接近二歲半、三歲時，他們的模仿遊戲較複雜，使用較多的語言，也許也會出現比較多大人標籤為「友誼」的行為。這些紀錄可以呈現在一段短時間內關係如何成熟的歷程。三十個月大的偉恩和三十二個月大的伊莎貝兒發現一起在體操墊上跳上跳下比一個人跳更好玩：

偉恩在體操墊上跳起來，然後用屁股著地，他咯咯笑著。伊莎貝兒從剛剛就一直站在旁邊看，躺到墊子上，用眼角瞄。偉恩躺到她旁邊，他們互相看，微笑。偉恩看著伊莎貝兒的眼睛，說：「我們來跳。」兩個人就一起跳起來再屁股著地。他們看看彼此，開心大笑。然後，沒有說話，他們兩人站起來重複動作，笑得一樣大聲。伊莎貝兒對偉恩說：「你看！」她跳起來、落下。然後伊莎貝兒看著偉恩跳起來、落下。伊莎貝兒站起來，數

著：「1！2！3！掉下來！」接著落了下來。然後偉恩做同樣
的動作。他們重複好幾次。

互動並不都是愉悅的，有些牽涉到憤怒、挑釁、敵意、怨恨。一位經
常咬人的十七個月大學步兒被記錄到即將咬人，而另一位幼兒先前的經驗
或許拯救了他：

二十個月大的史提夫從窄窄的走道走出來，邦妮（十七個月
大）同時走進去，她靜悄悄的把牙齒放在他的手臂上，他在她把
牙齒咬下去前，無聲的把手臂移開，他們繼續朝反方向走。

占有慾經常是衝突的根源，細心的照顧者可以帶來和平：

艾瑞克，二十一個月大，靜靜的站著，手裡握著一艘小玩具
船，表情木然，他身體放鬆的站著。查理走過來，輕輕的用一隻
手指碰了船。「我的船！我的船！」艾瑞克尖叫，看著查理。照
顧者走過來，溫柔的說：「這個船對你很重要，是不是，艾瑞
克？」艾瑞克再度放鬆。查理漫步走開。

有時候年紀小的幼兒會表達生氣的情緒，就像下面十一個月大幼兒的
「打架」：

凱希坐在遊戲室的地板上，開心的發出咕咕聲，用右手上上
下下搖著彩色磨牙環。她對著照顧者微笑，照顧者坐在搖椅上，
腿上抱著一位嬰兒。還有另一位嬰兒，十一個月大的雷弟，坐在
走道上。

一位照顧者走進房間，拿著雷弟的尿布。她彎下腰，意圖要
抱起雷弟換尿布，但是他很用力拒絕，她便把尿布丟在他旁邊。
當凱希看到尿布，發出啊啊聲，迅速來到尿布旁。這個時候，雷
弟撿起尿布，開心的上下晃動。凱希在他旁邊噗通坐下，奪走尿

布，臉上帶著頑皮的笑。雷弟發出憤怒的尖叫，伸手試著去拿，凱希開始生氣的哭，但並未放棄尿布。一場拔河接踵而至。

　　凱希勝利，很快速的爬過房間，手裡緊抓著尿布，雷弟憤怒的跟著她爬，在角落趕上她。凱希臉上帶著生氣但很恐慌的表情，哭著望向照顧者尋求協助，雷弟堅決的伸手拿尿布。開始了另一場拔河，這次雷弟是勝利者。他嘟囔著，把一部分的尿布塞到嘴巴裡，然後向凱希揮動著尿布。凱希用受傷及生氣的聲音啜泣，發瘋似的上下揮動手臂，然後用右手摩擦耳朵後面。她伸手抓尿布，雷弟盯著她看，她抓到了尿布，臉上帶著勝利的表情，轉身爬到旁邊的檯子上。上了檯子，她坐下，對著兩位照顧者笑，開心的上上下下拋尿布，嘴巴形成一個大大的向上微笑，舌頭突出在嘴角。

　　接著凱希看到她的奶瓶躺在房間另一邊，拋掉尿布，爬向奶瓶，輕輕的發出咕咕聲。雷弟顯然也對尿布失去興趣，玩著一個大橡膠球。尿布現在已成碎片。

將這些事件的持續紀錄加以整理，便可以用來和全部的互動數量比對，以瞭解其實際情形。通常教保人員和照顧者認為衝突發生的頻率比實際發生的數量多，這種錯誤觀念的發生是因為衝突通常比較戲劇化，因此獲得大人比較多的注意，相反的，愛的關係通常被視為理所當然。紀錄幫助我們以適當的角度來看這兩種互動。

　　既然嬰兒和學步兒時期的社會關係是日後社會關係的基礎，雖然它們通常是短暫的、發展快速的、不持久的，但是這些接觸、模仿、生氣和喜悅的總和會讓記錄者看見一個豐富而多樣的社交生活。

語言

記錄及研究嬰兒和學步兒的語言是很重要的藝術，遠超過本書的範

圍，這個領域有大量的研究，學者已投入多年，透過精心蒐集年幼兒童的逐字逐句語言樣本來解開人類語言的祕密（Kuhl, 2010）。但是，照顧三歲以下幼兒的我們不能把所有的語言發展或幼兒行為的研究都交給別人，教保人員和照顧者需要練習蒐集資料的技巧，第一手瞭解幼兒如何學習說話和使用語言。

為此目的，一字不差的蒐集聲音樣本、字詞及語句將是最有意義的工作。嬰兒的咕咕聲及牙牙學語和學步兒剛開始說的字詞、片語都能記錄，這些話語系統如在觀察的過程中記錄下來，一段時間後（至少二、三個月）加以審視便能透露語言改變的模式及漸增的複雜度。

學步兒的語言和概念的源頭都來自他們感興趣的感官經驗。下面的紀錄裡（改自 Andersen, 1995），在秋天一個明亮的日子，照顧者珍和奧利佛（二十八個月大）和帕博羅（十六個月大）走在戶外，他們從感官刺激裡冒出了多少字詞、記憶和想法啊！

當他們步出戶外，一陣微風把附近一棵樹的葉子吹了下來。奧利佛興奮的指著葉子，大聲叫：「泡泡？」珍懷疑奧利佛把樹葉在微風中輕柔的飄下來聯想到肥皂泡泡（玩肥皂泡泡是他最喜愛的活動）。她說：「它飄起來真的像泡泡，是不是？」

他們走到角落，乘客在那裡上下公車。帕博羅大叫：「公車，公車——爸比，公車！」珍回答：「帕博羅，我打賭你是想到和爸比搭公車來中心。」當公車開走，珍和幼兒在角落等著紅燈變綠燈。珍看著馬路，帕博羅向上看著在對街大樓移動的光和影子。他拉拉珍的手臂，指著燈，用問句的語調發出一些牙牙的聲音。珍說：「喔，你看到大樓上的陽光。」帕博羅繼續研究光和影的變化。

當他們過馬路時，奧利佛看到他最喜愛的商店，櫥窗裡陳列很多運動鞋，他開心的唱著：「鞋，鞋，鞋。」當他們停在櫥窗

前，奧利佛開始仔細研究各種不同的運動鞋，他特別觀察一雙大鞋，說：「爸比鞋。」

當奧利佛研究運動鞋時，帕博羅把手移過大樓底部的磚塊，他發現在磚中間的灰泥裡有個洞，花了幾分鐘把手指戳進戳出。

突然起風，把雲吹到太陽前面，奧利佛看看珍，把下顎夾緊胸部，帕博羅兩腿緊靠。奧利佛說：「有風。」珍回應：「對，有風，很冷，我們回去裡面吧。」他們開始走回中心。

話語不是照顧者和幼兒互相連結的唯一方法，事實上，幼兒的非口語語言可產生很特別的意義分享（Stern, 1985），就如同 Hansen（1995）在下面紀錄裡（經過修改）所觀察到的：

在戶外遊戲區，安娜（二十四個月大）手裡拿著滴著水的刷子和海綿，走向老師。老師說：「我看到了，你有刷子和海綿。」安娜微笑，轉過身，用刷子指向牆壁，那裡還有一大群孩子在刷。

老師事後解釋，透過指出另一邊遊戲區的情景，安娜讓我完整看見及體會和一群精力旺盛的學步兒一起洗牆壁是一件多棒、多興奮的事。她可能無法用話語來傳達此事，她可能想說：「看，我們在洗牆壁！」但是我不認為那句話能捕捉到一丁點她嘗試傳達給我的。

有某些特質在做紀錄時需要記下來，下面建議一些觀察重點：

● 哪些情境似乎引發嬰兒發出聲音：說話的大人、移動的玩具、音樂盒、小孩？
● 父母在場或不在場是否影響嬰兒說話：照顧者、陌生人、其他兒童呢？
● 在幾天或幾週之內，嬰兒是否有發出新的聲音或字詞？

- 嬰兒（大約八至十二個月大），是否嘗試重複說人家直接對他們說過的話？哪些話？
- 嬰兒牙牙學語嗎？在哪些情況下？
- 學步兒的話語是否聽不懂，但具有和英語或母語的節奏及韻律？
- 學步兒是否把聲音組合成兩、三個音節？
- 學步兒是否產出可辨認的話語？
  ➤ 他是否把這些話語組合成兩、三個字的句子？
- 嬰兒或學步兒對於別人對她說的話理解多少？
- 幼兒什麼時候唱歌？吟誦一些無意義的字詞？為了玩（不是為了理解字詞的意義）而重複字詞？

下面的紀錄顯示幼兒如何從其他幼兒學習和練習語言，以及模仿對年紀很小的幼兒是多麼愉悅的一件事。明蒂和德瑞克（兩人都十四個月大）和伊娜（二十四個月大）一起坐在桌子吃蘋果和起司：

明蒂說：「巴畢，巴畢。」

德瑞克模仿著說：「巴畢。」然後看著坐在桌子對面的明蒂，她說：「啵。」

德瑞克再次模仿：「啵。」

伊娜清楚的說：「我要起司。」

德瑞克指著桌上放著起司的碗說：「起司。」照顧者把起司給德瑞克和伊娜，德瑞克咀嚼著起司，張開嘴巴說：「啊。哈，哈。」看著明蒂，她笑著。德瑞克把頭往後仰，假笑著：「啊。哈！哈！」他重複同樣的動作和聲音三次，然後他真心的笑，用手指頭把起司推入嘴巴裡。伊娜、明蒂和德瑞克接著一起說：「巴，巴，巴，啊，哈，哈。」明蒂仰頭看天花板說：「啊，哈，哈。」她咯咯笑著。

　　幼兒運用模仿和重複來學習和玩樂，這個活動似乎在本質上就能令他們滿意。

　　　凱立，二十五個月大，窺看午睡房間，沒有幼兒在裡面。「沒人在睡覺」他說，並不對著特定的人。「約拿不在，莎莉不在，傑米不在，芳妮不在，凱莉不在，沒有人在睡覺。」他重複吟誦不在睡覺的人的名字，但這次每唸一個名字就跳一下。

　　幼兒接近三歲時，語言逐漸變成一個澄清的工具。當我們把幼兒一些想法記錄下來，我們就可從很細微的細節裡瞭解這個困惑的世界對幼兒真的是充滿了神祕：

　　　午餐時間，三十個月大的娜拉不知道怎麼剝香蕉，尋求老師的幫助。當老師剝香蕉時，娜拉告訴她：「我的媽咪今天早上把皮穿上去了。」

　　話語本身通常很好玩，幼兒似乎享受話語在舌頭上的感受。

　　　當瓊恩（二十四個月大）問她的母親：「什麼是削減預算？」我們懷疑在她的頭腦裡這個詞讓她想到什麼？

　　　理查，二十八個月大，坐在照顧者的腿上，看著一群幼兒和另一位老師走去廚房拿點心。他自發的說（和正在進行的事件無關也沒有特別針對誰）：「礦泉水。」「你想喝礦泉水嗎？」老師問，他給老師一個木然的臉。

　　紀錄也顯示幼兒有多麼喜歡玩語言，那是一種特別的遊戲玩物。

　　　當老師問安東尼他在蓋什麼，他說：「我在蓋交通東（鐘），交通東，一個會喀喀叫的交通東。」

　　記錄幼兒在例行性活動中的語言、社會互動、遊戲或行為沒有真正的

終點,這是持續、永不停止的努力。每天都有新的變化、新的發展、新的
技巧、新的感受。觀察者的工具(眼睛、耳朵和手)是活潑生動材料的重
要來源,這些材料經過蒐集和分類後,可確保教學的持續更新。

Chapter 13

模式：總結及詮釋

　　迄今我們已和幼兒園裡的幼兒相處好幾個月了，早上他們入園時，我們捕捉到他們的表情，觀察他們如何脫掉外衣，看他們遊戲，注意他們如何使用材料及他們和其他幼兒的關係；我們注意到他們在餐桌上的行為舉止，如何照顧身體需求，如何回應我們，如何扮演團體一份子的角色。當我們觀察時，我們知道了一些幼兒在想什麼、他們覺得自己表現如何的感受，也許我們也得到線索，知道如何滿足他們面對目前生活（及未來生活）的特殊需求。

●● 模式

　　前一段時期蒐集的紀錄資料現在必須加以組織，讓我們更容易掌握幼兒回應的本質，包括他們和大人的關係、和其他幼兒的關係、材料的使用、例行性活動中的行為、認知運作及如何學習、語言發展等。每一位幼兒在前述的每一領域都有其獨特的回應模式，要找到那些模式，我們必須回頭去看我們的紀錄，將能顯示模式的相關事件整理出來。

　　把有關某一領域的事件從紀錄中拉出來聚在一起，看起來可能會像是一系列的小摘要。以下是某一位幼兒和大人互動的紀錄彙整，前面的日期是教保人員原始紀錄的時間。

「和大人的關係」的彙整

　　10/21：卡利（五歲大）不想加入遊戲，望向我尋求支持。我說明規

則，他打消疑慮，同意玩。

10/30：卡利找我去看磚塊裡的水管，說明他看到的。拿汽車模型過來，說明車子的特性。說很多，佐證他知道很多不同的知識。

11/12：卡利問我，收拾時達倫是否負責收拾椅子。

11/20：卡利問我，小梁和波妞兩個人要做什麼。

12/01：我告訴卡利讓其他人先玩繩子，他遵從。然後叫我，請我看他跳繩或玩輪胎好幾次。

12/15：體育老師給卡利指示，他都遵從。卡利後來問體育老師一個問題。

1/04：卡利述說對一個建構玩具的發現，分享成功經驗。

1/10：卡利熱情的給我看他做的黏土。

依據上面幾則紀錄的摘要，教保人員寫出卡利在「和大人的關係」方面的模式，如下：

卡利對於大人感到自在，將大人視為資訊的來源及分享發現與快樂經驗的人。當他需要大人的支持時，他自在的依賴大人，例如：10/21加入找特徵遊戲或澄清問題時，11/20在小組討論時他不確定小梁和波妞要做什麼，向老師詢問。卡利喜歡大人欣賞他的活動，喜歡分享他對於事物和知識的瞭解，但他並不過度依賴大人。他很少尋求老師的協助，如果她不在近旁也不會找實習老師。他還頗獨立的。卡利和大人有正向的關係，很容易信任大人，在團體或個人的情境都遵從大人的指示。

每一個領域（例行性活動、材料、遊戲等）的總結都會顯示幼兒和環境的互動。我們可以看見以前的模式及現在變成什麼模式，可以看見成長（或沒有成長、退步）、每一個領域對幼兒的重要性（有興趣的程度、強

度），以及這些經驗是否導致幼兒滿意或挫折。幼兒的行為可以對照著同齡幼兒的行為及發展里程碑來看，例如：終於踏上了攀爬架的第一階，下個月就可爬到頂了。但是對於幼兒的結論必須保存暫時性（我想她會通過……、看起來好像……、我覺得……），任何結論都必須經過更進一步的觀察、行動及更長久的觀察。這樣的話，過不久我們就可以針對一個不斷變化、持續成長的人做出：「啊哈，我抓到他了！」的評論而且很確定我們是正確的。

彙整幼兒生理運作狀況的紀錄及對學校（或幼兒園）適應的概述，提供了我們日後做詮釋可用的額外線索。生理運作可以從日常活動紀錄中推斷出來，可以讓我們看見幼兒在下列運作的持續情形：

● 健康狀況，生病、手術及生理殘障的間接影響。

● 動作及協調情形，以及其與情緒運作的關係。

● 一般的節奏（步調）。

● 動作自由或拘謹：開闊的、沒有約束的、精準的、有活力的、溫柔的、精力充沛的、強而有力的、細緻的、優美的、有彈性的、缺乏想像力的、鬆散的、不連貫的、緊張的、放鬆的、緊繃的、拘謹的、不受限制的。

● 在活動中耗費的能量：幼兒多快感到疲倦？

● 可能顯露動作品質的證據，例如：沉著（鎮定）的、坐立難安的、安詳的（寧靜的）、缺乏想像力的、輕盈的、遲鈍的。

● 對在大肌肉動作活動（如：跑、爬）中運用身體的態度：熱切的、謹慎的、害怕的、愉快的。

● 對在精細動作活動（如：寫字、縫東西）中運用身體的態度：放鬆的、緊張的、享受的、過度嘗試。

● 一般的面部表情：皺眉、微笑、看起來安詳。

對學校或幼兒園的適應是另一回事，沒有絕對的標準，而且每一位幼

兒都有其各自的特殊之處。但是，如果我們不拘泥於標準，我們可以獲得幼兒運作的整體圖像。

當幼兒來園時可以不需父母陪伴而自己進教室，知道幼兒園的例行性活動、班級規則、每日的作息，知道材料在哪裡、有什麼人員、別人對他的期望，知道他可以期望別人會做什麼，我們就可以說他適應了。幼兒早期對新情境反應的紀錄有時候也有助於評估幼兒日後的改變，教保人員對於某幼兒「適應良好」的感覺應該要有實際且具體的證據來佐證。適應可分兩種層次：(1) 能與父母或照顧者分離，對例行性活動有反應，知道東西在哪裡等；(2) 幼兒自然且自在的做自己。

●● 總結的特色

有些時候我們會想要對幼兒長時期的行為發展做個總結（final summary），這個總結可以在園務會議或教學會議中與同事分享，作為滿足幼兒需求及改善教室生活的方式之一；它也可用來作為向其他專業人員（如：心理師、社工師）諮詢或作為家長會談的參考資料。不論如何，我們都需設法彙整資料，以能獲得幼兒行為的完整圖像。

在總結中，我們放入有關幼兒對於例行性活動、材料使用、與其他幼兒相處、與大人相處等方面的行為模式摘要，以及幼兒認知運作及語言發展的調查資料；也還可放入哪些事物讓幼兒挫折及哪些事物讓幼兒滿意的觀察紀錄、其他非觀察資料（如：入園檔案內的資料、護理資料或家長提供的資料），以及對於環境的描述。

然後，我們客觀的檢視這些證據，看看某一領域運作的哪一部分似乎影響著其他部分的運作。例如：有關一位五、六歲幼兒使用戶外設備的總結（本書並未收錄）顯示出一個持續「無法使用」的圖像：他看起來強壯，但是無法用腳勾住雙槓、無法爬到高處或從高高的滑梯滑下來，他在戶外玩時顯然很滿足，但只玩小拖車、沙、粉筆、小球和水，高於兩呎的

設備似乎都不為他所用。他在其他地方的遊戲是否有與使用戶外設備行為相關之處？他的健康資料或生理背景是否有一些可解釋他在戶外行為的資訊？他使用設備的行為是否與他的年齡有關？他對於故事或音樂律動活動的選擇是否能提供一些線索？他在討論時間是否有說什麼話（或當大家都搶著說的時候沒說話）？他是在各種情境下都很謹慎的行動，還是只有在某些特殊的情境如此？他是否在其他有高度的情境裡（如：在樓梯頂端）顯露緊張？一般而言，他是否滿足？換句話說，幼兒的某一個行為資料和我們所知道的其他事情之間有什麼關聯？不使用高的設備這件事可能會有很多不適當的解釋，全看觀察者的念頭；但是，當我們把它與幼兒其他層面的行為連結起來，就能發現它對於**該幼兒**的特殊意義，原因可從單純的沒有經驗，到因肌肉尚未完全發展而產生的一般性謹慎，到營養不良、懼高。

我們再來看其他可能的關聯。例如：某位幼兒對於其他幼兒有某種特別的態度。他的行為是否和他對大人的態度有關？是否涉及他對於自己的態度及他對於使用材料的成就感？他接受挫折的能力（從很多情境下行為累積的證據）是否影響他和其他幼兒相處？

幼兒在例行性活動的哪些行為與他和大人的關係有關？遊戲時的哪些行為與他和大人的行為有關？他進食的哪些行為與他和其他幼兒的相處有關？是否有一個貫穿的脈絡？在例行性活動、遊戲、和大人相處時的態度是否都是一貫的無憂無慮，還是一貫的難以滿足、一貫的平穩或一貫的熱情洋溢呢？

傾向

總結裡要包括行為的**傾向**（trend）。

> 很顯然的，西蒙已克服了吸大拇指的需求，最近這幾個月，
> 他已經停止不斷的吸手指了，除了在午睡時會短暫吸一下。

方索現在在別人很快的靠近他時，會停下來好好端詳，他沒有尖叫，而是打量當下的情境，然後轉身跑開，沒有回頭看。

譚美坐著看書，似乎真的很享受。她也坐著聽完一個短篇故事，顯然聽得懂，上星期她問了一個有關故事角色的問題。譚美正在學習專注於自己以外的事情。

問題

如果我們接受任何人的成長過程並不都是順暢、平穩的，或許使用問題（problem）這個詞就還算適當。每一位幼兒如果要成長，都會在某個時間點出現需要克服的問題或障礙。以下的總結就呈現了一個這樣的問題（或障礙）：

六歲的傑伊對於我認為的「適當的教室行為」有很強烈的知覺，而且會遵守教室規則。但是他的語言表達有困難，至少可部分歸因於英語是他的第二語言，而且他似乎對於在團討中表達自己的想法感到不自在。他最成功的口語互動多發生在一對一情境，尤其是和我或其他教保人員，但是，他能很熟練的獨立工作，不用尋求大人的支持。我相信如果他在學校和我建立一個緊密的關係，建立自信，這樣他就會更願意在團體中說話。

評鑑成長

傾向和問題加起來便成為幼兒成長的評鑑結果。「他成長好多」，後面再加上一些描述就有實質意義，例如：「他已經學會……；他以前是……，但是現在……；他用了很多顏色、很多材料、有很多想法和詞彙；他做東西、說話、行動。」這些描述的資料都在紀錄裡。如果我們三個月前沒有把這些事情記錄下來，我們早就忘記了！

預測

從前述的資料，我們可以猜測幼兒未來會如何發展，也能建議應該提供幼兒什麼讓他能有最佳的發展機會。我們可以提供建議給下一位教保人員、家長，類似下面所寫：

> 根據我這幾個月來的觀察分析，我對於費南多一年級老師有些建議。因為費南多對於新情境的適應較有困難，因此很重要的是要給他時間來習慣新教室的環境，不要催促他立即參與每件事情。他需要時間來找到自己的位置和自己的聲音。我可以想像一開始他可能會對要認識那麼多新同學感到不知所措，他需要時間及彈性。因為證據顯示費南多具有高內省智慧，他清楚知道自己需要什麼來讓自己自在，剛開始可能會以坐在討論圈外圍的形式出現，或者是在剛開學幾週的自由遊戲時重複選擇藝術活動而不選其他活動。當要去新地方或要在教室裡見一位以前沒見過的人時，他可能需要特別的準備。老師應該也要知道他偶爾會對生病產生焦慮，當他開始擔心時，請老師有耐心、諒解他。

極端行為

在總結裡我們會註記幼兒的**極端**行為（例如：過度依賴、不成熟的使用材料、完全拒絕例行性活動），或不尋常的能力。我們可期待每一位幼兒都會有一些不一致的地方，但是，極端行為可能代表幼兒真的有麻煩或有特別才能，應該被關注。同樣的，有些特別的問題，例如：過度吸吮大拇指、容易發生意外事故、長期堅持不參與、經常有恐懼的表示或被動等，這些行為對幼兒而言是正常的，但是如果它們用掉幼兒太多能量，我們就需要擔心，因為幼兒就沒剩下多少能量來從事健康有益的遊戲。

完整的幼兒

我們也必須註記我們所看見的幼兒個性──誇大的、友善的、溫和的、堅決的、好奇心重的。在記錄細節後，我們有權提出我們對於幼兒的感官印象！不是每一位幼兒都能用一個詞來描述，但很多幼兒可以。我們可以在幼兒行為總結的開頭或結尾寫道：「我發現他是個小淘氣」、「她顯然無法停下來」或「對我而言，她是個很有能力的孩子」。這些用語或句子單獨使用的話，容易招致質疑，但如果加上總結裡所累積的各行為面向的證據，教保人員加上這些個人反應就很正當，如同下面的示例：

> 奈特最傑出的特性就是他的強項──他的創造力，在藝術和芭蕾舞上一次又一次的出現。在一個非常需要（但也常被誤解）創造力的社會裡，就如我們的社會，如果奈特能被允許繼續發展他的才華，他就有希望能夠走得更遠。他對於這些領域的動機很強，他喜歡表演。他在教室裡茁壯成長，因為他的老師很重視自我表達和創造力。他很友善，與別人相處融洽，受人喜愛，大家認為他為班上帶來很多好處。他非常聰明。

環境

描述幼兒每日生活的情境可為我們的探究帶來一些洞察力。幼兒的社區、學校、教室的主要特性是什麼？

在描述教室時，應納入下列細節：班上幼兒的數量和年齡、日常作息時間、大人的數量和職務／角色、設備的種類和狀況、教室的布置和安排（包括幼兒休憩安靜區域）、幼兒和教保人員的桌子安排及其如何影響師生互動。

下面舉出一些描述六歲克里歐所處的市區環境，豐富的細節提供了幼兒每日周圍環境的圖像，觀察者接著推測這個特殊環境如何影響幼兒。

居住的鄰里。街道兩旁有路樹。學校東邊是一棟二十二層樓白磚牆的公寓住宅，西邊是一棟紅磚牆教堂，旁邊接著一個小學校。在學校對面是一排五層樓的無電梯公寓和一棟十四層的紅磚公寓，有門房。旁邊是一棟五層樓房，一樓的商店掛著「塔羅牌算命」招牌，角落是一間小雜貨店（賣糖果、香菸），遮陽棚上寫著「樂透」。緊鄰學校的是一間大醫院，聘用了很多學校附近的居民。

走在街上的人有各種年齡、各種種族。克里歐的父母搭公車帶他上學。

學校。學校有九十一年歷史，紅磚牆、五層樓高，必須先上一層樓梯，從「入口」的大門進入學校，再往上走一層樓，通過另一個門，那裡有一位警衛坐在桌子旁。學生的自畫像掛在樓梯兩旁的牆上。走道上布置了每一班的照片、學生的編織和黏土容器的展示箱，以及一幅標題為「冬天的城市」的大壁畫。牆壁漆成藍綠色，天花板裝有日光燈。餐廳在一樓，當很多學生在餐廳時，隔音很差。三、四、五樓是教室。每一層樓都有可用的飲水機和廁所。

教室。克里歐班上有二十七位一年級學生。教室前方是一個大長方形黑灰色地毯，是團討和集會場所。每天黑板上會寫出「今日問題」、早上訊息、當天的日期、當天的時間表、出席狀況。黑板上方掛了兩張表：「工作小組規則」、「教室規則」。在黑板遠端是衣帽櫃。

教室裡有三張三夾板圓桌和二張長桌。老師有自己的椅子，但沒桌子。有區隔清楚的數學區和閱讀區。所有的材料都有標籤，且易於拿取。閱讀區包含班級圖書館，裡面有毯子，幾個枕頭和一個櫃子塞滿字典、圖片和六至十二歲的圖畫書。還有其他櫃子裝了鉛筆、膠水、彩色筆和紙。牆上貼了學生進行鄰里研究

的素描。

從上述對於環境的細節描述，我們能開始看見脈絡裡的幼兒。我們開始推測幼兒從學校及學習接受到什麼訊息、環境傳遞了什麼教育目標、環境對於動機、創造力、自主及社會行為傳遞了什麼價值觀？其次，如果教保人員可接近幼兒的家庭／社區環境且能描述下來，我們就可獲得更多有助於瞭解幼兒的環境資訊。

●● 詮釋

現在我們好像已經很認識幼兒，好像沒有漏掉什麼。教保人員的下一個問題通常是要問：「為什麼？」為什麼他會這樣表現，是因為他被「寵壞」了，因為有一個很愛他或負擔太大的媽媽、祖母、哥哥、爸爸或姊姊？是因為她覺得自己不夠好或過度自我膨脹？是因為這個，還是因為那個？我們當然想知道原因。我們跟孩子密切相處，為他們做很多事，也和他們做很多事，我們不可能不去揣測他們行為發生的原因。

我們的揣測是正確或錯誤，對於幼兒的成長及快樂有很大的差別。**詮釋錯誤是很危險的**。除了所有的詮釋都是暫時的，必須因應新發現的事實而修改之外，詮釋還絕對必須與幼兒的背景資料連結。

行為有很多種原因，教保人員需要知道幼兒的生理狀況，也需要理解生理、情緒及認知狀況間的關係。我們需要評估是什麼讓我們期望幼兒在某年齡應該有什麼行為，也要知覺在主流文化及很多非主流文化裡幼兒是如何成長及學習的。我們需要知道是否每一個鄰里對同一種行為都同樣重視、是否每一個家庭都遵守鄰里的期望、社區的標準和價值觀對於父母和幼兒的行為有多大的影響，以及傳遞給幼兒的世界觀是什麼樣的。

因為需要知道這麼多，所以詮釋很困難。詮釋也涉及情感──我們的情感。我們能否把自己放在幼兒的位置？我們能否既站在幼兒位置，又同

時是客觀的成人？當我們說幼兒在幼兒園成長很多時，我們是否在鼓舞自己的士氣？

如果我們不謹慎，詮釋行為的原因是危險的。我們能否驗證自己所做的每一個陳述？對於我們的靈感或揣測，我們是否有證據？對我們而言，幼兒是否比正確更重要？我們是否願意放棄我們喜愛的理論，因為它實在不適用這位幼兒？以下是某位教保人員對於自己在觀察與記錄上的進步的評論：

> 當個觀察者很難，在所有記錄的當下，我也同時回應我所見到和所聽到的（直接或間接的），我們仍然是人。這是為何我們觀察的幼兒會與我們比較親近，因為他們可以感覺到我們對他有反應，他們因此而回應我們。

同樣的行為對不同幼兒可能代表不同的意義。幼兒會因生氣、恐懼、憎恨、忌妒、恐慌、叛逆而打人，他們也可能會因生氣、恐懼、憎恨、忌妒、恐慌、叛逆而退縮沉默。雖然有些幼兒會以我們的方式做事情，但別的幼兒不一定會。我們必須學著研究一般幼兒的發展，好讓我們能瞭解我們所關注的個別幼兒；我們也必須研究個別幼兒，好延伸我們對於一般幼兒的理解。每一個人都想被別人以獨特的個體來瞭解，就像我們自己一樣。讓我們對所教的幼兒公平公正，捍衛他們珍貴的獨特性和他們的文化。如果我們願意瞭解他們，讓我們學著正確的蒐集證據來提供我們需要的線索，接著我們必須依據人類行為的知識及對於幼兒社會環境的理解來闡明這些線索的意義。

●●● 總結

下面是三歲的丹德年末報告中的總結，彙整了所有領域的個別總結：

　　看起來，丹德有一種「慢慢暖身」的氣質，行動前會花很多時間觀看。這影響他對於新情境和新活動的回應，先觀看，但一旦參與就很專注。他的情緒一般而言是平靜和平穩的。當他使用材料表現時，是個十足的實驗者，似乎特別喜愛彩繪活動，用刷子、紙和顏料充分實驗。但是，在其他材料上就沒有這樣的創意表現，比較少實驗，就像有一次觀察到他試著把磁鐵火車接起來。但很快就放棄。

　　丹德的行為中有一項很醒目的特性，他與同儕互動和與大人互動的方式不同。雖然對丹德的年齡來說，找大人的次數多於找同儕的次數是可接受的，但是他明顯的缺乏主動和同儕互動的直接嘗試；相反的，在和大人互動方面，他很明顯的有能力。但是，這並不表示他對其他幼兒不關心或沒興趣。例如：曾觀察到當他旁邊的幼兒大笑時，他也會把頭往後仰的大笑；還有一次當他自己在積木區活動時，他聽到其他幼兒把樂高積木從籃子裡倒出來的聲音，他慢慢走過去，但走到一半，他盯著看了一會，然後轉過頭往回走到積木區。因此，他似乎有意圖及慾望和人互動，但看起來他有時對如何開啟互動感到不確定或擔心。

　　和大人說話時，丹德展露出他會很多詞彙，能建構完整的語句，他常常主動開啟和大人的談話，尋求他們的協助或表達自己的需求、慾望和想法。相反的，和同儕說話時，他的語言比較簡單，主要是一個字或簡單的片語，類似其他幼兒的話語。也許是因為身為家中唯一的小孩，他和大人比較自在。他似乎很黏媽媽，從每天早上入園時他都很不願和媽媽分離可看出。有時候，他的媽媽似乎對他持有高期望，會選擇比他程度還高的書讀給他聽，擔心他進入新學校後會退化等，也許這導致丹德缺乏自信，讓他站在原地被動的讓媽媽幫穿他上外套，或是讓他在自己穿襪子時尋求很多大人的協助。

　　未來的老師如果能知道丹德這種慢慢暖身的氣質，把丹德在行動前出現退縮或旁觀的情形歸因於此，對丹德會很有幫助。當他開始投入活動，他平穩的行為和專注的能力可能會使老師忽略他，但是他經常會需要老師的支持，尤其是在新情境及交朋友方面。幫助他的母親知道及欣賞他的長項可能可舒緩她對於丹德學校表現的焦慮。

　　幼兒是複雜的生物，就如同所有人類。但是因為他們仍然會公開表露情感和想法，毫不保留的接觸生命，敏感的大人因此能相當瞭解他們，且準確的判斷他們的需求。

　　每位幼兒都是一個獨特的組合，是未知的遺傳因素和特殊的家庭和文化因素的交互作用。因此，每位幼兒都不相像，每一位幼兒也是人類生命裡某一個發展階段的代表，因此也享有很多同一階段幼兒的特徵。最後，每一位在幼兒園的幼兒都是同儕社會裡的一份子，在做自己和歸屬於團體（需要對於別人的要求有特殊的回應）之間掙扎，常常要在維持自己個人獨特性和滿足於團體歸屬兩者間平衡。

　　關於幼兒，我們還有很多可學習。沒有哪一位教保人員能完全瞭解一位幼兒以致於沒有任何驚奇。幼兒持續成長的本質蘊含了改變，而改變需要教保人員保有一份持續開放的心胸。我們今天只能依據充分的資料猜測幼兒對於生命的反應，明天我們重新開始，因為每一個成長幼兒的明天會和今天有點不同。

參考文獻

Andersen, K. (1995). *Beyond playgrounds: Outdoor experiences for toddlers*. Unpublished paper, Bank Street Graduate School of Education, New York.

Barbarin, O., & Crawford, G. M. (2006). Acknowledging and reducing stigmatization of African American boys. *Young Children, 61*(6), 79–86.

Berk, L. E. (2004). *Awakening children's minds: How parents and teachers can make a difference*. New York, NY: Oxford University Press.

Bram, J. (1955). *Language and society*. New York, NY: Random House.

Casper, V., & Theilheimer, R. (2009). *Early childhood education: Learning together*. New York, NY: McGraw-Hill.

Cazden, C., John, V. P., & Hymes, D. (Eds.). (1972). *Functions of language in the classroom*. New York, NY: Teachers College Press.

Celic, C., & Seltzer, K. (2011). Translanguaging: A CUNY-NYSIEB guide for educators. New York, NY: CUNY-NYSIEB, Graduate Center, City University of New York. Available at www.nysieb@gmail.com

Chess, S., & Thomas, A. (1996). *Temperament: Theory and practice*. New York, NY: Brunner/Mazel.

Clay, M. (1975). *What did I write?* Auckland, New Zealand: Heinemann.

Clay, M. (1991). *Becoming literate: The construction of inner control*. Portsmouth, NH: Heinemann.

Clay, M. (2002). *An observation survey of early literacy achievement*. Portsmouth, NH: Heinemann.

Cohen, D. (1971). The young child . . . Learning to observe and observing to learn. In G. Engstrom (Ed.), *The significance of the young child's motor development* (pp. 35–44). Washington, DC: National Association for the Education of Young Children.

Cohen, D. H., Stern, V., Balaban, N., & Gropper, N. (2008). *Observing and recording the behavior of young children* (5th ed.). New York, NY: Teachers College Press.

Cuffaro, H. K. (1996). Dramatic play: The experience of block building. In E. S. Hirsch (Ed.), *The block book* (3rd ed., pp. 75–102). Washington, DC: National Association for the Education of Young Children.

Delpit, L. (1995). *Other people's children: Cultural conflict in the classroom*. New York, NY: New Press.

Delpit, L. (2002). What should teachers do? Ebonics and culturally responsive instruction. In B. M. Power & R. S. Hubbard (Eds.), *Language development: A reader for teachers* (2nd ed., pp. 124–128). Upper Saddle River, NJ: Pearson.

Derman-Sparks, L., & Edwards, J. (2010). *Anti-bias curriculum for young children and ourselves*. Washington, DC: National Association for the Education of Young Children.

Frank, L. (1974). Play and child development. In Association for Childhood Education International, *Play: Children's business: A guide to play materials* (pp.

17–19). Washington, DC: Author.

Gardner, H. (1999). *Intelligence reframed.* New York, NY: Basic Books.

Gardner, H. (2006). *Multiple intelligences: New horizons in theory and practice.* New York, NY: Basic Books.

Genishi, C., & Dyson, A. H. (2009). *Children, language, and literacy: Diverse learners in diverse times.* New York, NY: Teachers College Press.

Goswami, U. (2008). *Cognitive development: The learning brain.* New York, NY: Psychology Press.

Greenspan, S. I. (1989). *The essential partnership: How parents and children can meet the emotional challenges of infancy and childhood.* New York, NY: Viking Penguin.

Hansen, N. (1995). *A developmental study.* Unpublished paper, Bank Street College of Education, New York, NY.

Hayes, K. (1993). *Supporting emergent literacy in a 4/5's classroom.* Unpublished master's thesis, Bank Street College of Education, New York, NY.

Hayes, L. (1990). From scribbling to writing: Smoothing the way. *Young Children, 45*(3), 62–69.

Hirsch, E. S. (Ed.). (1996). *The block book* (3rd ed.). Washington, DC: National Association for the Education of Young Children.

Hurley, S. R., & Tinajero, J. V. (Eds.). (2001). *Literacy assessment of second language learners.* Boston, MA: Allyn & Bacon.

Jersild, A. T. (1955). *When teachers face themselves.* New York, NY: Bureau of Publications, Teachers College, Columbia University.

Johnson, H. (1996). The art of block building. In E. S. Hirsch (Ed.), *The block book* (pp. 9–24). Washington, DC: National Association for the Education of Young Children.

Kang, K. C. (1990, September 8). Koreans have a reason not to smile. *New York Times,* p. 23.

Kritchevsky, S., Prescott, E., & Walling, L. (1969). *Planning environments for young children: Physical space.* Washington, DC: National Association for the Education of Young Children.

Kuhl, P. (2010). Brain mechanisms in early language acquisition. *Neuron, 67,* 713–727.

Lightfoot, C., Cole, M., & Cole, S. R. (Eds.) (2013). *The development of children* (7th ed.). New York, NY: Worth.

Lubeck, S. (1994). The politics of developmentally appropriate practice: Exploring issues of culture, class, and curriculum. In B. L. Mallory & R. S. New (Eds.), *Diversity and developmentally appropriate practices: Challenges for early childhood education* (pp. 17–43). New York, NY: Teachers College Press.

Mann, T., Steward, M., Eggbeer, L., & Norton, D. (2007). Zero to Three's Task Force on Culture and Development: Learning to walk the talk. *Zero to Three, 27*(5), 7–15.

McAfee, O., Leong, D., & Bodrova, E. (2004). *Basics of assessment: A primer for early childhood educators.* Washington, DC: National Association for the Education of Young Children.

Meece, J. (2002). *Child and adolescent development for educators.* New York, NY:

McGraw-Hill.

National Association for the Education of Young Children & the National Association of Early Childhood Specialists in State Departments of Education (NAEYC & NAECS/SDE). (1991). Guidelines for appropriate curriculum content and assessment in programs serving children ages 3 through 8. *Young Children, 46* (3), 21–38.

Owens, R. (2001). *Language development: An introduction* (5th ed.). Boston, MA: Allyn and Bacon.

Perez, B., & Torres-Guzman, M. E. (1992). *Learning in two worlds: An integrated Spanish/English biliteracy approach.* New York, NY: Longmans.

Piaget, J. (1962a). *The language and thought of the child.* London: Kegan Paul, Trench, and Trubner.

Piaget, J. (1962b). *Play, dreams, and imitation in childhood.* New York: W. W. Norton.

Piaget, J. (1965). *The moral judgment of the child.* New York: Free Press.

Piaget, J., & Inhelder, B. (1969). *The psychology of the child.* New York: Basic Books.

Project Healthy Choices. (n.d.). *Stories from East Harlem.* New York, NY: Bank Street College of Education.

Rogoff, B. (1990). *Apprenticeship in thinking: Cognitive development in social context.* New York, NY: Oxford University Press.

Shinn, M. W. (1985). *The biography of a baby.* Reading, MA: Addison-Wesley. (Original work published 1900)

Shonkoff, J., & Phillips, D. (Eds.). (2000). *From neurons to neighborhoods: The science of early childhood development.* Washington, DC: Academy Press.

Stern, D. N. (1985). *The interpersonal world of the infant.* New York, NY: Basic Books.

Tabors, P. O. (2008). *One child, two languages: A guide for preschool educators of children learning English as a second language.* Baltimore, MD: Brookes.

Vygotsky, L. S. (1976). Play and its role in the mental development of the child. In J. S. Bruner, A. Jolly, & K. Sylva (Eds.), *Play: Its role in development and evolution* (pp. 536–554). New York, NY: Basic Books. (Original work published 1933)

Vygotsky, L. S. (1978). *Mind in society: The development of higher psychological processes* (M. Cole, V. John Steiner, S. Scribner, & E. Souberman, Eds.). Cambridge, MA: Harvard University Press. (Original work published 1930)

Vygotsky, L. S. (1986). *Thought and language.* Cambridge, MA: MIT Press. (Original work published 1934)

國家圖書館出版品預行編目（CIP）資料

幼兒行為的觀察與記錄／Dorothy H. Cohen 等著；
　廖鳳瑞翻譯 . -- 初版 . -- 新北市：心理，2019.06
　　面；　公分 . --（幼兒教育系列；51206）
　　譯自：Observing and recording the behavior of young
　　　　　children
　　ISBN 978-986-191-868-6（平裝）

　　1. 兒童心理學　　2. 行為心理學

173.1　　　　　　　　　　　　　　　　　　108006987

幼兒教育系列 51206

幼兒行為的觀察與記錄

作　　者：Dorothy H. Cohen、Virginia Stern、Nancy Balaban、Nancy Gropper
譯　　者：廖鳳瑞
執行編輯：高碧嶸
總 編 輯：林敬堯
發 行 人：洪有義
出 版 者：心理出版社股份有限公司
地　　址：231026 新北市新店區光明街 288 號 7 樓
電　　話：(02) 29150566
傳　　真：(02) 29152928
郵撥帳號：19293172 心理出版社股份有限公司
網　　址：https://www.psy.com.tw
電子信箱：psychoco@ms15.hinet.net
排 版 者：龍虎電腦排版股份有限公司
印 刷 者：龍虎電腦排版股份有限公司
初版一刷：2019 年 6 月
初版二刷：2021 年 10 月
I S B N：978-986-191-868-6
定　　價：新台幣 320 元

■有著作權·侵害必究■
【本書獲有原出版者全球繁體中文版出版發行獨家授權】